red green blue green red yellow blue

yellow red blue yellow green red blue

blue yellow yellow blue red blue yellow

red green green red green green green

green blue blue yellow yellow yellow

yellow red green yellow blue green red

blue green red red green red green blue

red yellow yellow red blue yellow blue

yellow blue red blue green green yellow

green red yellow blue yellow blue red

blue red blue green red yellow blue

green green red yellow blue yellow blue

テストシート。J・R・ストループが使用したもの（第2章註10を参照）の改変。

芸術の言語

ネルソン・グッドマン

Nelson Goodman

LANGUAGES OF ART

戸澤義夫・松永伸司 訳

慶應義塾大学出版会

序文

諸芸術に対する私の関心を、知識の理論についての探究に結びつける――。この考えの方向がはじめに浮かんだのは、十年ほどまえのことだ。数年後の一九六二年に、オックスフォード大学でのジョン・ロック講義の講師として招かれ、そこでたまっていた素材を六つの講義にまとめることになった。これらの講義が――かなりの改訂と拡張はあるが――本書の各章の基礎になっている。

本書の成果に関しては、さまざまな機関や個人に申しわけないほどの大きな恩義を受けた。ハーヴァード大学認知研究センターでの一年と、それに続く国立科学財団（助成GS 978）とオールド・ドミニオン財団による援助のおかげで、それがなければ取りかかれなかったような広範かつ詳細な研究が可能になった。無知というソクラテス以来の伝統に正直につらなる哲学者としては、この研究が立ち入らざるをえなかった諸分野の専門家と実践家に頼っている。心理学の分野ではポール・A・カラーズに、言語学の分野ではS・ジェイ・カイザーに、視覚芸術の分野ではマイヤー・シャピロとキャサリン・スタージスに、音楽の分野ではジョージ・ロックバーグ、ハロルド・シャピロ、ジョイス・メキールに、ダンスとダンス記譜法の分野ではアイナ・ハーン、アン・ハッチンソン・ゲスト、ルーシー・ヴェナブルに、それぞれ助けを借りた。

さまざまな人との議論――私が教える大学院生や、ペンシルヴェニア大学、オックスフォード大学、ハーヴァード大学、プリンストン大学、コーネル大学、あるいは私が本書の内容について講義を行なったその他の大学に所属する哲学者やそれ以外の人々との議論――から得られたものも大きい。最後に、本書におそらくあるであろう美点と欠点は、部分的には、私の研究助手たち、とくに、ロバート・シュワルツ、マーシャ・ヘイネン、ホイト・ホッブズの助力によるものである。校正と索引作成の大半は、リン・フォスターとジェフリー・ヘルマンにお願いした。

ハーヴァード大学〔初版（一九六八年）への序文〕

第二版の序文

第二版には、大がかりではないにせよ重要な変更点がいくつかある。全体的な稠密性の定義（第四章2および5）は、第一版の定義では意図せず許容されてしまう空白部分をなくすために、より限定されている。この点については、A・J・エイヤーとヒラリー・パトナムの示唆に助けられた。また、第二版では、再現的であるという性質（第六章1）は、記号図式ではなく記号システムに対して定義されている。ついでに言えば、読者には朗報だと思うが、理論上の変化はないものの、言葉づかいをいくらか改めることで、「例示性《エグゼンプリフィケーショナリティ》」のような気持ちの悪い多音節語を締め出している（第六章5）。

一九七六年

芸術の言語　目次

第四章　記譜法の理論　151

第五章　譜《スコア》、スケッチ、書《スクリプト》　207

凡例

・本書は、Nelson Goodman, *Languages of Art*, Hackett Publishing Company, Inc., 2nd edition, 1976 の翻訳である。
・註については、原註を（ ）付の数字で、訳註を＊付の数字で示し、各章末にまとめた。
・〔 〕は訳者による補足説明を表わす。
・書名と映画作品名は『 』、論文タイトルは「 」、美術作品名と音楽作品名は《 》でそれぞれ示した。
・文章の読みやすさを考慮し、必要な場合、〈 〉で語句をまとめた。
・巻末の「用語解説」と「概要」は日本語版であらたに追加した。
・本文中の引用文は、本書の訳者が訳したものである。

序論

本書は、諸芸術に関連するいくつかの問題を扱う。とはいえ、その対象範囲は、ふつう美学の領域として理解されているものにぴったり一致するわけではない。一方では、本書は、〔美的な〕価値の問題については付随的に触れるにすぎない。批評の規範を提示することもない。本書で例として出されるどの作品についても、価値づけは一切含意されていない。それゆえ、かわりに読者自身が好む作品を例にして考えてもらっても問題ない。もう一方では、本書の研究領域は、諸芸術を越えて、科学、技術、知覚、日常的実践に関わる諸々の事柄にまで広がっている。諸芸術に関する問題は、〔そうしたさまざまな領域における問題の〕収束点というよりも出発点である。本書の目標は、記号の一般理論に取り組むことである。

ここでの「記号 symbol」は、きわめて一般的で無色の語として使われている。記号は、文字、語、テキスト、絵、図表、地図、モデルなどを包括するものである。そこには、〔日本語で「象徴」と言うような場合の〕迂遠なものとか神秘的なものといった含みはない。人物を見たまま描いた肖像画も、まったく散文的な文章も、非常に空想的で比喩的な記号と同じく記号であり、同じく「高度に記号的《シンボリック》」である。

記号の多様性と諸機能についての体系だった研究の取り組みは、これまでにほとんどなされなかった。近年、構造言語学の研究が広がりつつある。しかし、表示のさまざまな方式・手段と、〔事柄を〕理解するという働きの中でそれらが多様かつ広範な仕方で使われていることを包括的にとらえることを目指すかぎりは、構造言語学の取り組みは、非言語的な記号システム——絵画的再現から音楽記譜法にいたるまで――についての徹底的な調査によって補完され、それと統合される必要がある。本書のタイトルにある「言語」は、厳密には「記号システム」に置き換えたほうがよい。とはいえ、タイトルはつねに中身よりも先に読まれるものなので、日常的な言葉づかいのままにしてある。本書を読まない人は〔タイトルの不適切さを〕気にしないだろうし、本書を読む人はそれを理解するだろう。それは、私の最初の著書〔*The Structure of Appearance*〕を読む人が、そのより正確なタイトルが「*Structures of Appearance*」であることを理解するのと同じである。

本書の六つの章のタイトルと基本的な着想は、それぞれ〔ジョン・ロック講義で行なった六つの〕講義に由来するものである。六つの章は、互いにゆるやかに関連する複数のトピックについての小論の集まりであるように見えるかもしれない。実際のところは、本書の構造はかなり入り組んでいる。二つの〔大まかな〕探究の道筋がある。一つは第一章から始まり、もう一つは第三章から始まる。両者が合流するのは、ようやく最後の章になってからである。とはいえ、読者が直面するであろう難所は別にある。たんに大まかな構造を予告しただけでは、そうした難所を乗り越える助けにはならないだろう。〔哲学の〕門外漢であっても、本書の大部分に関してはとくに問題なく読み進められるはずである。しかしそれでも、なんらかの専門的な哲学の背景を前提とした語や段落や節にしばしば出くわすことになるだろう。また、第四章の大半は、初歩的な論理学に不案内の読者にとっては、困難な道のりだと思われる。とはいえ、ほとんどどんな読者であれ、専門的な文章の周辺を読めば、読み飛ばした部分を理解するのに必要な努力をするかどうかを判断するための情報を十分に得られるだろう。

門外漢であろうがなかろうが、読者は、本書で出くわす内容によって自身の確信や常識――古めかしい誤りの宝庫――がしょっちゅう踏みにじられることを覚悟しておいたほうがよい。私は、現在通用している権威的な教説と行き渡っている盲信的な信仰を繰り返し執拗に非難しなければならなかった。とはいえ、私は、自分の主張に何か際立った新しさがあると言いたいわけではない。パース、カッシーラー、モリス、ランガーといった哲学者たちが記号理論に対してなした諸々の貢献を知らないわけでは決してない。また、本書では美学の文献の大半に共通する諸見解を片っ端から否定することになるが、私の議論と結論のほとんどは、おそらく他の論者も予見していたことである。しかし、こうした先行論者のそれぞれ――あるいはもっと言えばそのうちの誰か――に対して私がどの点で同意し、どの点で同意しないかという複雑なパターンをたどろうとすることは、純粋に歴史的な問題をむだに目立たせて論点を紛らわすことにしかならないだろう。そういうわけで、自身が実質的にすでに書いていた内容を本書の中に見つけた論者に対しては、ここでまとめて弁解するほかない。とはいえ、心理学者や個々の芸術についての論者による具体的な研究を参照しているところでは、つねに詳細な文献指示をつけるように努めた。

本書では、私自身が以前に発表した哲学的な著作もまた、しばしば参照文献として持ち出される。しかし、私は古い斧を研ぐようなことはしないようにした。たとえば、唯名論の原則に違反する部分が本書にあるとしても、それはたんに、当の議論の唯名論的なバージョンをどのように定式化できるかを示すことが不必要に思われるからである。

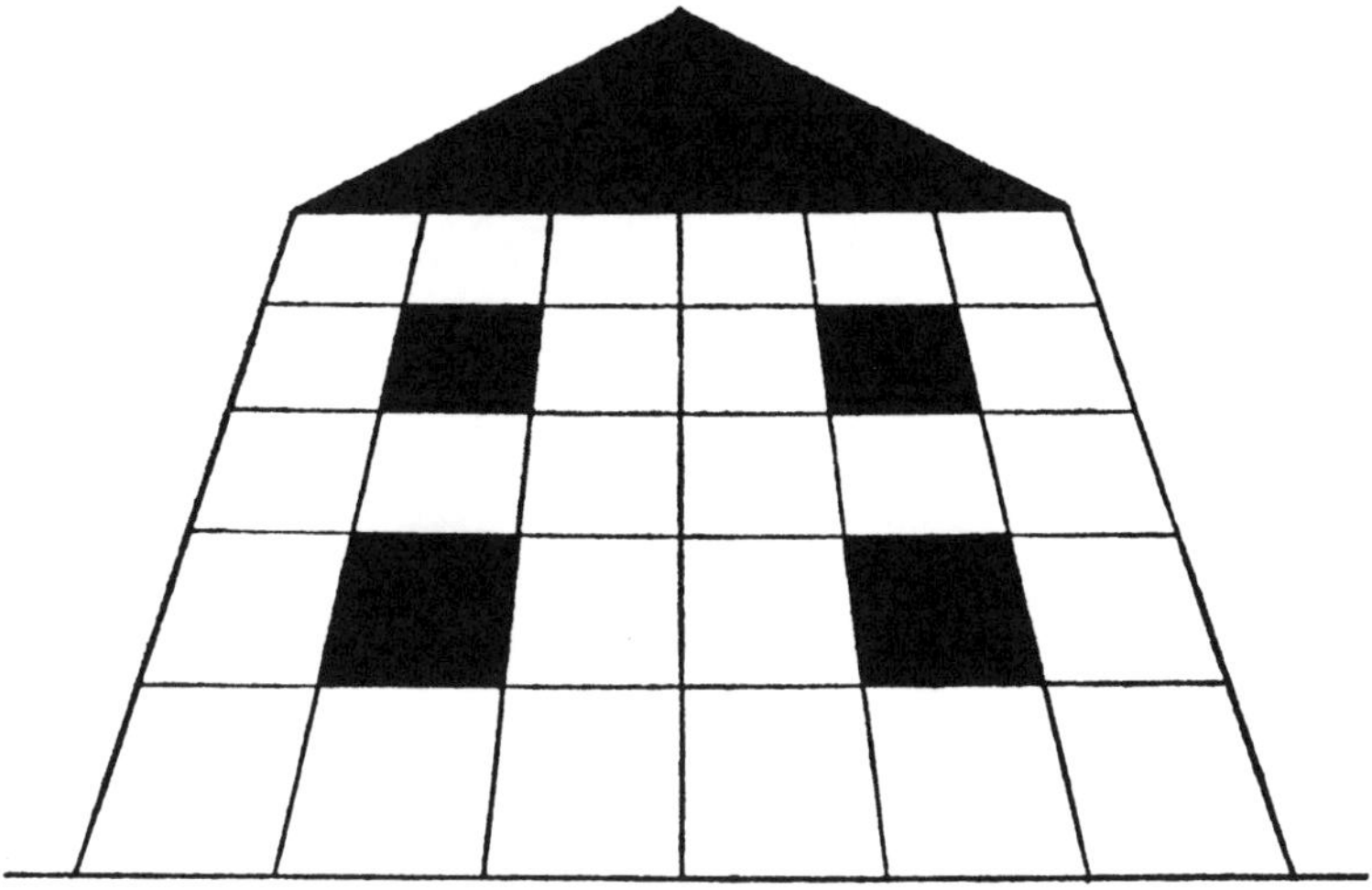

パウル・クレーのドローイング。

Paul Klee, *Pädagogisches Skizzenbuchs,* Munich, 1925;

2nd American edition, New York, Frederick A. Praeger, Inc., 1953, p. 41.

出版社の許可を得て転載。

第一章　現実の再制作

芸術は現実世界のコピーじゃない。いまいましいものは一つで十分。*

1　指示

絵は再現 representation であるべきか否か。この問いは、芸術家や批評家や特定の学説を喧伝する人々の間で目下激しく議論されているわけだが、*1 見かけほどにはたいした問題ではない。とはいえ、諸芸術*2の内外で記号がいかに機能するかを哲学的に論じるには、まず再現の本性についてよく考えておく必要がある。再現は、たとえば絵画のような芸術にはよく見られるが、音楽のような芸術にはあまり見られない。このことは、〔諸芸術をまとめて論じようとする〕一元的な美学にとって、いくらか障害になるかもしれない。また、意味作用の一つのあり方としての絵画的再現が、*3 言語的記述や顔の表情などと、どの点で同類であり、どの点で別物なのかという問題を整理することは、記号の一般理論にとって決定的に重要である。

再現の本性に対するもっとも素朴な見方は、おおよそ次のようなものだろう。「AがBを再現するのは、AがBに目に見えて似ているとき、またそのときにかぎる」とか「Aは、それがBに似ている程度に応じてBを再現する」とかいった考えである。いろいろな洗練が施されてはいるものの、この手の考えは再現に関する書き物の大半にいまだに根強く残っている。しかし、このような短い定式の中にこれだけ多くのまちがいが詰め込まれていることもなかなかない。

明白な難点をいくつか挙げよう。まず、あるものは〔それがなんであれ〕それ自身に最高度に似ているが、それ自身を再現することはめったにない。つまり、類似は反射的 reflexive な関係だが、再現はそうではない。[*4] 次に、類似は再現とはちがって対称的な関係である。つまり、AがBに似ていれば、同じ程度にBもAに似ている。一方、ある絵画がウェリントン公[*5]を再現している場合でも、ウェリントン公はその絵画を再現していない。さらに、二つの事物が非常によく似ているにもかかわらず、どちらももう一方を再現しないというケースは無数にある。たとえば、同じ製造工程で複数台の自動車が作られた場合、〔それらは非常に似ているはずだが、〕どの自動車も他の自動車の絵にはならない。また、たとえ双子であっても、ある人が別の人の再現になることはふつうない。明らかに、類似の程度は再現の十分条件ではない。(1)

しかし、この定式をどのように修正すればよいかは、それほど明白ではない。試しに「Aが絵である場合」という条件を手前につけてみよう。もちろん、ここでの「絵」を「再現」として理解すると、問題の大半――再現を成り立たせているのは何かという問い――を放棄することになってしまう。しかし、たとえ「絵」を広くとって〔非再現的なものも含めた〕あらゆる絵画を包括するものとして考えたとしても、先の定式は別の点でやはり的を外している。マールボロ城を描いたコンスタブルの絵はマールボロ城よりも他の絵に似ているが、それにもかかわらず、それが再現するのは城であって、他の絵――それがいかに忠実なコピーだとしても——ではない。ここでさらに「Bは絵以外のものでなければならない」という条件をつけ加えるという考えは、まったく望みがない。別の絵を再現する絵は明らかにあると言えるからだ。事実、かつて流行していたようなギャラリーを描いた絵画[*6]は、多くの他の絵画を再現している。

端的な事実として、絵が何か対象を再現する[2]かぎりは、絵はその対象の記号であり、それを代理し、それを表示して refer to いなければならない。[*7] そして、類似の程度は、表示という〔再現にとって〕必須の関係を成立させるには十分ではない。さらに、類似は表示の必要条件でもない。ほとんどすべてのものは、ほとんどすべてのものを表わすことができるからである。ある対象を再現する絵は、その対象を記述する語句と同じく、その対象を表示している。あるいは、より具体的に言えば、それを指示している。[3] 指示 denotation こそが再現の核をなすものであり、そしてそれは類似とは無関係に成り立つものである。

したがって、絵とそれが再現するものの関係は、述語とそれが適用されるものの関係と同じように理解できるように思われる。そうだとすれば、一種の特殊な指示という観点から再現の特徴を検討する必要がある。絵画的指示は、言語的指示や図表的指示とどの点で同じであり、どの点で異なるのか。一見もっともらしい回答は次のようなものだろう。類似はたしかに再現の十分条件ではないが、それは再現をその他の種類の指示から区別する特徴にほかならない。つまり、AがBを指示しているとき、AがBに似ている程度に応じてAはBを再現するということなのではないか——。私の考えでは、このようにもともとの定式を和らげた一見無難な見方ですら、再現の本性について重大な思いちがいをしている。

2　模倣

「忠実な絵画を描くには、対象をあるがままにコピーすることをできるだけ目指さなければならない」。この短絡的な指図は私を困惑させる。というのも、私の目の前にある対象は、男でもあり、原子の集まりでもあり、細胞の複合体でもあり、ヴァイオリン弾きでもあり、友人でもあり、まぬけでもあり、さらに他にもいろいろ言えるような対象だからである。これらのうちのどれも、当の対象をあるがままに成り立たせているものではないというのだろうか。だとすれば、何か別のものがあるのだろうか。一方、これらのあり方がすべて当の対象のあるがままの姿だとすると、その唯一のあるがままの姿はないことになる。(4) 私はそうした諸々のあり方を一度にコピーすることはできない。さらに、コピーするあり方が多ければ多いほど、結果として出来上がるのはより写実的でない絵だろう。

そういうわけで、私がコピーすべきは、そうした側面の一つ、つまり当の対象のあり方あるいは見え方のうちの一つであるということになるように思われる。しかし、もちろんそうしたあり方のうちのどれでもよいというわけではないだろう。たとえば、雨粒越しに酔っぱらいの目に映るものとしてのウェリントン公をコピーしてもしょうがない。むしろふつうに考えれば、コピーすべきは、愛情や敵意や関心によって曇ることなく、思考や解釈によって色づけされることもなしに、適切な距離を持って、好ましい角度から、十分に明るい光のもとで、いかなる器具も使わずに、標準的な目に映るものとしての対象である。ようするに、混じり気のない条件のもとで自由で無垢な目に映るものとしての対象をコピーすべきだということになる。

この考えの難点は、エルンスト・ゴンブリッチが主張するように、無垢な目などないというところにある。[5] 目は〔無垢どころか〕つねにもうろくしている。それは自身の過去に執着しているだけでなく、耳や鼻や舌や指や心や脳からの新旧の当てこすりに取りつかれたかたちで働くのだ。目は、自力で作動する道具として機能するのではなく、複雑で気まぐれな有機的組織の従順な一員として機能する。目がものをどのように見るかだけでなく、目が何を見るかもまた必要と偏見に左右される。[6] 目は対象を選び、拒み、組織化し、見分け、連関させ、分類し、分析し、構築する。目は対象を映すというよりも、それを取り上げて作り出す take and make ものである。そして、目は、それが取り上げて作り出すものを、剝き出しのものとして、属性なしの実体として見るのではなく、事物として、食べ物として、人として、敵として、星として、武器として見るのである。いかなるものも、ありのままに見られることはないし、ありのままのあり方であることもない。

無垢の目という神話と絶対的な所与という神話は、たちの悪い共犯者である。両者とも、次のような考えにもとづくと同時にそれを助長するものである。すなわち、知るということは感覚から受けとられたなまの素材を加工することであり、そしてこのなまの素材は〔経験を〕純粋化する儀式か、または系統だった仕方で解釈を差し控えることによって発見することができるという考えだ。しかし、感覚受容と解釈は不可分な働きである。両者は全面的に相互依存している。カントの格言を真似て言えば、無垢な目は盲目であり、純潔の心は空虚である。さらに、〔感覚を通して〕受けとられたものとそれに対してなされた加工は、その結果出来上がったものを見ても区別できない。注釈の層を剝がしていくと中身があらわになるといったことはないのである。[7]

もちろん、芸術家が無垢の目を得ようと努力したほうがよい場合もあるだろう。というのも、そうした努力を通じて、パターン化した古臭い日常的な見方から抜け出して、新鮮な洞察にいたることがままあるからである。これとは逆の努力、つまり個人的な見方を最大限に押し出す努力もまた、同じ程度に——しかも同じ理由で——活気づけの効果をもたらす場合がある。しかし、こうした最大限に中立的な目と最大限に偏った目なるものは、たんにそれぞれ異なる仕方で洗練されているというだけのことである。もっとも禁欲的な見方ともっとも放埒な見方は、地味な肖像画と辛辣な風刺画のようなものだ。つまり、両者のちがいは、対象についてどれだけ多く解釈しているかという点にあるのではなく、たんに対象をどのように解釈しているかという点にある。

このように再現のコピー説は、再現においてコピーされるべきものがなんなのかを特定できないという点で最初からつまずいている。コピーの対象は、その唯一のあり方でもなければ、そのあり方のすべてでもなく、心なき目に映るあり方でもない。さらに、なんであれ対象のあり方——つまりその側面《アスペクト》——をコピーするという考え自体に問題がある。というのも、側面は、たんに〈特定の光のもとに特定の距離と角度から見られた対象〉という以上のものだからだ。側面は、われわれがとらえたり考えたりするものとしての対象であり、当の対象のヴァージョンあるいは解釈である。なんらかの対象を再現するとき、われわれはそうした解釈をコピーしているのではない。むしろそれを実現しているのである。[8]

言い換えれば、どんな対象であれ、その性質を完全に削ぎ落としたかたちで再現されることも、その性質を完備したかたちで再現されることもない。絵がただたんにxを再現するということはありえない。絵はつねに、xを人間として再現するとか、xを山であるようなかたちで再現するとか、xがメロンであるという事実を再現するとかいう仕方で対象を再現する。仮に事実のような何かが存在するとして、事実をコピーするというのがどういうことなのかを理解するのは困難である。また、xをしかじかのものとしてコピーするというのは、何かを贈り物として売るというのとあまり変わらない。そして、何かを人間であるようなかたちでコピーするなどと述べるのは、まったくナンセンスなことである。もちろん、こうしたことについては、さらに突っ込んで考えていく必要がある。とはいえ、再現がいかに模倣の問題でないかについては、これ以上論じる必要はないだろう。

　視覚や再現が相対的なものであるという議論は、すでにいろいろなところで確証あるかたちで示されている。おかげで、その点についてここで長々と論じる必要はない。とりわけゴンブリッチは、圧倒的な量の証拠を集めて、われわれのものの見方や描き方が経験や慣例や関心や態度にいかに左右され、そしていかに多様であるかを示している。しかし、一つの論点——遠近法の慣習性[*8]の問題——に関して、ゴンブリッチや他の論者がこの相対性に反する立場をとっているように見えることがある。それゆえ、この問題について手短に論じておきたい。

3　遠近法

画家は、動きや光の強さや空気の質感や生き生きとした色合いを描くときに、いろいろな手段を選ぶことができる。しかし、空間を正確に描こうとするかぎりは、遠近法の法則に従う必要がある――。おそらく誰もがそう言うだろう。広く受け入れられているところによれば、ルネサンス期に遠近法が採用されたことは写実的な描写への大きな一歩であった。遠近法の法則は、ものの見方や描き方における様式上のちがいを超えた、忠実さの絶対的基準を与えるものだとされている。ゴンブリッチは、「〈遠近法はたんなる慣習にすぎず、見たままの世界を再現するものではない〉という考え」を一笑に付したうえで、次のように断言する。「遠近法の技術が〔対象との〕正確な一致を目指すものであるということには議論の余地がない。つまりそれが求めているのは、画像が対象と同じように見えることであり、対象が画像と同じように見えることである[9]」。ジェイムズ・J・ギブソンもまた同様のことを言っている。「〈絵画における遠近法の使用はたんなる慣習であり、画家はそれを自由に……採用したり無視したりすることができる〉という主張が理に適っているようには思えない。画家が見たものを二次元平面に転写しようとすれば、必然的に遠近法の幾何学を使わざるをえない[10]」。

もちろん、光のふるまいの法則は、他の科学的法則と同じく慣習的なものではない。ここに、中くらいの強さの光だけを反射する静止した単色の対象があるとしよう。〔遠近法が忠実さの基準であるとする〕議論は以下のようなかたちをとる[11]。正確な遠近法で描かれた絵は、所定の条件のもとで、その対象自体が与える光線の束と一致する光線の束を目に与えることになる。この一致は純粋に客観的な事柄であり、計器で測定できるものである。再現の忠実さを成り立たせるのは、こうした一致にほかならない。というのも、絵からであれ対象からであれ、目が受けとることのできるものが光線だけである以上、光線のパターンの同一性が見えの同一性を成り立たせるはずだからである。もちろん、そうした所定の条件下にある絵が生み出す光線は、特定の距離と角度から当の対象を見たときに生じる光線と一致するだけではなく、別の距離と角度から別の対象を見たときに生じる数多くの光線とも一致することがある。(12)光線のパターンが同一であることは、他の点で似ている場合と同様に、明らかに再現の十分条件ではないのである。むしろここでの主張は、光線のパターンの同一性は忠実さの基準――つまり正確な絵画的再現の基準――であるということである。指示〔としての再現そのもの〕は、それとは別の仕方で成立している。

以上の議論は一見明快かつ説得的であるように思えるかもしれない。しかし、そこで要求される観察条件について考えてみればそうでもなくなる。その絵は、真正面から、特定の距離をとって、片方の目を閉じ、もう一方の目を動かさない状態で、のぞき穴を通して見なければならない。対象のほうも同様に、特定の角度と距離（ふつう絵の場合とは異なるが）から、片方の目だけを使って、目を動かさずに、のぞき穴を通して見なければならない。こうした条件下でなければ両者の光線は一致しないだろう。

このような異様な条件のもとであれば、究極的に忠実な再現が得られるのだろうか。そうしたことは実際にはほとんどない。この条件のもとでは、われわれが見つめているものはふつうあっという間に見えなくなるからだ。実験によれば、正常にものを見るには、見ている対象に応じるかたちで目が動く必要がある。(13)正常な視覚にはどうやら走査《スキャニング》が必要らしい。固定した目もまた、無垢の目と同じくほとんど盲目なのである。正常な視覚が成立しない条件のもとで与えられる光線が一致したところで、再現の忠実さとなんの関係があるのだろうか。そのような条件でよいなら、閉じた目に向けられた光線という条件のもとで忠実さを測ることも理不尽とは言えなくなってしまう。とはいえ、この反論を重く受け止める必要はない。というのも、走査はできるが対象のまわりを見ることはできないという程度の目の動きはおそらくありうるだろうからだ。(14) むしろ根本的な問題は、指定された観察条件が著しく常軌を逸しているという点にある。そうした異常な条件のもとで与えられる光線の一致を忠実さの尺度として考えるべきいかなる根拠があるのか。同じくらい不自然な条件——たとえば、うまい具合に細工したレンズを間に入れるといったような——を使ってよいのであれば、遠近法からはかけ離れた絵画もまた、対象と同じパターンの光線を生み出すものになりえてしまう。そうしたなんらかの小賢しい舞台設定によって、再現対象から生み出される光線と一致するような光線を遠近法で描かれた絵から引き出せるかもしれないが、それができたところで遠近法の忠実さを擁護する議論としては奇妙で無益なものにしかならない。

さらに先の観察条件は、ほとんどの場合、絵と対象とで同じではない。のぞき穴から目を動かさずに見なければならないという点は同じだが、絵はたとえば六フィートの距離をとって真正面から見なければならないのに対して、その絵が再現している大聖堂は、たとえばその正面に対して四十五度の角度から二百フィートの距離をとって見なければならない。ところで、感覚受容される光線だけではなく、それを生み出すための諸条件もまた、われわれが何をどのように見るかを左右する。心理学者が好んで言うように、視覚には目に触れるもの以上のものがあるのだ。赤い光が幹線道路上では「止まれ」を意味し、海上では「左舷」を意味する[*9]のとちょうど同じように、同じ感覚刺激でも条件がちがえば異なる視覚経験を引き起こす。さらに、たとえ光線に加えて瞬間的な外的条件が同じであっても、その瞬間にいたるまでの一連の視覚経験や〔その他の〕あらゆる情報源からの情報によって、何が見えるかが大きく左右されることがある。外的条件が同じですらない場合は、同じ光線が同じ知覚に結果することはなさそうに思える。それは、光線がちがっても外的条件が同じであれば同じ知覚に結果するなどということがないのと同じである。

絵はふつう、自由に歩きまわったり目を動かしたりできる人によって、背後の空間に対して枠づけられるかたちで見られる。こうした条件のもとで対象（それがどんな条件下で見られたものであれ）と同じ光線を生み出すような絵を描くことは、たとえ可能だったとしても的外れの作業だろう。目の前の対象を再現する際の画家の課題はむしろ、どんな光線であれば自身が見ているものを（ギャラリーの条件下で）うまく表わせるのかを考えることである。これはコピーの問題ではなく伝達《コンベイ》の問題である。言い換えれば、複製を作るという問題ではなく「それらしさをとらえる」という問題である。ここでの「それらしさ」は、写真だと失われる対象のそれらしさが戯画《カリカチユア》によってとらえられる場合があるという意味での「それらしさ」である。そこには、条件間のちがいを埋めるものとしてのある種の翻訳がある。この翻訳がうまくいくかどうかは無数の不定な要因に依存する。そうした要因には、少なくとも、見る人の中に深く染みついている、ものの見方や描き方に関する特殊な習慣が含まれている。遠近法で描かれた絵画も、それ以外の絵画と同じく、読みとられる必要がある。そして、それを読みとる能力は獲得されなければならない。東洋の絵画にだけ慣れた目は、遠近法で描かれた絵画を即座に理解できない。一方で、練習を積めば、ものがゆがんで見える眼鏡であれ、歪曲遠近法や逆遠近法で描かれた絵であれ、難なく順応できるようになる。[15] さらに、遠近法的な描写にもっとも慣れ親しんだわれわれでさえ、それをつねに忠実な再現として受け入れるわけではない。たとえば、両足を前に突き出した人を写した写真はゆがんで見えるし、パイクスピークをスナップ写真で見ると陰気に縮こまった山に見える。よく言うように、カメラ以上に山をもぐら塚にするものはない。[*10]

さて、これまでは次のような考えにとりあえずつきあっていた。すなわち、絵画の遠近法は幾何学的光学の法則に従うものであり、それゆえ標準的な描写規則に従って描かれた絵は、先述したようなきわめて異常な条件のもとでは、描かれた光景が作り出す光線の束と一致する光線の束を作り出すことになるという考えだ。遠近法の観点から絵の忠実さを説明する議論になんらかのもっともらしさを与えているのは実際にはこの仮定だけなのだが、この仮定は端的に誤っている。標準的な描写規則では、目から前方に伸びていく鉄道の線路は一点に収束するように描かれるのに対して、目から上方に伸びていく電信柱（あるいは建物の正面《ファサード》の両端）は平行に描かれる。「幾何学の法則」に従うなら、電信柱もまた一点に収束するように描かなければならないはずである。しかし、そのように描くと、線路を平行に描くのと同じくらい変に見えてしまう。そういうわけで、われわれは、わざわざカメラの背を傾けたりレンズボードを上下させることで「ゆがみを補正する」——つまり、垂直方向の平行線を写真上でも平行にする——のである。[*11] 一方で、線路を写真上で平行に見せるために同様の工夫をすることはない。線路を平行に描き、柱を収束するように描く規則が光学の法則からは出てこないのと同じく、絵画の遠近法の規則は光学の法則から出てくるものではない。ギブソンが言うこととは正反対に、今日の西洋的な目にとって忠実に見えるような空間的再現を作り出すには、むしろ「幾何学の法則」を無視する必要がある

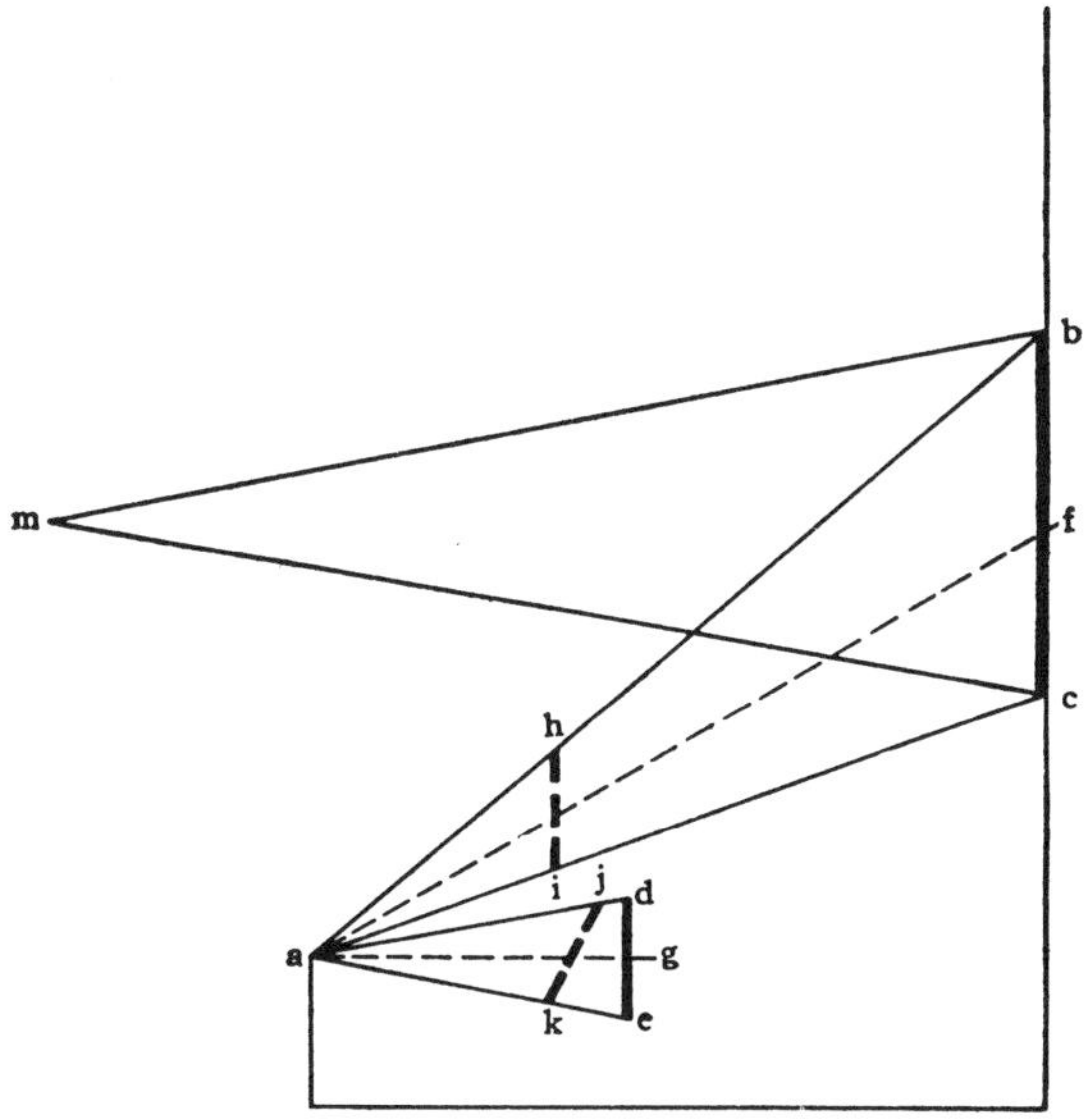

図１

のである。

以上のことはすべてまったく明白であるように思われるし、クレーがすでにきちんと決着をつけたことでもある。[16]にもかかわらず、反対論の権威は依然として大きい。それは、建物正面の平面上にあるすべての平行線は幾何学的に画表面上の平行線として投影されるという議論に依拠するものである。[17]遠近法をめぐる議論に終わりが見えないのは、適切な観察条件に関して混乱があることに起因するように思われる。図１を見よう。観察者は地面に立っており、その目はａの位置にある。ｂｃは、ある建物のてっぺんにある塔の正面である。ｄｅは、その塔の正面を描いた絵である。この絵は、標準的な遠近法を使って、所定の距離から見たときに絵と正面がａに対して同じ角度になるような縮尺で描かれている。塔に対する標準的な視線はａｆである。

視線を上げすぎたり下げすぎたりすると、塔の正面が一部見えなくなったりぼやけたりすることになる。同様に、絵に対する標準的な視線はａｇである。絵と正面は平行である。さて、ａｇは絵と直角に交わるので、画表面上の垂直な平行線は目に平行に映ることになる。それに対して、ａｆは塔の正面に対して傾いているので、その平面上にある垂直な平行線は上方向に収束するように目に映ることになる。絵と塔の正面から一致した光線の束が目に届くようにするには、以下の三つの方法が考えられる。⑴絵を上方向に動かしてｈｉの位置に持ってくる。⑵絵を傾けてｊｋの位置に持ってくる。⑶絵はａから見る一方で、塔のほうは何階か上がってｍから見る。第一と第二の場合、絵が塔と同じ角度を保つには絵をさらに目に近づける必要があるので、結果として横方向（左右）の縮尺がおかしくなる。より重要なのは、これら三つの観察条件がいずれも標準的なものとはとても言えないということである。絵はふつう目の高さからそれほど離れたところに掛けられることはないし、下半分が前に出るかたちで大幅に傾けられることもない。また、われわれは塔を真正面から見るために上の階に上がることもない[18]。目と絵が通常の位置にある場合は、通常の遠近法で描かれた絵が生み出す光線の束は塔の正面が生み出す光線の束とかなりちがうものになる。

この議論はそれ自体で〔遠近法が光学の法則と一致するという考えに対する反駁として〕決定的なものだが、私の主張はそれに依拠しているわけではない。仮に標準的な遠近法の規則がより自然なものであり、どの方向に向かう平行線も収束するように描くものだったとしても、先になされた議論は依然十分に効力を持っている。簡潔に言えば、光のふるまいは、われわれになじみの空間描写法だけでなく、その他のいかなる空間描写法も正当化することはない。そして、遠近法は絶対的で独立した忠実さの基準にはならない。

4　彫刻

コピー説の難点が、たんに丸みのある現実を平面上に描くのは不可能だからというだけの話にされることがある。しかし、模倣が写実性の尺度にならないのは〔平面的な〕絵画だけでなく〔立体的な〕彫刻も同じである。ブロンズの胸像のうちに表わされた対象は、実際には可動的で多面的で流動的な人間であり、つねに変化する光と多種多様な背景のもとにいるはずである。特定の瞬間の頭部の形を複写したところで、取り立てて忠実な再現が得られるわけではないだろう。そうした一瞬の姿をたんに固定するだけでは、再現対象の人は死人になってしまう。それはちょうど、露出時間の短すぎる写真によって噴水が凍ってしまったり、競走馬が止まってしまったりするのと同じだ。人間を忠実に表わすというのは、さまざまな経験を通して了解され抽出されるものとしての人間を伝えるということにほかならない。しかし、そのようなとらえどころのない着想は、美術館の台に鎮座するブロンズ像のうちに文字通り複写したり模倣したりできるようなものではない。むしろ彫刻家が引き受けている課題は、翻訳という繊細で込み入った作業なのである。

再現対象が人間よりも単純で安定したものであっても、複写が写実的な再現になることはまれである。たとえば、ゴシック建築の背の高い門の上部にあるティンパヌム[*12]においてイヴが持つリンゴがワインサップ種[13]と同じサイズだったとしたら、アダムを誘惑するのに十分な大きさには見えないだろう。遠くから見られる彫刻や巨大な彫刻が写実的であるには——つまり「正しく見える」には——その描写対象とはまったく異なるふうに形作られる必要がある。そして、その「正しく見える」ようにする方法は、なんらかの定まった普遍的な規則には還元できない。というのも、ある事物がどのように見えるかは、その向きや距離や光の具合に左右されるだけでなく、われわれがその事物について知っていることのすべてにも左右されるし、さらにわれわれがどのように教育され、どういう習慣や関心を持っているかにも左右されるからである。

模倣は写実性の基準にならないという基本的な議論は、絵画と同じように彫刻についても決定的である。このことをこれ以上示す必要はないだろう。

5 フィクション

これまで考えてきた再現は、個別的な人や集団や事物や場面の再現だけだった。しかし、絵は述語と同じように、特定のクラスのメンバーのそれぞれを複数的に指示することがある。辞典の項目の定義に添えられた絵は、たいていその手の再現である。それは、たとえばどれか一羽の鷲を一意に指示するわけではないし、鷲というクラス自体を集合として指示するのでもなく、鷲全般を周延的に指示する。[14]

単一指示でも複数指示でもない再現もある。たとえば、ピクウィック[15]の絵や一頭のユニコーンの絵が何を再現しているのか考えよう。どちらの絵も何も再現していない。いずれも空指示 null denotation の再現だ。しかし、ここで次のような疑問が生じる。ある絵がピクウィックやユニコーンを再現していると言いつつ、同時にそれは何も再現していないと言うことはいかにして可能なのか。ピクウィックもユニコーンも存在しない以上、ピクウィックの絵が再現するものとユニコーンの絵が再現するものは同じである。しかし、ピクウィックの絵であることとユニコーンの絵であることは明らかにまったく別のことである。

単純な事実がある。たいていの家具が机、椅子、食卓といったかたちで容易に分類されるのと同じように、たいていの絵はピクウィックの絵、ペガサスの絵、ユニコーンの絵といったかたちで容易に分類される。その分類をするのに何が再現されているかを参照する必要はない。混乱のもとは、「の絵である be a picture of」[*16]とか「を再現する represent」といった言い回しが見た目の上で行儀よく二項述語のかたちをしており、かつ実際に二項述語として解釈できる場合がよくあるという点にある。しかし、「ピクウィックの絵」や「ユニコーンを再現する」は、分解不可能な一項述語として、あるいは「机」や「食卓」のようなクラス語として理解したほうがよい。これらの述語はどれも、その内部に手を入れて部分を量化できるようなものではない。[*17]〈Pはユニコーンの絵である〉や〈Pはユニコーンを再現している〉という事実から、〈Pがそれの絵であるところの何かが存在している〉や〈Pが再現しているところの何かが存在している〉ということは導出できない。さらに、ピクウィックの絵は、たとえそれが再現する人物が存在しないとしても、一人の人物の絵である。そういうわけで、「ある絵はしかじかのものを再現している」と述べることはまったくもって両義的である。それは、その絵が何を指示しているのかを述べるものとしてもとれるし、その絵がどんな種類の絵なのかを述べるものとしてもとれる。混乱のいくつかは言い回しを工夫することで回避できる。つまり、後者〔絵の種類〕の話をする場合には「ピクウィック-再現的-絵」、「ユニコーン-再現的-絵」、「人-再現的-絵」といった言い方を使うのである。以下では、さらに短く「ピクウィック-絵 Pickwick-picture」、「ユニコーン-絵 unicorn-picture」、「人-絵 man-picture」といった言い方を使うことにしよう。こうした言葉づかいによって曖昧さを排除するかぎりは、一つの絵がピクウィックを再現すると同時に何も再現しないということは明らかに不可能である。しかし、一つの絵が特定の種類に属す――たとえばピクウィック-絵や人-絵に属す――と同時に何も再現しないということはありうる。[19]

人-絵と人の絵のちがいは、人-記述（または人-語）と人の記述（または人を指す語）のちがいにかなり近い。「ピクウィック」、「ウェリントン公」、「ナポレオンを打ち破ったその人」、「ある人」、「ある太った人」、「三つの頭を持つその人」といった記述はすべて人-記述ではあるが、すべてが人について記述しているわけではない。その中には個別的な人を〔一意に〕指示しているものもあれば、多くの人のそれぞれを〔複数的に〕指示しているものもあるし、何も指示していないものもある。[20] また「ピクウィック」、「三つの頭を持つ人」、「ペガサス」という記述はすべて空の外延を持つという点では同じだが、互いに異なるものでもある。第二の記述は、たとえば複数の頭を持つ人-記述であるという点で第一の記述とは異なるし、第三の記述は、翼のある馬-記述であるという点で第一や第二の記述とは異なる。

われわれはどのような仕方で絵や記述をこうしたいろいろな種類に分類しているのか。それは、われわれが習慣的に行なっている分類のほとんどがそうであるのと同じように、明確でも安定したものでもなく、明文化が難しいものである。〔分類の〕境界線は流動的で曖昧だ。新しいカテゴリは絶えず現われる。分類には、たんにそういう慣例があるということ以上に何か明確な基準があるわけではない。とはいえ、この事実が示しているのは、特定の絵が（日常的な言葉づかいで）「ユニコーンを再現している」かどうかを見分けようとしたり、ある絵が人-絵であるかどうかをあらゆるケースにおいて判断するための規則を提示したりしようとすれば問題が生じるというだけの話である。何々-絵や何々-記述であるための正確かつ一般的な条件を定式化するのはたしかに難しいだろうが、われわれは特定の種類の絵や記述の例を挙げることはできる。たとえば、ファン・ゴッホの《郵便配達人》は人-絵の例であり、「a man」は英語では人-記述の例である。また、たとえば次のようなことも言えるだろう。何々-絵であることは、全体として何々-絵であるということである。それゆえ、人-絵を含んでいる絵や人-絵に含まれている絵は、それ自体としては必ずしも人-絵であるとはかぎらない。しかし、〔分類に関して〕さらに多くの事柄を特定しようとすれば、悪名高い哲学の泥沼にはまることになる。そして、そうしたことにまつわる厄介な諸問題は——魅力的ではあるかもしれないが——目下のわれわれの議論に関係ない。繰り返しになるが、ここで直接に重要なのは次の事実である。家具が机や食卓や椅子などに分類されるのとまったく同じように、絵は、その分類のしやすさはさまざまであれ、人-絵やユニコーン-絵やピクウィック-絵や翼のある馬-絵などに実際に分類される。そしてこの事実は、それぞれのクラスの定義を作り上げたり、分類の一般原理を取り出したりすることの困難さにはどのみち左右されない。

次のような反論が考えられる。「人-絵」や「ユニコーン-絵」という語を適用するためには、われわれは人やユニコーンが何であるかをあらかじめ理解していなければならないというものだ。この反論はまったく道理に合わないように思われる。われわれは「コーンコブパイプ corncob pipe」や「鹿角状の staghorn」を適用できるようになるために、「トウモロコシ corn」や「小塊 cob」や「トウモロコシの穂軸 corncob」や「管 pipe」や「雄鹿 stag」や「角 horn」といった語をそれぞれ別個に適用する仕方をあらかじめ理解しておく必要はない。[*18] またわれわれは、いままでユニコーンを見たことがないだけでなく、そもそも「ユニコーン」という語を見たり聞いたりしたことがなかったとしても、〔ユニコーン-絵の〕サンプルをもとにして「ユニコーン-絵」を適用できるようになる。実際、たいていの場合、われわれが「ユニコーン」という語を理解するようになるのは、どういうものがユニコーン-絵やユニコーン-記述なのかを学ぶことによってである。同様に、鹿角状のものを見分ける能力は、実際に鹿を見たときにそれが鹿であると見分けるのに役立つだろう。ある語を理解するきっかけは、その語自体の適用の仕方を学ぶことだけではない。その語を含む、より大きな語の適用の仕方を学ぶこともまた、その語の理解に寄与する。ある語を適用する技能を習得することは他の語の適用を習得する手助けにはなるだろうが、他の語を適用する技能がそこに必ず伴わなければならないといったことはない。ある語を理解することは、その語やそれを含む複合語を適用する仕方を学ぶことの前提ではない。むしろ、しばしばその結果になるものである。(21)

指示は再現の必要条件であると先に述べた。そのあとで指示なしの再現の問題を取り上げたわけだが、それに対する説明はすでに明らかだろう。ある絵がある人を再現するには、その絵はその人を指示していなければならない。一方で、ある絵が人‐再現であるためには何かを指示する必要はない。ついでだが、再現のコピー説はここでもさらにダメージを受ける。というのも、ある再現が何も再現していない場合、それが再現するものに似ているかどうかという問題はありえないからである。

ピクウィック‐絵やユニコーン‐絵のような例を使うことは、空指示の再現が比較的まれであることを示しているように見えるかもしれない。しかし実際はまったく逆だ。絵の世界は、人であれ場所であれ事物であれ、無名の虚構的な事柄で満ちあふれている。レンブラントの《猟師のいる風景》にいる男は、おそらく実在の人物ではない。彼はこのレンブラントのエッチングの中にいる男でしかない。言い換えれば、このエッチングはいかなる人も再現しておらず、たんなる人‐絵であり、より具体的に言えば〈レンブラントの《猟師のいる風景》の中にいる男‐絵〉である。また仮にここに実在の人が描かれているのだとしても、それが誰であるかは画家の血液型が何型かというのと同じくらいどうでもよいことである。さらに、絵が指示しているものが（仮にあるとして）なんであるかを判断するのに必要な情報は、つねに入手可能なわけではない。たとえばわれわれは、ある特定の再現が辞書の鷲‐絵のように複数指示のものなのか、ピクウィック‐絵のようにフィクションなのかを見分けられない場合がある。そして、ある絵が何かを指示しているのか否かを判断できない場合にわれわれにできることは、それが何も指示していないかのようにふるまう――つまり、それがどんな種類の絵なのかということに関心を限定する――ことだけである。それゆえ、不確定な指示は空指示と同じ仕方で扱われる。

とはいえ、指示が空であったり不確定であったりする場合にかぎり、絵の分類を気にする必要が出てくるというわけではない。というのも、絵の種類が絵の指示を決定しないのと同じく、絵の指示は絵の種類を決定しないからである。すべての人 - 絵が人を再現するわけではないし、逆に人を再現するすべての絵が人 - 絵であるわけでもない。また、人を再現する絵には、人を人として再現する絵と、人を人としては再現しない絵があるわけだが、そのちがいはそれが人 - 絵であるか否かというところにある。

6　トシテ再現

「として……を再現する represent … as」という言い方には、まったく異なる二つの用法がある。[*19] たとえば、ある絵がウェリントン公を子どもとして再現するとか大人として再現するとかワーテルローの勝利者として再現するとか述べることは、多くの場合、たんにその絵が特定の時点または期間におけるウェリントン公を再現すると述べているだけである。つまり、その絵は、ウェリントン公の特定の時間的部分つまり「タイムスライス」（長い場合も短い場合もあるし、連続的な場合も断続的な場合もある）を再現しているということである。この用法では、「……として」は名詞の「ウェリントン公」と結びついて、当の（時間的に）広がりを持った個体全体から一部分を切り出す記述になっている。[22] この手の記述は、たとえば「子どものころのウェリントン公」とか「ワーテルローで勝ったときのウェリントン公」といった別の記述につねに置き換え可能である。そういうわけで、こうした用法では何の問題も起きない。そこで述べられているのは、たんにそのように記述されるかぎりでの対象を絵が再現しているということだけである。

第二の用法は次のような場合に見られる。われわれは、ある特定の絵がチャーチルを子どもとして再現すると言うことがある。ここで言われているのは、その絵が子どものころのチャーチルを再現するということではなく、その絵が大人のチャーチルを子どもとして再現するということである。この用法では、ある絵が大人のチャーチルを大人として再現すると言う場合と同じように、「……として」は動詞と結びつき、それを修飾している。これが正真正銘のトシテ再現 representation-as だ。以下、こうしたトシテ再現を再現から区別したうえで、両者の関係を明らかにしたい。

ある人を再現する絵は、その人を指示する。ある虚構的な人を再現する絵は、人-絵である。ある人を人として再現する絵は、その人を指示する人-絵である。この第一のケースは絵が何を指示するのかだけに関わる。第二のケースは絵がどんな種類の絵なのかだけに関わる。それに対して、第三のケースは指示と分類の両方に関わる。

より正確な定式化をするには多少の注意が必要である。ある絵が再現すると言われているものは、その絵の全体によって指示される場合もあるし、その絵の一部によって指示される場合もある。同様に、ある絵が何々-絵であるというのは、それが全体として何々-絵である場合もあれば、たんにその中に何々-絵が含まれているというだけの場合もある。[23] ウェリントン公夫妻のふつうの肖像画を考えよう。この絵は（全体としては）夫婦を指示し、かつ（部分としては）公爵を指示している。また、この絵は（全体としては）二人の人物-絵であり、かつ（部分としては）男-絵である。この絵は、公爵と公爵夫人を二人の人物として再現し、かつ公爵を一人の男として再現している。それゆえ、この絵は公爵を再現し、かつ二人の人物-絵であるわけだが、しかし、それは明らかに公爵を二人の人物として再現するものではない。同じように、この絵が二人の人物を再現し、かつ男-絵であるからといって、それは二人の人物を一人の男として再現しているわけではない。その理由は次のようなものだろう。この絵は、全体として公爵を再現し、かつ全体として二人の人物-絵であるような絵ではないし、またそうした絵を〔その部分として〕含んでもいない。またそれは、全体として二人の人物を再現し、かつ全体として男-絵であるような絵でもないし、またそうした絵を〔その部分として〕含んでもいない。

一般化すれば次のように言える。ある対象kがある絵pによって何々として再現されるのは、pが〈全体としてkを再現しており、かつ全体として何々-絵である絵〉であるか、またはそうした絵を〔その部分として〕含むとき、またそのときにかぎる。(24) いろいろ細かい修飾をつけているが、その多くは次のように理解すれば除去できるだろう。たとえば「全体としてチャーチルを再現し、かつ全体として大人-絵であるような絵であるか、またはそうした絵を含む」は「チャーチルを再現する、大人-絵である」[*20]に短縮してよい。

日常的な言葉づかいでは、再現とトシテ再現の区別を気にすることはあまりない。すでに述べたように、「ある絵は何々を再現する」と言うことで〈その絵は何々を指示する〉ではなく〈その絵は何々-絵である〉を意味する場合があるが、さらにその両方を意味する場合もある。たとえば、私があなたに「とある黒い馬の写真を持っている」と言い、それからその馬が遠くの淡い点のように見えるスナップ写真を取り出したとしよう。ここであなたは、私を嘘つきとして責めることはできないだろうが、私があなたをだましたようには感じられるだろう。あなたは当然のように私が言っているのが黒い馬として写った黒い馬の写真であると解釈し、それゆえ、たんに当の黒い馬を指示するだけなく同時に黒い馬-

写真であるような写真が出てくるものだと期待したわけだ。別の状況化では、「ある写真は黒い馬を再現する」と言うことで、〈その写真はその馬を黒いものとして再現する（つまり、それはその馬を再現する、黒いもの-写真である）〉とか〈その写真は例の黒いものを馬として再現する（つまり、それはその黒いものを再現する、馬-写真である）〉といったことが意味されるケースも想像できなくはない。

日常的な言葉づかいの曖昧さはまだある。大人のチャーチルが子どもとして（または大人として）再現されていると述べることは、当の絵が子ども-絵（または大人-絵）であると述べることである。しかし、ピクウィックが道化師として（またはドン・キホーテとして）再現されていると述べることは、その絵がピクウィックを再現する、道化師-絵（またはドン・キホーテ-絵）であることを意味しえない。というのも、ピクウィックは存在しないからである。むしろ、そこで言われているのは、その絵が特定のかなり狭いクラス——道化師としてのピクウィック-絵 Pickwick-as-clown-picture（またはドン・キホーテとしてのピクウィック-絵）として記述できるようなクラス——に属しているということだ。

このように、ふだんの話の中ではたいてい曖昧にされている区別がいくつかある。目下のわれわれの議論にとっては、そうした区別を注意深く明確にしておく必要がある。トシテ再現は、一項的な分類の問題であるという点で、二項的な関係である指示としての再現とは根本的に異なる。ある絵がkを一つの何々として（または特定の何々として）再現する場合、その絵はkを指示し、かつ何々-絵である。もしkとhが同一であれば、その絵はhも指示し、再現する。また、もしkが一つのしかじかであれば、kを再現する絵は一つのしかじか（または特定のしかじか）も再現するが、しかし必ずしもそれを一つのしかじか（または特定のしかじか）として再現するとはかぎらない。たとえば、初代ウェリントン公を再現することは、アーサー・ウェルズリーを再現することであり、また一人の軍人を再現することでもあるが、必ずしも彼を一人の軍人として再現することであるとはかぎらない。実際、いくつかのウェリントン公の絵は〔軍人‐絵ではなく〕民間人‐絵である。

このようなものとしての再現は、記述といくらか同じ仕方で機能するものである。[25] 諸々の対象は、さまざまな言語的なラベルを使って（またはそうしたラベルのもとに）分類される。それとまったく同じように、対象はさまざまな絵画的なラベルによって（またはそうしたラベルのもとに）分類される。そして、今度はそうしたラベルそのもの（言語的であれ絵画的であれ）が別のラベル（言語的であれ非言語的であれ）のもとに分類されていく。たとえば、諸々の対象は「机」や「食卓」といった言語的なラベルや当の対象を再現する絵のもとに分類される。そして、今度はそうした諸々の記述が「机‐記述」や「ケンタウロス‐記述」や「キケロ‐名前」といったラベルのもとに分類され、諸々の絵が「机‐絵」や「ピクウィック‐絵」といったラベルのもとに分類される。あるラベルをラベルづけすることは、その〔ラベルづけされるほうの〕ラベルが何につけられたものであるかに依存しない。「ユニコーン」のように何にも適用されないラベルもある。また先に述べたように、軍人の絵のすべてが軍人‐絵であるわけではない。そういうわけで、他のあらゆるラベルと同様に、絵についてもつねに二つの問いがありうる。第一に、それは何を再現（または記述）するのかという問いであり、第二に、それはどんな種類の再現（または記述）なのかという問いである。第一の問いは、それ〔再現や記述〕がラベルとして適用される対象は（もしあれば）何かを問うものだ。第二の問いは、それ〔再現や記述〕に適用されるラベルは何かを問うものだ。再現を行なう絵は、なんらかの対象のクラスを選び出すと同時に、特定の絵

のクラスに属している。(26)

7　創意

再現は、対象の模倣というより対象の分類の問題であり、対象のコピーというより対象の特徴づけの問題である。だとすれば、再現は〔所与の現実を〕受動的に報告するということではない。そこにある対象は、きちんと整った属性を持ち、おとなしいモデルのように座って、それを〔受動的に〕称賛したり描いたりすることをわれわれに押しつけてくるような、そういうものではない。それは無数にある対象の一つであり、それらを任意に選び出すことでグループ化できるものである。そして、そうしたグループ化のそれぞれについて、その対象の属性が与えられる。あらゆる分類を対等のものとして認めることとは、結局のところ何も分類しないのと同じだ。分類にはつねに重みづけが含まれている。また、ラベル（絵画的であれ言語的であれその他の種類であれ）の適用によって、たんに〔すでにある〕分類が示されるだけでなく〔新たな〕分類が行な《おこ》われることがよくある。「自然」種とは、たんにそのようにラベルづけするための——またそのようにラベルづけすることによる——選別の習慣をわれわれが持っているというだけのものである。さらに、対象〔の個別化〕それ自体が出来合いのものではない。それは世界をいかにとらえるかということの結果である。一般に、絵を描くことは描かれるべきものが何であるかに影響する。対象とその側面は組織化に依存する。そしてラベルは、その種類にかかわらず、すべて組織化の道具である。

そういうわけで、再現や記述は、組織化を含むと同時に、しばしば組織化に含まれる。ラベルは、それが適用されるような諸々の対象を互いに連関させる associate と同時に、他の種類のラベルに連関させられる。また、より間接的なかたちでは、ラベルは、そのラベルの適用対象とそうした他のラベルを連関させたり、そのラベルの適用対象とそうした他のラベルの適用対象を連関させたり、さらに他の連関を作り出したりする。もちろん、こうした連関のすべてが同等の力を持っているわけではない。その直接性や、当の分類の特殊性や、その分類とラベルづけが保証する基盤の堅固さといった点で、その力は変わってくる。しかしいずれにせよ、再現や記述は、そのようなありとあらゆる仕方で、分類したりされたりを通じて、つながりを作り、またはつながりを示し、対象を分析し、世界を組織化することができる。

再現や記述は、その描き手や書き手が新鮮で意義のある関係をどれくらい把握し、またその関係が見えるようになる方法をどれくらい工夫しているかという程度に応じて、適切であったり、効果的であったり、明快であったり、細やかであったり、興味深かったりする。おなじみの仕方で対象を切り出して、それらを月並みなラベルのもとでありがちな集まりに分類するような言説や描写[*21]は、退屈ではあるにせよ、しばしば実用的だろう。〔逆に、〕新しい要素やクラスを切り出したり、新しいラベルによって——あるいは古いラベルを新しく組み合わせることで——なじみの要素やクラスを切り出したりすることは、新しいものの見方を与えるだろう。ゴンブリッチは次のようなコンスタブルの比喩を重視している。「絵画は一つの科学であり……個々の絵はまさにその実験なのだ[27]」。再現において新しい対象やつながりを引き出したい場合、画家は古い習慣を使う必要がある。その絵は、ほぼ日常世界のありふれた事柄だけを描きながらも、わずかにそれ以外の事柄を含むものとして認められるかもしれない。あるいはその絵は、ふつうの絵の種類に属すことを標榜しつつも、それに抵抗するものかもしれない。そのような場合に、その絵はいままで気づかれていなかった類似と差異を引き出し、見慣れない連関を押し通し、そして世界をいくらか作り変えることになる。また、その絵の焦点は、たんにうまく作られているだけでなく、十分に納得させるものかもしれない。あるいは、その絵が直接的・間接的にもたらす〔物事の〕再編成は、興味深く重要なものかもしれない。そのような場合、その絵は——重大な実験と同じように——知識に対して本当に寄与することになる。ピカソは、自身が描いたガートルード・スタインの肖像画が彼女に似ていないという不平に対して、こう答えたそうだ。「大丈夫。そのうち似てくるから」。

ようするに、影響力を持つ再現や記述には創意 invention が必要である。そうした再現や記述は創造的であり、互いに意味づけをし、対象を形作り、関係づけ、区別する。「自然は芸術を模倣する」という格言[*22]は控えめすぎる。むしろ、自然は芸術と言説の産物である。

8 写実性

再現の写実性 realism を構成するものは何か。この副次的な問題にはまだ答えが出ていない。これまでの議論からすれば、それが現実との類似（どんな意味であれ）でないのは確かである。一方で、われわれが写実性や自然さや忠実さの点でさまざまな再現を比較するのも事実である。類似でないとすれば、いったい何が写実性の基準なのか。

よくある答えは次のようなものだ。忠実さの判定基準は欺瞞である。つまり、絵は、それがどれくらいよくできた幻影《イリュージョン》なのか、そして結果として見る人にどれくらいそれが当の再現対象である（または当の再現対象の特徴を持つ）と思い込ませることができるのかに応じて写実的である。言い換えれば、写実性の尺度は、再現が再現対象と混同される確率である――。この答えはコピー説よりはいくらかましになっている。というのも、ここで問題にされているのは、絵が対象をどれくらい忠実に複写しているかということではなく、絵と対象が、それぞれにとって適切な観察条件のもとで、どれくらい同じ反応と期待を引き起こせるかということだからである。さらに、この説は、フィクションの再現もまた写実性の度合いにおいて異なりうるという事実によって直接のダメージを受けない。というのも、ケンタウロスが存在しないとしても、写実的な絵は見る人を欺いてそれがケンタウロスだと思い込ませるかもしれないからである。

しかし、それでも難点がいくつかある。まず、欺くものは見てとられるものに依存し、見てとられるものは〔見る人の〕関心と習慣次第で変わる。また、仮に混同の確率が1である場合、そこにあるのはもはや再現ではなくその対象そのものである。さらに、混同の確率が0を大きく上回ることは実際にはほとんどない。通常のギャラリーの条件下で見られた最高に意地の悪いだまし絵《トロンプルイユ》ですらそうだろう。絵を絵として見ている時点でそれを別のものに取りちがえようがないからであり、加えて適切な観察条件（たとえば、均一の壁を背景にして額に入れられているなど）は欺瞞を排除するように計算されているからである。それゆえ、欺瞞がうまくいくには、誘導的な状況設定とか、額と背景を見えなくするのぞき穴といった工夫が必要になる。そして、そのような標準的でない条件のもとでの欺瞞は、写実性の判定基準にはならない。というのも、舞台を十分に整えれば、きわめて非写実的な絵ですら人を欺くものになりうるからである。欺瞞は、手品の技術を示すものではあれ、写実性の尺度ではない。〔再現において欺瞞が生じるとしても〕それはめったにない災難だ。きわめて写実的な絵を見るとき、私は、絵の中に文字通り手を伸ばせるとか絵の中のトマトをスライスできるとか絵の中のドラムを叩けるなどと思うことはまずない。むしろ私は、そうした画像を、再現されている対象と特性を表わす記号として理解する。そのような記号はすぐさま明白なかたちで機能し、それが指示する対象と混同されることはない。もちろん、場合によっては、実際に欺瞞が生じたときに（たとえば壁に描かれた窓によって）、その絵を写実的と呼ぶこともあるだろう。しかし、そのようなケースは、われわれがふだんやるように絵全般をより写実的であるとかないとかいう仕方で順序づけるためのいかなる根拠も与えない。

こうした線に沿って考えを進めていくと、もっとも写実的な絵は関連ある情報をもっとも多く与える絵であるという示唆が得られる。しかし、この仮説もまた一瞬で完全に却下できる。次のような例を考えよう。一枚の写実的な絵がある。それはふつうの遠近法と標準的な色彩で描かれている。さらにもう一枚別の絵がある。この絵は、遠近法が逆転しているという点と、それぞれの色が補色に置き換えられているという点を除いて、第一の絵とまったく同じである。この第二の絵は、適切に解釈するかぎりは、第一の絵と正確に同じ情報を与えるものだ。同様に大幅な変形でありながら情報を維持するようなケースは、他にいくらでも考えられる。明らかに、同等の情報を持った写実的な絵と写実的でない絵はありうる。それゆえ、情報の産出量は写実性の基準にはならない。

ここまでは、忠実さ fidelity と写実性を区別する必要がなかった。先に考えていた基準は、忠実さにとっても写実性にとっても同じく不十分な基準だったからである。しかし、もはや両者を同等視することはできない。いま述べた二つの絵は、それらが再現するものに対して等しく正確かつ等しく忠実であり、同一の、したがって等しく真なる情報を与える。それにもかかわらず、これら二つの絵が等しく写実的もしくは直写的 literal であるとは言えない。ある絵が忠実であるとは、たんに、その絵が実際に再現対象に帰属している諸性質をその対象が持っているということである。しかし、そのようなものとしての忠実さ、正確さ、真理は、直写性または写実性の十分条件ではない。

〔写実性の基準についての〕絶対主義者は、ここぞとばかり、第二の絵は解読法《キー》を必要とするが第一の絵はそれを必要としないと主張するだろう。しかしそうではない。むしろ、両者のちがいは、第一の絵のための解読法がすでに手元にあるのに対して、第二の絵はそうではないという点にある。第二の絵を適切に読むには、諸々の解釈規則を発見し、それらを丹念に当てはめていかなければならない。それに対して、第一の絵の解読は、ほとんど自動的な習慣によって行なわれる。そうした記号が慣れによって非常に透明なものになっているおかげで、われわれはなんらかの〔解釈の〕努力をしていることも、何か別の解釈がありうることも、あるいはそもそも解釈をしていることすらも意識しない。[28] まさにこの点にこそ写実性の基準があると思われる。つまり、それは情報の量の問題ではなく、どれくらい容易に情報を得られるかの問題なのである。そしてそれは、再現の様式がどれくらい定型化されているか、ラベルとその使用がどれくらいありふれたものになっているかに左右される。

写実性は相対的なものであり、特定の時点における特定の文化や人にとって標準的な再現のシステムによって決まる。新しいシステムや古いシステムや見知らぬシステムは、不自然であるとか未熟であると見なされる。第五王朝期のエジプト人にとって直截的だった再現方法は、十八世紀の日本人のそれと同じではない。そして、どちらの再現方法も二十世紀初めのイギリス人のそれと同じではない。どの人も、他の様式で描かれた絵を解読するには、ある程度その絵の見方を学習する必要がある。われわれは参照枠が自分たちのものである場合にそれを特定する手続きを省略する傾向にあるが、そのおかげでこの相対性は見えなくなっている。結果として、しばしば「写実主義《リアリズム》」が特定の再現様式または再現システムの名前として使われることになる。地球上にいるわれわれは、対象が地面に対して定常的な位置を占めている場合に、それが固定されているとふつう考える。ちょうどそれと同じように、この時代のこの場所にいるわれわれは、絵がヨーロッパの伝統的な再現様式を持つ場合に、それが直写的または写実的であるとふつう考える。[29]しかし、そうした自己中心的な省略にそそのかされて、特定の対象（または不特定のなんらかの対象）が絶対的に固定されているとか、特定の絵（または不特定のなんらかの絵）が絶対的に写実的であるとか推論すべきではない。

基準は非常に速やかに移行することがある。場合によっては、伝統的な再現システムからのほどよい離脱にしばしば伴う効果そのもののおかげで、新しいシステムが少なくとも一時的に標準として採用されることもあるだろう。このような場合、われわれは、芸術家が写実主義の新たな段階に到達したとか、（たとえば）光や動きを写実的に描く新しい手段を見つけたとか言う。こうした場面では、「本当に固定されている」のは地球ではなく太陽であるという「発見」と似たようなことが起きている。状況次第では、新しい参照枠がその目新しさだけでなくその利点のおかげで従来の参照枠に取って代わるという方向に事態が進む。しかしそれでもなお、ある対象が「本当に固定されている」かどうかや、ある絵が写実的であるかどうかは、その時点での標準的な参照枠や再現様式につねに全面的に依存する。写実性は、絵とその対象の間にある、なんらかの定常的あるいは絶対的な関係の問題ではない。それは、当の絵において使われている再現システムと標準的な再現システムの間の関係の問題である。もちろん、ほとんどの場合、標準として扱われるのは伝統的なシステムである。それゆえ、ほとんどの場合、直写的、写実的、自然主義的な再現システムとは、たんに従来のシステムのことである。

簡潔に言えば、写実的な再現は模倣《イミテーション》や錯覚《イリュージョン》や情報《インフォメーション》量に依存するのではなく植えつけ《インカルケーション》に依存する。ほとんどの絵は、ほとんどどんなものでも再現できる。つまり、任意の絵と対象について、その絵がその対象を再現するための再現システム——言い換えれば両者を関係づける仕方——がふつう存在する。[30] ある絵が当のシステムのもとでどれほど正確であるかは、そのシステムに従ってその絵を解読することによって得られる対象についての情報がどれほど正確であるかに依存する。しかし、その絵がどれほど直写的または写実的であるかは、当のシステムがどれほど標準的であるかに依存する。再現が選択の問題であり、正確さが情報の問題であるとすれば、写実性は習慣の問題である。

決定的な反証に直面してもまだ、われわれはつい類似を写実性の尺度として考えてしまうわけだが、そうした中毒性は以上の観点から容易に説明できる。写実性を左右する再現の慣行は、同時に類似を生み出すことにも寄与する。ある絵が自然に似て見えるということは、多くの場合、たんに自然が通常の仕方で描かれるさまにその絵が似て見えるということでしかない。ここでもまた、私を欺いて特定の種類の対象が目の前にあると思わせるのがどのような絵であるかは、私がそうした対象のどんな点にいままで注意を払ってきたかに左右される。そして今度は、そうした注意のあり方は、その種の対象がどのように描かれることに私が見慣れているかに左右される。類似と欺瞞は、再現の慣例が成り立つための定常的で独立した源泉や基準であるどころか、ある程度まではその慣例の産物なのである。[31]

9　記述と描写

私は、全体を通して、絵画的再現と言語的記述の類比を強調してきた。というのも、その類比は〔われわれが陥りがちな〕誤りを正すと同時に、示唆的であるように思われるからである。対象を表示することは、その対象の描写にとってもその対象の記述にとっても必要条件である。一方、類似の度合いはどちらにとっても必要条件でも十分条件でもない。描写と記述は、どちらも世界の形成と特徴づけに寄与する。そして、両者は互いに影響し合うと同時に、知覚や知識とも作用し合う。また両者とも、単一または複数または空の表示を持つラベルによる分類の方法である。そうしたラベル〔絵であれ言葉であれ〕は、それ自体がさらに諸々の種類に分類される。フィクションのラベル、トシテ描写、トシテ記述は、そのようなラベル自体の種類という観点から解釈される。ラベルの適用も分類もシステムに相対的である。[32]そして、再現であれ記述であれ、一つのシステムに対して代替的なシステムが無数にある。そのような多様なシステムは、取り決めと習慣化がさまざまな割合で混ざった結果である。どのシステムを選ぶかは自由だ。しかし、いったん一つのシステムが与えられると、〈この新たに遭遇した対象は机なのか、ユニコーン－絵なのか、特定の絵によって再現されているものなのか〉という問題は、〈当のシステムのもとで、その対象に投射する project のが適切なのは、述語「机」なのか、述語「ユニコーン－絵」なのか、〔ラベルとしての〕その特定の絵なのか〉という問題になる。そして、その判定は、当のシステムの慣用によって方向づけられていると同時に、それを方向づけるものでもある。(33)

そういうわけで描写のシステムを一つの言語と呼びたくなるわけだが、いったん思い止まろう。再現的なシステムと言語的なシステムを区別するものは何かという問題を深く考える必要がある。写実性の基準がこの区別においても役立つのではないかという考えがあるかもしれない。つまり、記号には、もっとも写実的な描写から、あまり写実的でない描写を経て、記述にいたる段階があるというわけだ。しかし、この考えはまったく的外れである。写実性の尺度は習慣化によるものだが、記述が習慣化によって描写になることはない。いかにありふれた英語の名詞も、絵になったためしはないのである。

あるいは、描写は絵によるものであるのに対して、記述は文章によるものであるという答えがあるかもしれない。この答えは、この問いの重要な部分を棚上げするだけでなく、絵による指示がつねに描写を成り立たせるわけではないという事実を見落とすものでもある。たとえば、美術館が軍隊に徴用され、将校がそこにあるいくつかの絵を敵の砲床に見立てながら命令を下すとしよう。この場合、それらの絵は砲床を〔指示してはいるが〕再現しているわけではない。絵が再現を行なうには、それは絵画的記号として機能しなければならない。つまり、何が指示されるかがもっぱら当の記号が持つ諸々の絵画的性質だけに依存するようなシステムのもとで機能しなければならない。絵画的性質とはなんであるかは、ゆるやかに帰納的なかたちで特定していくことで、おおよそのところは範囲を定められるかもしれない。(34)絵画の特性記述の基本は、当の絵の画表面上の特定の箇所にどんな色が置かれているかを述べることである。実際のところ、それ以外のタイプの特性記述も、そうした基本的な特性記述を連言や選言や量化などでたくさん組み合わせたものである。そういうわけで、絵画の特性記述は、たとえば〔画表面上の〕いくつかの箇所の色を名指したり、ある箇所の色がしかじかの範囲にわたっているとか、二つの箇所にある色は互いに補色関係にあるなどと述べたりする。簡単に言えば、絵画の特性記述は——その十分さや具体性の程度に差はあれ——当の絵のどこにどんな色があるかを述べることである。そして、絵画の特性記述によって絵に正しく帰属される諸性質が、その絵の絵画的性質である。

とはいえ、以上の説明はかなり限定的なものである。この定式はいくらか拡張するぶんには問題ないが、一般化するのは難しい。〔立体的な〕形状のような彫刻的性質にもとづいて指示を行なう彫刻もまた〔絵と同様に〕再現になるが、綴りのような言語的性質にもとづいて指示を行なう言葉は再現にならない。われわれは、絵画的性質と言語的性質の間にある決定的なちがいを、あるいは非言語的な記号やシステムと言語的な記号やシステムの間にある決定的なちがいを、まだとらえていない。このちがいこそ、再現一般と記述を区別するものにほかならない。

ここまでの議論は、再現と記述はともに指示のもとに包括されるというものだった。そのように考えれば、われわれは、再現を鏡の反射に似た特異な物理的過程として理解する誤った考えから解放されて、相対的で可変的な記号関係として再現を理解できるようになる。そこからさらに進んで、〔指示の一種としての〕再現を、指示的でない表示の方式と対比することもできる。次章では、そうした方式のいくつかを取り上げる。再現的なシステムと言語をいかに区別するかという厄介な問題については、だいぶあとになってから、もう一度戻ってくることにしよう。

原註

＊ ヴァージニア・ウルフに関する文章に出てくるとされるが、典拠を特定できていない。

(1) ここで〔「再現」という語で〕私が考えているのは、絵画的再現つまり描写 depiction と、その他の芸術にも見られる同種の再現である。自然物も同じ仕方で何かを再現することがある。たとえば、月の中に人の姿を認めたり、雲が牧羊犬に見えたりする例である。私とは異なる用語法を採用する論者もいる。たとえば、私が「記号作用 symbolization」または「表示 reference」と呼ぶ多様なものをまとめて指すための一般的な用語として「再現 representation」を使う一方で、言語的記号とその他の非絵画的記号（私が「非再現的」と呼ぶもの）を指すのに「記号的 symbolic」を使う用語法がある。「represent」とその派生語には、多くの別の用法がある。そのうちのいくつかについては以降で言及することになるが、それ以外は本書にまったく関係しない。そうした無関係な用法には、たとえば「大使が国を代表する represent」や「外国政府に抗議する make representations」などがある。

(2) ここでは、絵が再現するものはなんであれ（リンゴであれ戦いであれ）区別なく「対象」と呼んでいる。不思議な言葉の巡り合わせだが、再現される対象 object はふつう「主題 subject」と呼ばれる。

(3) 指示とその他の種類の表示の区別は次章で行なう。

(4) "The Way the World Is", *Review of Metaphysics*, vol. 14, 1960, pp. 48–56で、私は次のように論じた。世界は、それが真になるよう記述する仕方、見る仕方、描く仕方、あるいはその他なんであれそれが真になるよう表わすことのできるその仕方の数だけあり、そして世界の唯一のあり方などというものはない。ライルも私といくらか近い立場をとっている（Gilbert Ryle, *Dilemmas: The Turner Lectures*, Cambridge, England, Cambridge University Press, 1954, pp. 75–77）〔『ジレンマ――日常言語の哲学』篠沢和久訳、勁草書房、一九九七年〕。ここでライルは、知覚される固形物としての机と原子の集まりとしての机の関係を、図書カタログから見るものとしての大学図書館と経理担当者から見えるものとしての大学図書館の関係になぞらえている。世界の本当のあり方は、数あるあり方をすべて連言で結ぶことによって得られると考える論者もいる。こうした考えは、連言それ自体が特定のシステムに特有のものであるという事実を見落としている。たとえば、われわれは文章と絵を連言で結ぶことはできない。さらに、すべてのあり方に対してどんな種類の結びつけを試みたとしても、その結びつけ自体が、数ある世界のあり方の一つ――しかもへんてこで理解しづらいあり方――でしかない。だとしても、そのように数多くのあり方を持つ世界 *the world* とは何なのか。世界のあり方あるいは世界を記述する仕方や描く仕方について語ることは、たんに世界記述や世界描写について語ることであって、そこには記述されたり描かれたりする唯一の事物――あるいはとにかくなんらかのもの――が存在するという含意はない。もちろん、こうしたことが、記述されたり描かれたりするものが何も存在しないということを含意しているわけでもない。さらなる議論は、本章5および註19を参照。

（5）Ernst Gombrich, *Art and Illusion: A Study in the Psychology of Pictorial Representation*, New York, Pantheon Books, 1960, pp. 297–298 and elsewhere.〔『芸術と幻影――絵画的表現の心理学的研究』瀬戸慶久訳、岩崎美術社、一九七九年〕視覚の相対性という一般的な問題については以下も参照。R. L. Gregory, *Eye and Brain: The Psychology of Seeing*, New York, McGraw-Hill Book Co., 1966;〔『脳と視覚――グレゴリーの視覚心理学』近藤倫明、中溝幸夫、三浦佳世訳、ブレーン出版、二〇〇一年〕Marshall H. Segall, Donald Campbell, and Melville J. Herskovits, *The Influence of Culture on Visual Perception*, Indianapolis and New York, The Bobbs-Merrill Co., Inc., 1966.

（6）この点に関する心理学的な研究の例としては、Jerome S. Bruner, "On Perceptual Readiness", *Psychological Review*, vol. 64, (1957), pp. 123–152 およびそこで引用されている他の論文を参照。以下も参照。William P. Brown, "Conceptions of Perceptual Defense", *British Journal of Psychology Monograph Supplement* XXXV, Cambridge, England, Cambridge University Press, 1961.

(7) 認識に先行するものがあるという考えの空虚さおよび絶対的所与を探求することの不毛さについては以前に論じた。以下を参照。Nelson Goodman, *The Structure of Appearance*, 2nd edition, Indianapolis and New York, The Bobbs-Merrill Co., Inc., 1966, pp. 132–145;（以下 *SA* と略記）“Sense and Certainty”, *Philosophical Review*, vol. 61 (1952), pp. 160–167.

(8) なお、これはそこで使う道具がペンや絵筆ではなくカメラであっても成り立つ。当の道具の選択と取り扱い自体が解釈の一部なのである。実際、写真作品は、絵画作品と同様に作者の個人様式を示すことができる。ある種のカメラに対してなされる「修正」については、本章3を参照。

(9) *Art and Illusion*, pp. 254 and 257.

(10) James J. Gibson, “Pictures, Perspectives, and Perception”, *Daedalus* (Winter 1960), p. 227. ギブソンは最近出た興味深い著作でも関連する問題にかなりの分量を割いているが、こうした見解を明確に撤回しているようには見えない。以下を参照。*The Senses Considered as Perceptual Systems*, Boston, Houghton Mifflin Co., 1966.〔『生態学的知覚システム——感性をとらえなおす』佐々木正人、古山宣洋、三嶋博之監訳、東京大学出版会、二〇一一年〕

(11) もちろん、これに近い議論は多くの論者によって実際に行なわれてきたものだ。興味深い議論として以下を参照。D. Gioseffi, *Prospettiva Artificialis*, Trieste, Università degli studi di Trieste, Istituto di Storia dell'Arte Antica e Moderna, 1957. M・H・ピレンヌによる同書についての長い書評が *The Art Bulletin*, vol. 41 (1959), pp. 213–217 に収録されている。この文献情報はマイヤー・シャピロ教授からいただいた。

(12) *Art and Illusion*, pp. 250–251 における「柵《ゲート》」についてのゴンブリッチの議論と比較せよ。

(13) 以下を参照。L. A. Riggs, F. Ratliff, J. C. Cornsweet, and T. Cornsweet, “The Disappearance of Steadily Fixated Visual Objects”, *Journal of the Optical Society of America*, vol. 43 (1953), pp. 495–501. より最近の研究では、固視の最中に知覚が目まぐるしく変化することが詳しく論じられている。以下を参照。R. M. Pritchard, W. Heron, and D. O. Hebb, “Visual Perception Approached by the Method of Stabilized Images”, *Canadian Journal of Psychology*, vol. 14 (1960), pp. 66–77. この論文によれば、固視中の視覚像は更新されていく傾向にあり、場合によっては最初は現われていなかった有意味なまとまりに変わることもある。

(14) ただし、次の点に留意しよう。角膜が突出しているおかげで、頭が固定されている場合でも、目を回転させれば対象の側面を少しだけ見ることができる。

(15) さまざまな光景への順応は、広く実験が行なわれてきた主題である。たとえば以下を参照。J. E. Hochberg, "Effects of Gestalt Revolution: The Cornell Symposium on Perception", *Psychological Review*, vol. 64 (1959), pp. 74–75; J. G. Taylor, *The Behavioral Basis of Perception*, New Haven, Yale University Press, 1962, pp. 166–185; Irvin Rock, *The Nature of Perceptual Adaptation*, New York, Basic Books, Inc., 1966. 逆遠近法は東洋やビザンティンや西洋中世の美術によく見られる。場合によっては、標準的な遠近法と逆遠近法が一つの絵の中で混用されていることすらある。たとえば以下を参照。Leonid Ouspensky and Vladimir Lossky, *The Meaning of Icons*, Boston, Boston Book and Art Shop, 1952, p. 42 (note 1), p. 200. 標準的な遠近法の絵を見る場合も絵の見方を学ぶ必要があるという事実に関しては、メルヴィル・J・ハースコヴィッツが次のように述べている。「複数の民族誌学者の報告によれば、写真に関して何の知識も持たない文化で暮らしている人々に家や人や身近な風景のはっきり写った写真を見せたところ、彼らはあらゆる可能な角度で写真を持ってみたり、写真をひっくり返して何も写っていない裏面を調べてみたりしたという。現地人は、いろいろな形の白黒の陰影が無意味に配列された紙切れをなんとか解釈しようとしていたようだ。非常にはっきりした写真ですら、カメラが見たものについての解釈でしかないわけだ」(Melville J. Herskovits, *Man and His Works*, New York, Alfred A. Knopf, 1948, p. 381)。

(16) 本章の口絵を参照。クレーが述べるように、このドローイングは床を描くものとして解釈した場合にはきわめてふつうに見えるが、建物の正面を描くものとして解釈した場合にはゆがんでいるように見える。どちらの場合も、再現対象における平行線は同じように目から離れていくにもかかわらずである。

(17) 実際、これはオーソドックスな立場である。ピレンヌ、ギブソン、ゴンブリッチだけでなく、この主題を論じる論者の大半がこの立場をとっている。例外としてはクレーの他に以下の論者がいる。Erwin Panofsky, "Die Perspektive als 'Symbolische Form'", *Vorträge der Bibliothek Warburg* (1924–1925), pp. 258ff.〔『〈象徴《シンボル》形式〉としての遠近法』木田元監訳、川戸れい子、上村清雄訳、ちくま学芸文庫、二〇〇九年〕Rudolf Arnheim, *Art and Visual Perception*, Berkeley,

University of California Press, 1954, e.g., pp. 92ff, 226ff, and elsewhere.〔『美術と視覚――美と創造の心理学』波多野完治、関計夫訳、美術出版社、一九六三/一九六四年〕またもっと古い時期では、アーサー・パーシーなる人物がその異端的な考えをオーガスタス・ド・モルガンに非難されている(Augustus de Morgan, *Budget of Paradoxes*, London, 1872, pp. 176–177)。最後の文献情報はP・T・ギーチ氏からいただいた。遠近法についての興味深い議論は、ジョン・ホワイトの次の文献にもある。John White, *The Birth and Rebirth of Pictorial Space*, New York, Thomas Yoseloff, 1958, Chapter VIII and XIII.

(18) たしかに塔の正面を見る最善の仕方は、mからまっすぐに見るというものかもしれない。しかし、そうだとすると、鉄道の線路を見る最善の仕方は、軌道の中点の真上から見下ろすというものになるはずである。

(19) この段落および続く二つの段落の実質的内容は、以下の私の論文に含まれている。"On Likeness of Meaning", *Analysis*, vol. 1 (1949), pp. 1–7. さらに詳しい議論は続編論文を参照。"On Some Differences about Meaning", *Analysis*, vol. 13 (1953), pp. 90–96.「虚構的な存在者についての」言明の問題に関してもまた、以下で同様の議論を行なっている。"About", *Mind*, vol. 70 (1961), esp. pp. 18–22. W・V・O・クワインは、一九三九年から始まる一連の論文において、共義的syncategorematicな表現とそれ以外の表現の区別を明確化し、この区別にきちんと気をつければ、多くの哲学的な問題が解消することを示している(一連の論文の多くはW. V. O. Quine, *From a Logical Point of View*, Cambridge, Mass., Harvard University Press, 1953〔『論理的観点から――論理と哲学をめぐる九章』飯田隆訳、勁草書房、一九九二年〕に改訂の上で収録されている)。

なお、私はハイフンを使った表記(たとえば「人-絵」)をテクニカルな論述の補助として採用するだけであって、日常的な言葉づかいを改めようとしているわけではない。日常的な場面では、ふつうその文脈によって混乱が避けられる。また、存在に関する誤った推論に向かう衝動も、哲学におけるそれに比べればそれほど強迫的なものではない(仰々しさは哲学と同等かもしれないが)。以下「人-絵」という言い方は、つねに「人を再現する絵」――それ以上分解不可能な一項述語として解釈されるかぎりでの――という、より長くてよりふつうの言い方の省略形として使われる。この述語は、必ずしも実際の人を再現する絵のすべてに適用されるわけではないし、必ずしもそのような絵以外に適用できないわけでもない。「何々‐絵」という形式を持つすべての複合表現が、これと同じ原則に従って使われる。それゆえ、たとえば「チャーチル‐絵」を「チャーチルによって描かれた絵」や「チャーチルが所有する絵」の省略形として使うことはない。さらに注記しておくと、四角‐絵 square-picture は四角‐再現的‐絵であって、必ずしも四角い絵 square picture である必要はない。

（20）厳密には、われわれはここで発話と印字について触れておくべきである。というのも、同じ語の異なる事例が異なる指示を行なうことがあるからである。実際のところ、〔同じかたちをした〕諸々の複製物を一つの種類にまとめて一つの語を構成することは、発話と印字を〔特定の指示を持ったその語として〕分類する方法のたんなる一つでしかなく、それも単純とは言えない方法である。さらに詳しくは *SA*, pp. 359–363 および本書第四章を参照。

（21）ある語を含む複合表現のすべてを適用する仕方を知っているなら、当の言語におけるその他の語を含む複合表現を適用する仕方についても少なくともいくらかは知っているだろう。ある語と、それを含むよくある複合表現の一定数を適用する仕方を十分に知っている場合、われわれはふつうその語を理解していると言う。ある特定の複合表現「しかじか‐絵」について、かなりの割合でそれを適用する仕方に迷うような場合には、それに関連した「しかじかとして再現する」という述語の適用の仕方にも迷うはずである。もちろん、ある語を理解することは、その語とそれを含む複合表現を適用する仕方を知っているかどうかという問題に尽きるわけではない。その語を含む言明から、あるいはそれに向かって、どんな推論が引き出せるかを知っているかどうかといった別の要因もある。

（22）この論点の明確化につながる指摘をH・P・グライス氏とJ・O・アームソン氏からいただいた。当該の部分は場合によっては時間軸以外の点で切り出されることもある。時間的部分という概念に関しては、*SA*, pp. 127–129 を参照。

（23）とはいえ、その含まれている絵が、それを含んでいる絵の文脈に組み込まれた結果として、特定の対象を指示したり、何々‐絵になったりすることもある。これはちょうど、「トライアングル」という語が「トライアングルとドラム」というかたちで使われることによって、〔三角形ではなく〕特定の楽器を指示したり、楽器‐記述になったりするのと同じである。

（24）この定義は、絵の全体または部分のいずれかによってkが何々として再現されているようなケースにも当てはまる。先に註19の後半で述べたように、このように定義された図式では、「何々」への代入が許されているものに制約がある。たとえば、古い絵や四角い絵やチャーチルが所有する絵は、そのことによって、チャーチルを年寄りoldや堅物squareや冷静沈着な人物self-possessedとして再現することはない。

（25）読者はすでにお気づきだと思うが、本書における「記述」は、論理学において確定記述と呼ばれるものにかぎらず、固有名から美辞麗句にいたるまで、またそこでなされる指示が単一指示か複数指示か空指示かにかかわらず、あらゆる述語を包括するものである。

（26）絵は選び出されたクラス自体を指示するのではなく、そのクラスのメンバーを指示する。指示されるメンバーが単一の場合も複数の場合もあるし、メンバーがない〔つまり空指示になる〕場合もある。言うまでもなく一枚の絵は無数のクラスに属すが、その絵があるものを何として再現するかに関わるのはこうした特定のクラス（たとえば、四角い-絵のクラスやチャーチル-絵のクラス）だけであって、それ以外のクラス（たとえば、四角い絵のクラスやチャーチルが所有する絵のクラス）は関係ない。

（27）一八三六年に英国王立科学研究所で行なわれたコンスタブルの第四講義から。以下を参照。C. R. Leslie, *Memoirs of the Life of John Constable*, ed. Jonathan Mayne, London, Phaidon Press, 1951, p. 323.

（28）以下と比較せよ。Descartes, *Meditations on the First Philosophy*, trans. E. S. Haldane and G. R. T. Ross, New York, Dover Publications, Inc., 1955, vol. 1, p. 155;〔『省察』山田弘明訳、ちくま学芸文庫、二〇〇六年〕Berkeley, "Essay Towards a New Theory of Vision", in *Works on Vision*, ed. C. M. Turbayne, New York, The Bobbs-Merrill Co., Inc., 1963, p. 42.〔『視覚新論』下條信輔、植村恒一郎、一ノ瀬正樹訳、勁草書房、一九九〇年〕

（29）「伝統的」は「慣習的conventional」と言い換えてもよいが、「慣習的」という語は両義的で危なっかしい。このことは、「非常に慣習的である」という言い方（「非常にありきたりである」の意）と、「高度に慣習的である」とか「高度に慣習化されている」という言い方（「非常にわざとらしい」の意）を対比させてみればわかる。

（30）実際、そうしたシステムはとくに珍しいものではなく、数多く存在する。ある一枚の絵が、ある（なじみのない）

システムのもとでは、正確ではあるもののまったく写実的でない仕方で対象を再現する一方で、別の〔標準的な〕システムのもとでは、写実的ではあるもののまったく不正確な仕方で同じ対象を再現するといったこともありうる。その絵が対象を正確かつ直写的に再現すると言えるのは、それが標準的なシステムのもとで正確な情報を与える場合にかぎる。

(31) 私はここでも別の箇所でも、いかなる定常的な類似関係もないという主張はしていない。厳選した身近な観点における類似性の判断は、たとえ大雑把で誤りがちであるにしても、世界を記述する際になされる他の諸判断と同じ程度には、客観的で確かなものである。しかし、複合的で全体的な類似性に対する判断となると話は別である。第一に、そうした判断は、当の〔判断対象である〕諸対象がどの側面または要素の観点で比較されるかに依存する。そして、その比較の観点は、概念的な習慣と知覚的な習慣に大きく依存する。第二に、比較の観点になる諸々の要素が定まっていたとしても、それがただちに複数の軸に沿った〔複合的かつ全体的な〕類似性を判断するための観点になるわけではない。むしろ、全体としての類似の程度は、複数の要素のそれぞれがどの程度重視されているかに依存するだろう。たとえば、建物同士の類似性を判断する場合には、それらの地理的な近さはふつうほとんど関係ないが、宅地同士の類似性を判断する場合には、それらの物理的な近さはかなり重要な要素になる。全体的な類似性の評価はそのようにさまざまなものに影響されるわけだが、再現の慣行はその中でとくに重要なものだ。ようするに、この議論を通して私が示したいのは次のことである。類似が定常的で客観的な関係であると考えるかぎりは、絵とその再現対象の類似は写実性と一致しない。そして、逆に類似と写実性が一致すると考えるかぎりは、その類似の基準は再現の慣例の変化に伴って変わる〔それゆえ客観的かつ定常的なものにはならない〕。

(32) 第五章でより十分な説明を与えることになるが、先取りして言えば、記号システム〔必ずしも形式的なものとはかぎらない〕は、諸記号とそれらの解釈の両方を含むものである。一つの言語は、特殊な種類の一つの記号システムである。形式的システムは、一つの言語によって言い表わされるものであり、定まった基本要素とそこから派生表現を作る諸規則からなる。

(33) 個々の場面での判断と一般的な方向性の相互作用については、以下を参照。Nelson Goodman, *Fact, Fiction, and*

Forecast, 2nd edition; Indianapolis and New York, The Bobbs-Merrill Co., Inc., 1965, pp. 63–64.〔『事実・虚構・予言』雨宮民雄訳、勁草書房、一九八七年〕（以下 *FFF* と略記）ある述語を投射することの適切さは、当の〔述語が投射される〕諸対象の間にどんな類似性があるかに依存するという考えもあるかもしれない。しかし、まったく同じように、むしろ対象間の類似が、どんな述語が投射されるかに依存すると考えることもできる（註31および *FFF*, pp. 82, 96–99, 119–129と比較せよ）。なお、ここで大まかに示した絵の「言語理論」と、よく論じられる言語の「像理論 picture theory」の関係については、"The Way the World Is", pp. 55–56（書誌情報は註4）を参照。

(34) ここでの説明には不十分な点が数多くある。たとえば、画表面がしばしば三次元的な性格を持つという点に配慮できていない。とはいえ、この箇所と以降の文脈にとって有用なのは絵画的性質とそれ以外の性質を大雑把に区別することであって、絵画的性質を厳密に定式化することはとくに重要ではない。

訳註

*1 クレメント・グリーンバーグに代表される絵画の形式主義を取り巻く議論。

*2 本書では、「芸術 art」は、絵画、彫刻、音楽、文学といった芸術形式を指す語として使われている。「諸芸術 the arts」は、そうした諸々の芸術形式をまとめて指す表現である。

*3 「picture」「pictorial」は原則的に「絵」「絵画的」と訳す。ただし、「picture」には絵画だけでなく写真も含まれるので、文脈によっては訳し分ける。また、「painting」は原則的に「絵画」と訳す。なお、原註1にあるように、本書における「再現」は多くの場合絵画的再現を指すが、本章4に見られるように、絵画や写真だけでなく彫刻に対しても「再現」や「描写」が適用される。

*4 反射関係は、任意のものがそれ自身に対してつねに持つような関係のこと。類似は反射性を持つ（Xはつねに X に似ている）。

*5 初代ウェリントン公アーサー・ウェルズリーのこと。イギリスの貴族・軍人・政治家。ワーテルローの戦いでナ

ポレオンを破ったことで知られる。ウェリントン公を描いた肖像画や戦争画は多数ある。

＊6　絵画コレクションを展示した部屋自体を描く絵画（画廊画）は、十七世紀以降さかんに描かれた。

＊7　ここで「の記号である be a symbol for」、「を代理する stand for」、「を表示する refer to」は同義表現として並べられている。一方、後述の「を指示する denote」はその下位概念である。

＊8　「convention」は「規約」ではなく「慣習」と訳す。原註29も参照。

＊9　船舶同士の衝突を避けるために、右舷に緑灯、左舷に赤灯をつけることが国際的に定められている。

＊10　「山をもぐら塚にする make a molehill out of a mountain」は「もぐら塚を山にする make a mountain out of a molehill」（針小棒大の意）という定型句のもじり。

＊11　あおり撮影のこと。

＊12　建物の壁面上部の横木とアーチの間にある半円形または三角形の空間のこと。ティンパヌムは多くの文化圏において彫刻で装飾される。

＊13　古くからアメリカで広く消費されてきたリンゴの品種。

＊14　ここでは、クラスそのものへの指示と、そのクラスに属するメンバー全体への指示が区別されている。なお「周延 distribution」は伝統的論理学の用語。ある定言命題がそこに含まれる名辞（主語または述語）の外延全体（その名辞が当てはまるすべての個体）について述べる場合、その名辞は周延されているという。たとえば全称肯定命題「すべてのSはPである」は名辞Sが当てはまるすべての個体について述べるものなので、Sは周延されている。一方、この命題はすべてのPについて述べるものではないので、Pは周延されていない。

＊15　チャールズ・ディケンズの小説『ピクウィックペーパーズ』の主人公。

＊16　原文は「picture of」のみだが、文脈上「be a picture of」として読む。

＊17　前の文の「分解不可能」の言い換え。部分が量化可能な述語の例を挙げておく。たとえば「オランダ人によって描かれた絵である」という述語は「yによって描かれた絵であり、yはオランダ人である」といったかたちに分解できる。この述語を含む文が真になるには、オランダ人である何かが存在する必要がある。

＊18 「staghorn」はシダ科の植物ビカクシダの別称でもある。「麋《び》角《かく》羊《し》歯《だ》」の名前の通り、ヘラジカの角に似た形状を持つ。本文の「staghorn」が形容詞的用法なのか文字通りの鹿の角を指すのかシダを指すのかははっきりしない。

＊19 本文で論じられるように、これはas句の形容詞的用法と副詞的用法の区別である。日本語では形容詞句と副詞句が明確に区別されるので、それぞれの用法を自然に訳せば「としての……を再現する」と「として……を再現する」となるが、文脈上、一部の形容詞的用法を「として……を再現する」と訳した。結果として、形容詞的用法の訳が一部不自然になっている。

＊20 原文は「adult-picture representing Churchill」。「チャーチルを再現する大人‐絵」という訳だと「Churchill-representing-adult-picture」と区別がつかないため、「チャーチルを再現する、大人‐絵」のように読点を挿入する。以下同様。

＊21 「記述 description」「再現 representation」がそれぞれ「言説 discourse」「描写 depiction」と言い換えられているが、意味は同じである。

＊22 オスカー・ワイルドによる有名な警句「人生は芸術を模倣する」を念頭に置いている。ワイルドは、これを古典的な芸術の自然模倣説に対するアンチテーゼとして提示した。

red green blue green red yellow blue

yellow red blue yellow green red blue

blue yellow yellow blue red blue yellow

red green green red green green green

green blue blue yellow yellow yellow

yellow red green yellow blue green red

blue green red red green red green blue

red yellow yellow red blue yellow blue

yellow blue red blue green green yellow

green red yellow blue yellow blue red

blue red blue green red yellow blue

green green red yellow blue yellow blue

テストシート。J・R・ストループが使用したもの（第二章註10を参照）の改変。

第二章　絵の響き

二重の響き――直線の冷ややかな緊張、曲線の温かな緊張、こわばったものからゆるんだもの、しなやかなものから引き締まったもの

ワシリー・カンディンスキー *

1　対象領域のちがい

日常的な会話では、「表現する express」という語は「再現する represent」という語と少なくとも同じくらい、いい加減な使われ方をしている。われわれは、言明はそれが主張したり記述したり示唆するものを表現すると言ったり、絵は感情 feeling *1 や事実や考えや人格を表現すると言ったりする。おそらく、表現という独特の関係を再現やその他の種類の表示から区別しようとするときにまず最初にすべきは、このような無秩序な言葉づかいに対してなんらかの秩序を課すことだろう。その第一歩は、次のような広く見られる両義性を解消することである。ある人が悲しみを表現するということは、一方では、〈その人は悲しみの感情を表現している〉ということを意味する場合がある。しかしもう一方では、〈その人は悲しみの感情を抱いていることを表現している〉ということを意味する場合もある。この両義性が問題をややこしくしている。というのも、明らかに、ある人が、悲しみを表現しつつも、実際にその悲

しみを抱いてもいなければ自身が悲しみを抱いていると主張してもいないということはありうるし、逆に、ある人が、ある感情を表現することなしに、その感情を実際に抱いていたり自身がその感情を抱いていると主張したりすることもありうるからである。私は、はじめから「表現」という語を、感情やその他の性質そのものに表示が指し向けられるケース[(1)]に限定しておくのが賢明だと考える。これは、感情やその他の性質が実際に生じていることに表示が指し向けられるということではない。ある性質がある特定の場面で現前していることを示したり主張したりすることに関わる事柄は〔ここで言う表現とは〕別のかたちで解釈できる。以上のように考えれば、再現と表現の間にある一つの特徴的なちがいは、さしあたり次の点にあると言える。すなわち、再現が対象や出来事についてのものであるのに対して、表現は感情やその他の性質についてのものである。

しかし、再現と表現は、それらの関係項に関してだけ異なるのだろうか。兄弟と姉妹は、どちらも同じくきょうだいsiblingである。兄弟であることと姉妹であることのちがいは、たんに男性のきょうだいか女性のきょうだいかという点だけである。これと同じように、再現されるものと表現されるものはどちらも同じく指示されるものであり、再現と表現のちがいはたんに当の指示されるものが個体であるか性質であるかだけだということなのだろうか。それとも、再現と表現の間には、もっと根本的なちがいがあるのだろうか。

一見すると、表現は再現よりも文字通りliteral[*2]でないように見えるかもしれない。多くの場合、表現される感情や情動や性質は、当の表現の媒体からはかけ離れている。たとえば、絵画作品が熱さを表現するとか、楽曲が色や壊れやすさを表現するとかいった場合である。たしかにここでは、いかなる種類のコピーもありえない。表現は模倣《イミテーション》ではなくほのめかし《インティメーション》によるものである。しかし、すでに見てきたように再現もまた模倣ではない。たとえこの上なく直写的な絵であっても、それとそれが再現するものが類似している必要はない。

だとすると、再現と表現のちがいは、むしろ逆の方向に見いだせるものかもしれない。つまり、表現は再現よりも率直で直接的なものなのかもしれない。こうした考えにぴったり対応するのは、表現は表現されるものと因果的に結びついているという考えである。この考えによれば、たとえば顔の表情 **expression** は人が感じる怖れや怒りや悲しみの結果であり、その顔のありようは当の情動から生じると同時にそれを示しているということになる。あるいはジェイムズ＝ランゲ説[*3]風に言えば、当の情動は、身体的な表情を知覚することから生じるということになるかもしれない。しかし、どちらのヴァージョンであれ、この考えはうまくいかないだろう。たとえば、ある人がうれしそうな表情をしているのはたんにその人が礼儀正しいからであって、実際には不愉快さを我慢しているのかもしれない。あるいは、畏敬の念が、信用を強めるどころかそれを失わせるような卑屈な同意の表情を引き起こすかもしれない。俳優の顔の表情は、その表情に対応する情動を抱くことから生じる必要もなければ、その情動を抱くことに結果する必要もない。画家や作曲家も、自身の作品において自身が表現している情動を抱く必要はない。そして当然のことながら、ある芸術作品が感情を表現している場合でも、その作品自体はそれが表現しているものを感じているわけはない。

これらのケースのいくつかは、次のような考えを示唆する。表現されるものは、「表現の作り手ではなく」むしろ受け手のうちに生じる感情または情動なのではないか。たとえば、絵が悲しさを表現するのはギャラリーに来た人をいくらか悲しくさせるからであり、悲劇が嘆かわしさを表現するのは観客の心のうちや顔に涙を生じさせるからなのではないか。俳優は、悲しみを表現するために悲しい気持ちになる必要はない。むしろ、俳優が悲しさの表現に成功するかどうかは、受け手をどれだけ悲しい気持ちにさせるかである――。先に挙げた考えよりもこちらの考えのほうがもっともらしいかもしれないが、しかしこの考えもまた擁護が難しい。まず、なんであれ〔受け手のうちに〕引き起こされる情動が、表現されている当の情動であることはほとんどない。苦悩を表現する顔は、苦痛というよりむしろあわれみを呼び起こす。恨みや怒りを表現する身体は、しばしば嫌悪や恐怖を生じさせる。さらに、表現されるものが感情や情動以外の何かである場合もある。彩り color を表現する白黒の絵は、受け手に生き生きとした colorful 感情を抱かせるわけではない。また、勇気と賢さを表現する肖像画が、それらの〔非情動的な〕質以外のなんらかの質を鑑賞者のうちに生じさせることはほとんどない。

表現についてのこうした混乱した考えをさらにややこしくしているのは、情動を引き起こすことが芸術の第一の機能であるという広く流布している通念である。ここでは、この通念とそれに依存している美学理論――たとえば情動的なカタルシスの理論――に対する異議を表明するだけにとどめておこう。この点については、あとでまた論じることになる（第六章3から4）。

表現は、模倣や因果がどれだけ問題になるかという点では再現とちがわないにせよ、再現に比べればはるかに絶対的で不変の関係なのではないかという考えもありうる。すでに見たように、再現は相対的なものである。つまり、どんな絵であれ、任意の対象を再現できる。これに対して、ほほえむ顔が悲嘆を表現したり、うなだれた姿勢が意気揚々とした気分を表現したり、青灰色の絵が熱さを表現したり、スタッカートかつプレストの楽節が落ち着きを表現したりすることはほとんどないように思える。これらの結びつきは、因果的なものではないとしても、少なくとも定常的なものではあるように見える。しかし、この点での区別もうまくいかない。日本の名作映画が初めてやってきたとき、西洋の観客にとっては、俳優がどんな情動を表現しているのかを判断するのは困難だった。その顔が表現しているのは、苦悩なのか嫌悪なのか不安なのか、決心なのか絶望なのか欲求なのか――。このことはただちに明白なわけでは必ずしもなかった。というのも、顔の表情でさえ、ある程度は慣行と文化によって作り上げられるものだからである。了見の狭い素人の観客がしばしば本能的で不変だと考えるものは、プロの俳優や監督からすれば後天的で可変のものである。われわれは偏見から、外国のダンスの挙動を非常にわざとらしいものだと見なし、自国のダンスをより生得的なものだと見なしがちかもしれない。しかし、鋭敏な演じ手や指導者は、その手の思い込みに陥ることはない。ある著名な振付師兼演出家は次のように書いている。

私はこれまで、若い男性には愛のしぐさとはどのようなものかを、若い女性にはがめついふるまいや気のある素振りや色っぽさとはどのようなものかを教えなければならない場面がしばしばあったし、不安や警戒やその他無数の情動状態を表現するにはどうしたらよいかをあらゆる人に教えなければならなかった。彼らはそうした事柄を感じることはできたが、それを動きで表わすことに関してはまったくの不案内だった。

……身振りとは、長い間人々が使ってきたことによって確立している動作のパターンである。

……多くの感情は非常に多くの仕方で表現できるものである。一つの感情には一つのパターンしかないといったことはない。たとえば、希望には決まったかたちがないし、ひらめきにも恐怖にも愛にも決まったかたちはない[2]。

人類学者も同じ見解を持っている。

私がこれまで見てきたかぎりでは、世界中で同じ意味を持つ普遍的な語や音複合体がないのと同じように、世界中で同じ反応を引き起こす身体運動や表情や身振りはない。体を折り曲げるという動作は、嘆きの場合もあれば謙遜の場合もあるし、笑っている場合もあれば攻撃の構えである場合もある。「笑顔」は、ある社会では好意を表わすが、別の社会ではきまりの悪さを表わす。さらに別の社会では、ある種の警告を含んでいることもある。つまり、〔笑顔を返すことによって〕緊張をゆるめなければ、敵意と攻撃があとに続くことになるという警告である[3]。

再現も表現も同じように、習慣によって特定の人々にとっては特定の関係がしっかりと固定されたものになっている。しかし、いずれの場合も、それらの関係は絶対的でも普遍的でも不変でもない。

そういうわけで、ここまでのところ、〈再現と表現はともに指示の一種であり、両者はたんにその指示対象が個別具体的[*4]であるか抽象的であるかという点で異なるにすぎない〉という結論に反するものは何も見いだされていない。とはいえ、もう少し考えよう。

2　方向のちがい

目の前に海辺の木と崖の絵がある。それは鈍い灰色で描かれ、深い悲しみを表現している。以上の記述は、この絵について次の三種類の情報を与えている。(1)その絵はどんな事物を再現しているのか。(2)その絵はどんな性質を所有しているpossessのか。(3)その絵はどんな感情を表現しているのか。(1)および(2)の根底にある関係の論理的本性は、はっきりしている。つまり、〔(1)の場合は〕その絵が特定の風景を指示しているということであり、〔(2)の場合は〕その絵が灰色の特定の色合い〔という性質〕の個別具体的な事例instance*5だということである。では、その絵とそれが表現していると言われているものの関係の論理的本性はどのようなものか。

ふたたび先の記述を見てみると、次のような疑問が生じるように思われる。性質の所有と性質の表現の間にはちがいがあるのだろうか。「その絵は悲しみを表現している」と言うかわりに、「その絵は悲しい絵である」と言うこともできたはずである。だとすれば、その絵は、それが灰色であるのと同じ仕方で悲しいということになるのではないか。しかし、所有と表現には顕著なちがいがある。厳密に言えば、悲しみを抱くことができるのは感覚を持つ存在者や出来事だけなのだから、絵が悲しいというのはたんに比喩的な意味においてのみである。絵は灰色を文字通りに所有し、灰色の事物のクラスに実際に属する。しかし、絵が悲しみを所有したり、悲しみを感じる事物のクラスに属したりするのは、隠喩的な意味においてのみなのである。*6

そういうわけで、さしあたり表現は比喩的な所有を含むものとして部分的に特徴づけできる。この特徴づけは、表現が再現に比べていくらか直接的であると同時にいくらか文字通りではないというわれわれの感覚を説明するだろう。というのも、所有は指示よりも密な関係であるように思われるし、比喩的なものは文字通りのものよりも明らかに文字通りではないからである。しかし、表現が比喩的な所有を含むと述べることは、表現と所有を同じようなものとして見なすと同時に、両者を対比しているようにも見える。「比喩的」には「実際はそうではない」が含意されているように見えるのである。では、どのような意味で表現に含まれている所有は実際の所有ではないのだろうか。ここで必要なのは、比喩的なものの本性についての、あるいは少なくとも隠喩的なものの本性についてのなんらかの分析である。というのも、隠喩的に真であるものはたしかに文字通りには真ではないが、かといってたんに偽というわけでもないからである。とはいえ、隠喩的な真を一方では文字通りの真と区別し、他方では偽と区別するものはいったいなんなのか。

この問題に取り組むまえに、実際の所有についてもう少し詳しく考えておいたほうがよいだろう。ある対象が灰色である——言い換えれば、ある対象が灰色性の事例である、または灰色性を所有している——のは、述語「灰色」がその対象に適用されるとき、かつそのときにかぎる。(4) 絵が何を再現し、述語が何を記述するかは、それらが何を指示するかの問題である。一方、絵や述語がどんな性質を所有するかは、〔逆に〕どんな述語がその絵や述語を指示するかの問題である。「絵は〔それが所有する〕性質や述語を指示する」という言い方はできない。それが可能なのは、「地元紙が新しいオーナーを得た」と言うような場合の〔主客が〕逆転した言い方においてだけである。灰色の絵は、灰色という性質を指示するのではない。「灰色」という述語によって指示されるのである。

このように、再現が指示の問題であるのに対して、表現はなんらかの意味で所有の問題である。だとすれば、両者は対象領域が異なるだけでなく（あるいは、それよりむしろ）方向が異なるということになる。〈再現の対象が個別具体的である一方で、表現の対象は抽象的である〉ということが正しいかどうかにかかわらず、絵がその再現対象を包摂するのと同じ意味で、絵の表現対象はその絵を事例として包摂する。*7

もちろん、表現はたんなる所有ではない。表現に含まれる所有が隠喩的であることはさておき、そもそも所有は――文字通りであれ隠喩的であれ――記号作用を構成するものではない。指示することは表示することだが、指示されることは必ずしも何かを表示することではない。しかし、表現は再現と同様に記号作用の一つの方式である。〔何かを表現する〕絵は、その表現対象を代理し、記号化し、表示しているはずである。すでに見たように、表現における記号作用あるいは表示は、指示とは逆の方向に――つまり、指示されるものに向かって下る方向ではなく、指示されるものから上ってくる方向に――働いている。ある対象が、ある述語によって文字通りまたは隠喩的に指示されており、かつ、その述語またはそれに対応する性質を表示しているとき、この対象はその述語または性質を例示している exemplify と言われるだろう。すべての例示が表現であるわけではないが、すべての表現は例示である。

3　例示

われわれは表現の本性を探究しているわけだが、ここで例示という概念が出てくるのはかなり唐突だろう。実際この概念はこれまでほとんど注意を向けられてこなかったものだ。しかし、例示は諸芸術の内外を問わず広く使われている重要な記号作用の方式である。

洋服の仕立て屋の生地見本帳を考えよう。そこに載っている生地の小切れは、サンプルとして、つまり特定の性質を例示する記号として機能する。しかし、小切れは、それが持つ性質のすべてを例示するわけではない。それは色や織り方や手触りや模様のサンプルではあるが、大きさや形状や絶対的な重さや価値のサンプルではない。さらにその小切れは、それが採られた一巻きの生地と共有する性質——たとえば火曜日に完成したといった性質——をすべて例示するわけでもない。例示は所有＋表示である。(5)記号作用なしの所有はたんなる所有であり、所有なしの記号作用は例示とは別の種類の表示である。生地の小切れは、それが所有し、かつ表示する性質だけを例示する。もちろん、「その小切れはその一巻きの生地から採られたという性質を例示している」を省略した言い方として、「その小切れはその一巻きの生地を例示している」と言うことはできる。(6)*8 しかし、一巻きの生地の切れ端のすべてが〔その生地の〕サンプルとして機能するわけではないし、〔逆に〕色が塗られた木片のような別の何かが、その生地の色やその他の性質を持っているおかげで、そうした性質を例示するのに使われることもある。

所有は内在的なものだが、表示はそうではない。また、ある記号が持つ性質のうちのどれが例示されるかは、そこで効力を持っている記号システムがどんなものであるかに依存する。仕立て屋のサンプルは、仕立て屋のサンプルのサンプルとしてはふつう機能しない。それはふつう、もとの生地が持つ特定の性質を例示するのであって、そうした性質を例示するという性質を例示するわけではない。しかし、「仕立て屋のサンプルとはどういうものですか?」という質問に対する答えとして持ち出す場合には、その小切れは仕立て屋のサンプルであるという性質を例示することになるだろう。リング・ラードナーは自身の小説が「万年筆を使ってできることの一例である」と書いているが[7]、われわれはそれを読んではっとしたり可笑しがったりする。というのも、その小説はたしかに万年筆を使って原稿が書かれたという性質を持ってはいるだろうが、それを読む文脈では――あるいはその他のいかなる通常の文脈においても――それはそのような性質を例示するものではないからである。

これまで、例示されるものが性質なのか述語なのかを区別しないまま論じてきた。ここで、この曖昧さを解消しておきたい。われわれはふつう、「赤い」という述語ではなく、赤さあるいは赤いという性質が例示されるというふうに言う。しかし、このことは、性質について論じるときにつねにつきまとうおなじみの問題を引き起こすことになる。アテネで哲学を論じたソクラテスは、理性的な動物であり、羽のない二足歩行の生き物であり、笑う哺乳類である。しかし、ソクラテスが理性的な動物であるという性質を例示していることは、彼があとの二つの性質を例示していることを含意しない。そうなるわけは、これら三つの性質が、その外延は同じではあれ、同一の性質ではないからだと考えられるだろう。同様に、三角形であるという性質を例示する図形は、つねに三辺を持つにもかかわらず、三辺を持つという性質を必ずしも例示するわけではない。しかし、三辺を持つという性質は、三角形であるという性質と同じではないのか。そして、両者が同じなのだとすれば、同じ性質がそれを例示するものの点で異なることがあるということになってしまう。〔この問題を避けるには、〕あらゆる述語のそれぞれに対応して異なる性質があると考える必要があるように思われる。

そういうわけで、例示は基本的には述語やその他のラベルの例示であると考えることにしよう。ここで、以下のことを頭に入れておく必要がある。たとえば、赤い塗料片が赤さのサンプルではなく「赤い」のサンプルであると述べる場合、そこで例示を行なっているもの〔塗料片〕は、その述語――その印字の一つというより述語自体[*9]――によって指示されているものである。つまり、ある記号が例示するものは、その記号に適用されるものでなければならない。たとえば、「人」という述語（に属するすべての印字）を例示できるのは、実際の人であって、「人」という印字ではない。同様に、「「人」という述語」（に属するすべての印字）を例示できるのは、「人」という印字であって、実際の人ではない。

しかし、「赤さを例示する」をつねに「「赤い」という述語を例示する」を雑に言い換えたものとしてとると、例示は狭くなりすぎてしまう。〔そのようにとると、〕プラトンにとって、ソクラテスは日本語の「理性的」という述語を例示していたのではなく、その述語に対応するギリシア語の述語を例示していたことになる。[*10]同様に、フランス人にとって、赤い塗料片が例示するのは「赤い」ではなく「rouge」だということになってしまう。一つの言語の枠内でも同様の問題は生じる。あるサンプルが例示している述語が、それと交換可能な他の述語ではなく、まさにその述語であると言うことはためらわれるだろう。そういうわけで、ここで必要なのは、例示の対象は述語であるという考えを維持しながら、許容範囲をより広げるかたちで「赤さを例示する」を解釈することである。

「赤さを例示する」を「「赤い」と共外延的ななんらかのラベルを例示する」の省略としてとることを考えよう。この考えによると、「ソクラテスは合理性を例示する」と述べることは「ソクラテスは「理性的」と共外延的ななんらかのラベルを例示する」と述べることにほかならない。これは十分に許容範囲の大きい考えだが、しかし逆に許容しすぎているようにも思える。というのも、この考えにしたがえば、ソクラテスが合理性を例示しており、かつ「理性的」と「笑うことができる」が共外延的である場合、ソクラテスは笑うことができるという性質をも例示することになってしまうからである。もちろん、実際のところはソクラテスはそのような性質を例示していない。それゆえまた「笑うことができる」というラベルも例示していない。しかし、われわれは、広すぎる解釈と狭すぎる解釈のいずれかを――つまり、笑うことができるという性質の例示を許容してしまう解釈と「理性的」に相当するギリシア語を締め出してしまう解釈のいずれかを――選択しなければならないのだろうか。

答えは次のようなものだ。境界線は厳しい場合もゆるい場合もある。「合理性を例示する」は、それ自体としてはたんに「「理性的」と共外延的ななんらかのラベルを例示する」と述べているだけだが、ふつうその文脈によって、〔「理性的」と共外延的なラベルのうちの〕どのラベルが例示されているのかについてかなり多くのことがわかるはずである。たとえば、塗料片がフランス人にとって赤さを例示している場合、あるいは、ソクラテスがプラトンにとって合理性を例示している場合、そこで例示される述語が日本語の述語〔「赤い」や「理性的」〕でないことはまったく明らかである。また、日本語話者の間で家の塗装について話している場合、そこで持ち出される赤さのサンプルは、日本語の「赤い」を例示するか、または、その手の話題において「赤い」と交換可能なものとして使われる述語のうちのいくつか（またはすべて）を例示する。「ソクラテスは私にとって合理性を例示している」と言う場合、もちろん私は、ソクラテスが私の知らないギリシア語の単語を例示しているなどと言っているわけではない。とはいえ、私は「ソクラテスは「笑うことができる」という述語を例示している」と言っているのだろうか。私はここで、例示されているラベルがなんであるのかをもっと具体的に特定せよという要望に応えることもできるし、「ソクラテスが例示しているのは「理性的」と共外延的ななんらかのレベルである」という不確定な物言いの解釈に丸投げすることもできる。後者の答え方をする場合、私はその不確定さについて文句を言う資格がなくなる。ようするに、たしかに例示されるラベルが具体的なものか一般的なものかはまったくわれわれの自由になるのだが、そのラベルを最大限に具体的に特定することと最大限に一般化することを同時に行なうことはできないのである。

例示されるものは抽象的なものであると先に述べた。さて、ここまでの議論で、例示は〔サンプルと性質の間ではなく〕サンプルとラベルの間に——たとえば、サンプルと、ある述語に属するそれぞれの個別具体的な印字の間に——成り立つ関係として理解された。もちろん、そうしたラベル（つまり、その諸々の印字）は、複数の指示を持つという意味で「抽象的」である場合もある。しかし、〔複数指示のラベルだけでなく〕単一指示のラベルもまた同じように、それが指示する対象によって例示されることがある。さらにラベルは、複数指示、単一指示、空指示のいずれを持つかにかかわらず、それ自体が指示されることがもちろん可能である。そういうわけで、先に論じられた「対象領域のちがい」は、次のように単純化されることになる。あらゆるものが指示されうるのに対して、例示されうるのはラベルだけである。(8)

4　サンプルとラベル

しかし、すべての例示を基本的にラベルの例示として扱うと、疑問が生じることになる。例示は全面的に言語に依存するものなのか。もしそうだとすれば、例示は言語が発達することではじめて生じるものなのか。例示されるのは言葉だけなのか。名前のついていないものにはサンプルがありえないのか——。一般的に答えれば、次のようになる。すべてのラベルが述語であるわけではない。述語は言語的システムにおけるラベルである。他のシステム——身振り的システム、絵画的システム、図表的システムなど——における記号もまた例示されうるし、それ以外の点でも言語における述語と同じように機能する。そのような非言語的なシステムは日常的に使われているものだ。また、その中には、言語の発生あるいは獲得以前に発展したものもあるだろう。名前のついていない性質の例示には、われわれがそれに対応する語や記述を持っていないような非言語的な記号がふつう使われる。

とはいえ、例示に非言語的な記号が含まれているとしても、例示と指示を区別する表示の向きそれ自体は、たしかに言語の機構から派生するものであるように思われる。日常言語において、「人」がチャーチルを表示するとか「語」が「人」という語を表示するとかいうケースは、疑問の余地なく指示である。また、チャーチルが「人」を表わしているとか「人」が「語」を表わしているとかいう場合、その表示は疑問の余地なく例示である。一方、絵の場合はどうか。絵は非言語的だが、その表示関係の向きは、言語との結びつきが確立することではっきりする。たとえば、チャーチルを再現する絵とは、チャーチルに適用される述語と同じような仕方でチャーチルを指示するものである。絵からその絵に含まれる色の一つへの表示は、ふつう日常言語の述語の例示に相当する。こうした言語との類似や接点によって、絵における表示の方向は十分に定まるのである。

このような言語との結びつきがなく、かつ記号と表示対象が非言語的である場合でも、〔当の表示関係の〕形式的な特徴から指示と例示の方向の区別が確定することがある。表示関係を矢印として描く図を想像しよう。もしすべての矢印が一方向であれば、例示は生じていない。というのも、すでに見たように、例示は〔指示に加えて〕指示とは逆向きの表示を含意するからである。双方向の矢印がある場合でも、どちらの方向が指示の方向かを見分けられることがある。たとえば、次のようなケースがあるとしよう。諸要素（矢印の結節点）があらかじめAとBという二つのカテゴリに区分されている。また、一方向の矢印はすべてAの要素からBの要素に向かっている。この場合、Aの要素からBの要素への表示はつねに指示であり、Bの要素からAの要素への表示はつねに例示である。この〔言語の助けを借りずに形式的な特徴だけから表示の向きを判断するという〕一般的な考え方は、より複雑なケースにも使えるように洗練させることができるだろう。一方で、指示と例示の区別が重要でなくなるケースもある。その区別が重要なものになるのは、互いに相反する二つの有力な方向がある場合にかぎられる。

ラベルづけは、ある意味で自由であるように思える。それに対して、サンプル作りは、その意味で自由ではないように思える。任意のものを使って赤いものを指示することはできるが、赤くないものを赤さのサンプルにすることはできない。とはいえ、例示は指示よりも内在的で非恣意的ということではない。両者の自由さのちがいは以下のように説明できる。たとえば、ある語によって赤いものを指示するには、その語に赤いものを表示させる以上のことは何も必要ない。それに対して、私の緑色のセーターによってある述語を例示するには、そのセーターにその述語を表示させるだけでは不十分である。それに加えて、そのセーターが当の述語によって指示されている必要もある。つまり、その述語にそのセーターを表示させなければならないのだ。指示に比べて例示に制約があるのは、それが指示の逆という性格を持っているからである。言い換えれば、両者のちがいは、指示が二つの要素間の一方向の表示を含意するのに対して、例示は二つの要素間の双方向の表示を含意するというところから来ている。例示が制約を受けるのは、当の〔例示される〕ラベルによる〔サンプルへの〕指示が例示に先立って固定されていると見なされるかぎりにおいてのみである。

それ自身を表示する記号という話になると、さらに問題が複雑になる。自身を指示し、同時に自身を例示する記号は、それ自身によって指示され、かつ例示される。たとえば「語」という語は自己表示的であり、「短い」や「多音節である」もそうである。[*11] 一方、「長い」や「単音節である」は自己表示的ではない。「長い」は、〔「長い」ではなく〕「短い」というラベルのサンプルであり、「単音節である」は〔それ自体は短くないが〕短い語を指示するものである。それに対して、「短い」は短い語を例示すると同時に指示している。(9)

私があなたに家の色をたずねたとしよう。このとき、あなたは「赤い」と言うこともできるし、私に赤い塗料片を見せることもできるし、赤いインクで「赤い」と書くこともできる。つまり、述語で答えることもできるし、サンプルで答えることもできるし、述語とサンプルを組み合わせて答えることもできる。赤いインクで書かれた「赤い」は、それを述語としてとるかぎりは、同じ綴りの任意の印字と交換可能である。ここで示した区別は、詩やそれ以外の文学を翻訳する際に重要になる。もちろんオリジナルと翻訳はいくつかの性質の点で異なるわけだが、それは同じ語の任意の二つの印字についても、あるいは「赤」という語の任意の二つの赤い印字についても言えることだ。翻訳の目標は、オリジナルが述べていること〔つまり指示していること〕に加えて、それが例示していることを最大限保持することにある。歯切れのよいテキストをなめらかなテキストとして翻訳することは、指示の点で多少のちがいがあるということよりもはるかにオリジナルを汚すものだろう（本章9を参照）。

われわれの慣行では、印字はふつう色のサンプルではなくラベルとして解釈され、塗料片はふつうラベルではなく色のサンプルとして解釈される。しかし、ちょうどいま見たように、印字は色のサンプルとしても機能することがある。それが面食らうかたちで示されているのが本章の口絵〔本書のカラー口絵参照〕である。そこでは、「red」、「yellow」、「blue」、「green」という印字が異なる色でまぜこぜに並んでいる。[10] 反対に、塗料片をラベルとして使うこともできる。たとえば塗料片は、その色を持つものすべてを指示し、それゆえその色を例示すると同時に当の例示されているラベルそのものにもなることがある。[11] あるいはそれは、その色を持つもののうちの一部（たとえば箱の中にあるボタン）だけを指示するかもしれないし、特定のサイズの釘のようなものをその色に関係なく指示するかもしれない。[12]

身振りもまた、指示も例示もできるし、両者の組み合わせもできる。うなずき（同意であれ不同意であれ）、会釈、おじぎ、指差しといった身振りは、ラベルとして機能する。たとえば、否定的なうなずきは、ふつう〔その身振り自体は〕賛同できない事柄に属さないにもかかわらず適用される。オーケストラの指揮者の身振りは生み出されるべき音を指示するが、それ自体が音であるわけではない。もちろん、その身振りはその音楽が持つなんらかの性質——たとえば速度とか抑揚とか——を持つだろうし、場合によってはそれを例示しているだろう。しかし、その場合、その身振りはそれ自身を指示しているわけではない。音楽に対するいろいろな反応——たとえば、足や指でリズムを刻むとか、頭を上下させるとか、その他のちょっとした動きのような反応——についても同じことが言える。こうした反応が音楽によって引き起こされるものであるのに対して、指揮者の身振りは音楽を引き起こすものである。とはいえ、そのことは両者がともにラベルであることに影響しない。というのも、ラベルは記録としても指図としても使えるものだからだ。「ストロベリー」、「ラズベリー」、「レモン」、「ライム」といったラベルは、それが貼られた容器に何が入っているかを伝えることもあるし、何を入れるべきかを伝えることもある。

しかし、こうした取るに足らない動作が音楽に関係づけられると非常に重要になるのはなぜか。それらの動作が重要なのは、単純に、われわれが聴くものを分析、組織化、記録する際に適用されるラベルが重要だからである。そのようなラベルは、感情移入説[13]に反して、それ自体としては音楽と共通する特定の性質を持つ必要がない。心理学者や言語学者は、知覚一般における多くの側面で行為が関与すること、身振り的、運動感覚的、動作的な記号が昔から広く使われてきたこと、またそうした記号が認知の発展において果たす役割を強調してきた[14]。ジャック＝ダルクローズによれば、音楽を理解するためにその種の動作を使うことは音楽教育の基本である[15]。

体操の指導者は、オーケストラの指揮者とはちがって、サンプルを提示するものである。指導者の実演は、自身の生徒が行なうべき行為に必要な諸性質を例示する。一方、その口頭での指導は、なすべきことを見せるというよりはそれを指図する。たとえば、指導者が膝を曲げることに対する適切な反応は膝を曲げることだが、指導者が「もっと低く」と叫ぶことに対する適切な反応は「もっと低く」と叫ぶことではなく、もっと深くしゃがむことである(その声が高いか低いかはもちろん関係ない)。とはいえ、実演もまた指導の一部だ。それは言葉による指図と組み合わせてなされるもの(場合によってはそれと置き換えられるもの)であり、既存の確立した指示を持たない。結果として、実演は——何か別の指示が割り当てられていないサンプル〔による指示〕はすべてそうだが——それが例示する述語が指示するものを指示するものとして解釈される。この場合、実演は自己例示するラベルになる。

それに対して、パントマイムの行為は、それが指示する行為にふつう属さない。パントマイム役者は、はしごを登るわけでもなければ窓を拭くわけでもない。自身の行為によって、はしごを登ることや窓を拭くことを描写、再現、指示するのである。実際には、その物まね行為がはしご登りや窓拭きに含まれるなんらかの動作を例示する場合はあるだろう。それは、ある絵がそれが再現する家の色を例示する場合があるのと同じである。しかし、絵は家ではないし、物まね行為ははしごを登る行為ではない。もちろん、「短い」が短い語を指示すると同時に短さを例示することがあるのとまったく同じように、パントマイム役者の歩行が歩行を指示すると同時に歩行を例示することもある。しかし、そのような自己指示的かつ自己例示的な記号は、パントマイム、日本語、絵画のいずれにおいても少数派である。「鳥」という語や鳥の絵は、それ自体は鳥ではない以上、あらゆる鳥を、かつ鳥だけを指示するラベルを例示することはない。同様に、飛行の物まねは、それ自体は飛行ではない以上、あらゆる飛行を、かつ飛行だけを指示するラベルを例示することはない。言葉にしろ絵にしろパントマイムにしろ、それと共外延的ななんらかのラベルを例示することはそれほど多くないのである。

ダンスが持つ要素のいくつかは主に指示的である。それはたとえば、日常生活（おじぎや手招きなど）や儀式（食事の祈りやヒンドゥー教の手のポーズなど）における記述的な身振りの翻訳である。[16] 一方、その他の動きは――モダンダンスではとくにそうだが――主に指示ではなく例示として機能する。しかし、それらが例示するものは、標準的な動作や身近な動作ではなく、リズムやダイナミックな形状である。そこで例示されるパターンと性質は、経験を再組織化する場合がある。たとえば、ふつうは結びつかないような行為同士を結びつけ、あるいはふつうは区別されないものを区別し、結果として暗示を豊かにしたり、事柄の識別をはっきりさせたりする。もちろん、こうした動きを、なんらかの言語的記述を〔例示的に〕示すものとして理解しようなどというのは無茶だろう。その動きにぴったりの言葉はおそらく見つからないからである。[17] むしろ、動きが例示するラベルは当の動き自体であると言ったほうがよい。そのような動きは、あらかじめ定められた指示は持たないものの、その動き自体を含む特定の行為を指示するラベルとして機能する。諸芸術においてしばしば見られることだが、こうした場面では、語彙がそれを使って伝えられる事柄と同時に生み出されるということが起きている。

例示は、指示対象からラベルに向かって差し戻す表示である。とはいえ、あらゆる表示が指示か例示のいずれかであるというわけでは決してない。ある要素は、ほとんど任意の仕方でそれに関係する要素を表わす記号として機能することができる。表示的でない関係が表示の根底にあるケースもある。たとえば、記号がその指示対象の原因や結果である（それゆえその徴候《サイン》と呼ばれたりする）場合や、たんに指示対象の左にある場合や、指示対象に似ている場合などだ。あるいは、表示が諸々の関係の連鎖に沿って——そのすべてまたは一部が表示的な関係であるという仕方で——成立するケースもある。それゆえ、たとえば二つの事物の一方が、それによって例示された述語を経由してもう一方を表示する場合もあるし、二つの述語の一方が、それによって指示された事物を経由してもう一方を表示する場合もある。おなじみの種類の記号作用のいくつかは、このような根底的な関係や連鎖の観点から区別できる。とはいえ、いかなる非表示的な関係や連鎖も——たとえそれぞれの要素が次の要素を表示していたとしても（表示が推移的なものでない以上）——それだけで最初の要素から最後の要素への表示を成立させるには十分ではない。〔関係している〕二つの要素のそれぞれがもう一方を表示することもあるし、片方だけがもう一方を表示することもあるし、いずれももう一方を表示しないこともある。そしてもちろん、ある要素が別の要素を記号化する仕方は複数ありうる。

私は、この節のほぼ全体を通して、例示をそれ以外の関係、とくに所有（まったく表示ではない関係）および指示（例示とは逆方向への表示）と対比させてきた。しかし、この対比は誇張すべきではない。たしかに、生地見本が手触りは例示するが形状は例示しないとか、ある絵が夏の青々しさは例示するが初々しさは例示しないといったことは、たいていは十分にはっきりしているだろう。しかし、〈ある事物がそれが持つ性質のうちのまさにどれを例示しているか〉を見分けることが難しい場合はよくある。また、すでに見たように、指示とも例示とも判別がつかない表示のケースはあるし、その判別が恣意的なケースもある。あるいは、ある記号とそれが例示する述語とが共外延的であることもある。さらに、ラベルが何も指示しない場合は、ラベルとサンプルはかなり近いものになる。というのも、フィクションの記述や再現は、特別な種類の例示に還元されるからである。「ケンタウロス」やケンタウロスの絵は、ケンタウロス‐記述やケンタウロス‐絵であることを――より一般的に言えばケンタウロス‐ラベルであること――を例示するものである。もちろん、緑色のゴブリンの絵は、それがゴブリンである必要がないのと同じく緑色である必要はない。その絵は黒くてもよいし白くてもよい。しかし、それでもそれは〈緑色のゴブリン‐絵〉であり、かつ、〈緑色のゴブリン‐絵〉であることを例示するものである。同様に、トシテ記述やトシテ再現もまた、ラベルに関する事柄ではあるものの、指示の問題というより例示の問題である。

　フィクションの指示に言及した以上は、フィクションの例示についても同じような問題があるのかどうかという問いも生じてくる。先に見たように[18]、特定の語句または絵がドン・キホーテではなくピクウィックを記述または再現すると述べることは、それがドン・キホーテ‐ラベルではなくピクウィック‐ラベルである――場合によってはピクウィック‐ラベルであることを例示するものである――と述べることである。また、おどけ者性を例示するのはピクウィックであってドン・キホーテではないと述べることは、「おどけ者‐ラベル」と共外延的ななんらかのラベルを例示する（言い換えれば、そのラベルによって指示され、かつそれを表示する）のは「ピクウィック」であって「ドン・キホーテ」ではないと述べることである。しかし、この二つのケースは完全に対応するわけではない。というのも、第一のケース、つまりフィクションの指示の典型的なケースにおいては、表示されていると称されているものが虚構的であるのに対し、第二のケース〔フィクションの例示〕においては、表示していると称されているものが虚構的だからである。現実的なラベルを虚構的な事物に対して見かけの上で適用することはしばしばあるが、虚構的なラベルを適用することはほぼ不可能である。使用可能なラベルは存在しなければならないだからだ。もちろん、ある事物が、通常の色‐語の集合には属さない（あるいはそもそもまったく言語的ではない）なんらかの色‐ラベルを例示することはありうる。しかし、ある事物hがそのまったく名前のつけようがない色を例示していると述べることは、hの色――「hの色」というラベルによって明らかに名前がつけられるもの――にまったく名前のつけようがないと述べることである。また、ある事物kがそれが持ついくつかの色の中のその名前のつけようのない色を例示していると述べること――つまり、「kによって例示される名前のつけようのない色を持つ」というラベルをkが例示すると述べること――は、名前のつけようがないものとして記述されているものに名前をつけることである。

「フィクションの」述語と呼ばれているものは、〔文字通りに虚構的な述語ではなく〕むしろ空外延を持った現実の述語であり、そのおかげで現実的にはいかなるものによっても例示されない。だとしても、それは虚構的には依然例示可能である。たとえば「ペガサス」が「翼のある馬‐ラベル」を例示するのと同じ意味で、「翼のある馬」はペガサスによって例示される。さらに、空でない述語と同じように、空述語もまた隠喩的に例示される場合がある。たとえば「鷲」と同様に「天使」もまた飛行士によって隠喩的に例示されるだろう。しかし、隠喩的な所有と隠喩的な例示の本性については、さらに考えるべきことがある。

5　事実と比喩

先に述べた絵は文字通りに灰色だと言えるが、それが悲しいと言えるのは隠喩的にのみである。しかし、その絵は文字通りまたは隠喩的に冷たい色をしていると言う場合はどうなのか。それは、その絵（またはその色）が触って冷たいということを隠喩的に言っているのか。あるいは、「灰色」と同じように「冷たい」を使うことで、その絵を特定の色を持った対象のクラスに割り振っているのか。「冷たい」は、「灰色の」や「茶色がかった」や「澄んだ」や「鮮やかな」といったラベルとほとんど同じように、一定の幅の色を率直に指し示す仕方なのではないか。仮にここでの「冷たい」が隠喩的であるなら、色のトーンについて述べることもまた隠喩的ということになるのか。そして、「高い音」と言う場合、私は〔音のトーンに関する〕隠喩を使っているのか、あるいはたんにピッチ上の相対的な高低を指し示しているだけなのか。

これに対するふつうの（そして隠喩的な）答えは次のようなものだ。「冷たい色」や「高い音」のような語は、凍りついた隠喩である（この場合の「凍りついたfrozen」は、温度における温かさと対比されているのではなく、経年における新鮮さと対比されている）。凍りついた隠喩は若々しい活力を失ってはいるが、依然として隠喩ではある。しかし、面白いことに、隠喩がその文彩としての活力をどんどん失っていくと、文字通りの真理から遠ざかるのではなくむしろそれに近づいていく。つまり、そこで失われるのは真実性《ヴェラシティ》ではなく活発さ《ヴィヴァシティ》なのである。隠喩は、新しい再現様式と同様に、その新奇性が衰えるにつれて文字通りのものになっていく。

ということは、隠喩とはたんに年若い事実であり、事実とはたんに年老いた隠喩なのか。この考えには多少の修正が必要である。とはいえ、いずれにせよ私の立場は、現実的actualなものから隠喩的なものを除外する見解に反対するものである。隠喩的な所有は、たしかに文字通りの所有ではない。しかし、所有は、隠喩的であろうが文字通りであろうが、現実的である。隠喩的なものと文字通りのものの区別は、現実的なものの内部でなされなければならない。ある絵を悲しいと呼ぶことと、それを灰色であると呼ぶことは、たんにその絵を分類する仕方が異なるだけである。つまり、ある対象に隠喩的に適用されている述語は、文字通りに適用されているわけではないが、それでもたしかに適用されているのである。述語の適用が隠喩的であるか文字通りであるかは、たとえば新奇性のようななんらかの特徴に左右される。

しかし、たんなる新奇性だけでは両者のちがいはまったく生まれない。ある述語を新しい出来事や新たに見つかった対象に適用することは、つねに新しいことである。しかし、適用対象が新しくても、ルーチンの投射[19]の場合は隠喩にならない。また、新語を最初に適用する場合ですら、少しも隠喩的になる必要はない。むしろ隠喩は、古い言葉に新しい芸当を教え込む――つまり、古いラベルを新しい仕方で適用する――ということであるように思われる。では、なじみのラベルをたんに新しい事物に適用することと、そのラベルを新しい仕方で適用することのちがいはなんなのか。簡単に言えば、隠喩は、〔適用の〕過去を持つ述語と、その述語の適用に抵抗しつつもそれを受け入れる対象との間に生じる事柄である。ルーチンの投射の場合は、習慣によって、既存のラベルが〔述語の適用が〕まだ定まっていないケースに適用される。同様に、新たに作った語を恣意的に適用する場合も、すでに定まった適用に妨げられることはない。しかし、ある対象に対して既存のラベルを隠喩的に適用することは、そのラベルがその対象に対して明示的にせよ暗黙裡にせよ持っている拒絶反応に逆らうことである。隠喩があるところには対立《コンフリクト》がある。絵は感覚を持たず、それゆえ悲しむことも陽気であることもないが、それにもかかわらず、その絵は陽気ではなく悲しい。ある語の適用が隠喩的であるのは、その適用がある程度禁じられている場合にかぎられるのである。

とはいえ、これだけでは隠喩的な真理と端的な偽を区別できない。隠喩には、抵抗だけでなく魅力も必要である。あるいはむしろ、抵抗を乗り越える魅力が必要だと言ったほうがよいかもしれない。くだんの絵が黄色いと述べることは、隠喩ではなく、たんに偽である。その絵が陽気だと述べることは、文字通りにも隠喩的にも偽である。しかし、その絵が悲しいと述べることは、文字通りには偽だとしても、隠喩的には真である。その絵は、明らかに「黄色」ではなく「灰色」というラベルのもとに属する。それとちょうど同じように、その絵はまた、明らかに「陽気」ではなく「悲しい」というラベルのもとにも属する。〔ラベルの隠喩的な適用における〕対立が生じるのは、絵が感覚を持たないという事実が、それが悲しいものでも陽気なものでもないということを含意するからである。いかなるものも悲しいと同時に悲しくないものではありえない。それが可能だとすれば、その「悲しい」が異なる二つの適用範囲を持っている場合にかぎられる。それゆえ、くだんの絵が（文字通りには）悲しくないが（隠喩的には）悲しい[20]ものだとするなら、そこでの「悲しい」は二つの仕方で使われていることになる。つまり、文字通りの用法では、感覚を持つ特定の事物や出来事に対して適用されるラベルとして、隠喩的な用法では、感覚を持たない特定の事物や出来事に対して適用されるラベルとして使われている。いずれかの範囲に含まれる対象にその述語を帰属させることは、文字通りにまたは隠喩的に真である言明をなすことである。いずれの範囲（ここでは別の隠喩的な適用範囲については考えていない）にも含まれない対象にその述語を帰属させることは、文字通りにも隠喩的にも偽である言明をなすことである。ようするに、偽がラベルの割り当てまちがい misassignment であるのに対して、隠喩的な真理はラベルの割り当てなおし reassignment である。

さらに、隠喩は純粋な多義語とも異なる。「cape」という語は、ある場合にはある種の陸地〔岬〕に適用され、別の場合にはある種の洋服〔ケープ〕に適用される。これは、この語が互いに異なる——もっと言えば互いに排他的な——二つの適用範囲を持つものとして使われているということだが、いずれのケースも隠喩的な使われ方ではない。では隠喩と多義語はどうちがうのか。私の考えでは、ちがいは主に次の点にある。たんなる多義語の場合、その複数の用法は互いに独立かつ並列である。つまり、いずれの用法も、別の用法から派生したりそれに先導されたりしたわけではない。一方、隠喩の場合は、習慣によって確立した外延を持つ語が、その習慣の影響のもとで別の外延に適用される。そこには、先例からの逸脱とそれへの敬意の両方がある。ある語の一つの用法がその語の別の用法に先行し、かつそれに影響を与えている場合、この後続の用法は隠喩的な用法である。この関係は、たいてい時間が経つにつれて薄れていき、結果として二つの用法は互いに同等かつ独立の身分を持つことになるだろう。隠喩は凍りついて固まる。いや、むしろ蒸発して消え失せる。あとに残るのは、二つの文字通りの用法だ。隠喩にかわって、たんなる多義語ができあがるのである。[21]

6　図式

隠喩の理解を進めるには、さらに次のことを理解する必要がある。個々のラベルはそれ単独で機能するのではなく、一つの種類に属するものとして機能する。われわれは、互いに置換可能なもの alternatives のセットを一つのカテゴリと見なす。[*12] 不変に見える文字通りの適用ですら、ふつうは一つのラベルセットに相対的なものである。たとえば、何が赤いと見なされるかは、諸対象が〈赤いもの／赤くないもの〉として分類されているか、あるいは〈赤いもの／橙色のもの／黄色いもの／緑色のもの／青いもの／紫色のもの〉として分類されているかによって、ある程度異なるだろう。もちろん、何が置換可能だと認められるかは、宣言によって決まるというよりは慣行や文脈によって決まるのがふつうである。私の考えでは、図式とかカテゴリとか概念システムについて語ることは、結局のところ、そうしたラベルセットについて語ることに帰着する。

ある図式に含まれる諸ラベルのそれぞれに対応する外延を寄せ集めたものを「領野 realm」と呼ぼう。領野は、当の図式によって選り分けされた諸対象から――つまり、〔その図式に含まれる〕互いに置換可能な諸ラベルのうちの少なくとも一つによって指示される諸対象からなる。そういうわけで、「赤」の外延があらゆる赤い事物からなるのに対して、当の領野はあらゆる色つきの事物からなる。[*13] しかし、領野はラベルが機能するための図式に依存するものであり、かつ、一つのラベルはさまざまな図式にいくらでも属しうる。それゆえ、一意の外延を持つラベルですら、一意の領野で働くことはほとんどない。

さて、隠喩はふつう、たんに外延を変化させるだけでなく、領野も変化させる。隠喩においては、他のラベルとともに一つの図式を構成していたラベルが、その図式のなじみの領野から実質的に離れて、見知らぬ領野の選り分けと組織化のために使われることになる。このように、隠喩にはラベルのネットワーク全体の再編成が伴う。隠喩がそれ自体の発展や洗練のための足がかりを与えるのは、部分的にはこの再編成のおかげである。新しい領野がもとの領野と同様に感覚の領野である場合もある。あるいは、詩が心に触れるとか楽器が敏感だとか言う場合のように、もとの領野より広くなる場合もある。逆に、異なる白黒の模様が異なる色相を持つと言う場合のように、もとの領野より狭くなる場合もある。さらに、もはや感覚の領野とはまったく関係なくなることもある。

そういうわけで、隠喩において生じる外延の移行は、ふつう、たんに手持ちの財を区分けするということではなく、見知らぬ土地に遠征することなのである。置換可能なラベルのセットの全体[22]――事柄を組織化する装置の全体――は新しい領地を手に入れる。そこで起きているのは、図式の転移であり、概念群の移住であり、〔新たな土地での〕カテゴリの疎外である。実際、隠喩は計画的なカテゴリミステイク[23]と見なせるものかもしれない。あるいはそれは、活力をもたらす幸福な再婚――重婚だとしても――と言ってもよいかもしれない。

一つの図式に含まれる互いに置換可能なラベルは、必ずしも互いに排他的である必要はない。たとえば、色-語のセットでは、ある語の外延が他の語の外延と重なることもあるし、他の語の外延に含まれることもあるが、それでも問題なく機能する。また、図式はふつうラベルの直線的な配列か、もう少し複雑な配列になっている。そして、その配列の順序――アルファベットのように伝統による順序であれ、辞書のように統語論的な順序であれ、色の名前のように意味論的な順序であれ――やその他の関係もまた転移されうる。さらに、ラベルが二項またはそれ以上の項を持つ述語である場合もある。そうした関係的な語は、分類的な〔一項の〕語と同様に隠喩的な用法を受け入れるものだ。「重い」が音に対して隠喩的に適用される場合があるのと同じように、「……よりも重い」がある音と別の音の関係に対して隠喩的に適用される場合がある。ここでは、一組の物体を選り分け、順序づけるための図式が、一組の音を選り分け、順序づけるために利用されている。

一連の議論を通して、ラベルに重点を置くこと――この見方は唯名論的だが必ずしも言語指向的ではない――の適切さが一層明白になっただろう。クラスや属性を尊重すべきように感じられるかもしれない。しかし、そう感じる理由がなんであれ、たしかにクラスは領野から領野に引っ越すようなものではないし、属性はいくつかの対象から抽出されてそれ以外の対象に注入されるといったものではない。移動するのは、むしろ語のセット、つまり互いに置換可能なラベルのセットである。そして、そうしたラベルがなじみのない領野で実現する組織化は、そのもともとの領野における習慣的な用法に先導されたものである。

7 転移

図式は、ほぼどこにでも移動できる。侵略する土地は自由に選べるのだ。しかし、移動先の土地での図式の働きが完全に自由になることはほとんどない。たとえば、温度を示す述語群を、音や色合いや人柄や正解への近さの度合い[*14]などに自在に適用できるわけだが、選択された領野のうちのどの要素が暖かいものであるのか（あるいは他に比べてより暖かいものであるのか）は、かなりのところまであらかじめ決まっている。たとえ、ある図式が思いもよらないような違和感のある領野に対して与えられるとしても、それに先立つ慣例がそれらのラベルの適用を方向づけるのである。ラベルがたんに文字通りの用法を持つだけでなく、先行する隠喩的な用法も持っている場合には、そうした隠喩的な用法もまた、後続の隠喩的な適用にとって先例の一つになる。たとえば、「高い」を音に適用することは、〔空間的な〕高度に対する文字通りの適用から直接に導かれたというよりは、おそらく「高い」を数に適用するという先行の隠喩的用法によって導かれたものだろう（音の高さは、単位時間あたりの振動の数である）[24]。

しかし、〔隠喩に影響を与える〕先行の要因は、必ずしもラベルがこれまで適用されてきたあり方にかぎられるわけではない。ラベルが例示するものもまた、重要な要因になりうる。これがはっきりわかるケースは、いくらか議論を呼んだ次の二分法だ[25]。この二分法では、雑多なものが「ピン」と「ポン」のような無意味な音節の組のもとに分類される。これらの語は、それらがこれまでどのように事柄を分類するために使われてきたかに照らして適用されるわけではない。むしろ、それら自体がこれまでどのように分類されてきたかに照らして適用される。言い換えれば、それらの語の適用は、それらが指示しているものではなく、それらが例示しているものにもとづいてなされる。たとえば、「ピン」は素早く軽く鋭い事物に適用され、「ポン」は遅く重く鈍い事物に適用される。そうなるのは、「ピン」と「ポン」がそれぞれそうした性質を例示しているからである。先に自己指示的な語に関して論じたように、これは、サンプルが、それが例示する語〔ラベル〕の指示を引き継ぐという現象だ。一つのシンプルなサンプルが複数の述語の複雑な混成体の代わりになる――一部の述語を文字通りに例示し、一部の述語を隠喩的に例示するといったかたちで――ことはよくある。その新しいラベル〔既存の述語を例示することでラベルとして機能するサンプル〕が既存の指示を持たない場合、[26] そうした代替は定義上隠喩にならない。というのも、そこでは、あるラベルがその外延を変えているわけではなく、ある外延がそのラベルを変えているだけだからである。外延のほうから見れば、〔それを指示する〕古いラベルが隠喩である場合は、それに応じて〔古いラベルを例示する〕新しいラベルもある意味で隠喩と言えるかもしれないが、それ以上のことではない。一方、あるラベルがすでにそれ自体で指示を持っており、かつ、それが例示するものに取って代わることで別のラベルの土地を奪う場合は、この新しい適用は隠喩になる。

転移のメカニズムは、たいていの場合それほどはっきりしたものではない。なぜ「悲しい」がある特定の絵に適用され、「陽気な」は別の絵に適用されるのか。隠喩的な適用が文字通りの適用に「先導される」とか、それを「模範にしている」とはどういうことなのか。場合によっては、もっともらしい来歴をなんとか示すことができるかもしれない。たとえば、暖かい色は火の色だからとか、冷たい色は氷の色だからといったものだ。しかし、多くの場合は、どうとでも言えるような作り話でしかない。たとえば、数が高いとか低いとか言われるようになったのは、石をより多く積み上げるほど石の山がより高くなるからなのか（もちろん、シャベルで掘る回数が増えるほど穴の底はより低くなる）。あるいは、数を数えるときは、地面から上に向かって木の幹に刻まれたからなのか。その答えがなんであれ、こうした問いはすべて語源の問題であり、ここでの問題とは関係ない。むしろここで求められているのは、あるラベルの隠喩的な用法がその文字通りの用法をどのように反映しているのかについてのなんらかの一般的な説明だろう。これに関しては、すでにいくつかの示唆的な考察がある。〔その議論を以下に示そう。〕多くの語の現行の文字通りの用法は、最初はもっと広い適用だったものが特殊化されていったものだ。たとえば、幼い子どもは「ママ」という語を最初はほとんどすべての人に適用するが、徐々に〔事柄について〕重要な区別をすることを学ぶとともに、その語の適用範囲を制約することを学んでいく。そのような場合、ある語の新しい用法に見えるものは、これまでは空っぽだった領域にその語を再適用することによるものかもしれない。そして、ある語や図式がそうした空き地にどのように適用されるかは、その語や図式の来歴を半意識的に思い返すことに依存するだろう。(27) それゆえ、たとえば擬人法は、原始的なアニミズムの反映ということになる。それでもやはり〔過去の適用にもとづくものではあれ〕、この再適用は隠喩的なものである。というのも、文字通りの適用は、過去の履歴ではなく現在の慣例によって決まるものだからである。ある図式が本拠にする領野は、それが帰化した国であって生まれた国ではない。国を捨てた人が再び戻ってきた場合、いかにかつての記憶がよみがえったとしても、もはや異邦人でしかない――。[*15] 以上のような議論に沿った隠喩の説明は、カッシーラーやその他の論者によって挑発的なかたちで示されてきたものだ。(28) しかし、その説明がいかに啓発的だとしても、またいくつかのケースについてはたしかに真だとしても、それは明らかにあらゆる語の隠喩的な適用を説明しているわけではないし、もっと言えば、大半の語の隠喩的な適用を説明していない。成人してからのラベルの〔新たな土地への〕冒険のわけを、その幼少期において喪失したものにさかのぼることができるケースは、非常にまれである。

一般的な問いは依然そのままだ。隠喩は何を述べているのか。隠喩を真にするものは何か。ある絵が悲しいと述べることは、〈その絵は悲しい人のようだ〉ということを省略したかたちで述べることなのか。しばしば隠喩は、そうした直喩の省略表現であると見なされてきたし、隠喩的真理は、それを展開した言明〔直喩〕が持つ文字通りの真理にすぎないと考えられてきた。しかし、この直喩は、たんに〈その絵はその人になんらかの点で似ている〉と述べることと同じではない。そもそも、あらゆるものは、他のあらゆるものにそれなりの程度で似ている。むしろ、その直喩が実際に述べているのは、人と絵は〈悲しい〉という点で似ているが、一方は文字通りにそうであり、他方は隠喩的にそうであるということである。隠喩が直喩に還元されるのではない。直喩が隠喩に還元されるのだ。あるいはむしろ、直喩と隠喩のちがいは取るに足らないと言ってもよい。[29]「のようである」という言い方であろうが「である」という言い方であろうが、その比喩は特定の共通点を取り上げることによって絵を人になぞらえているのである。ここでの共通点は「悲しい」という述語である。それはもともと人に適用され、派生的に絵画に適用されたものではあるが、ともかくどちらにも適用される。

ある述語が文字通りに適用されるものと、それが隠喩的に適用されるものの間には、どんな種類の類似がなければならないのか。われわれはこの問いに対する答えを迫られた結果、その問いの代わりに、ある述語が文字通りに適用される諸々の事物の間にどんな種類の類似性があるのかと問うかもしれない。過去と未来の諸事物は、一つの特定の述語——たとえば「緑」——がそれらすべてに適用されるために、どのように似ていなければならないのか。なんらかの〔不特定な〕性質を共通して持つだけでは十分ではない。それらの事物は、ある特定の性質を共通して持たなければならない。では、それはどの性質なのか。明らかに、それは当の述語によって名指されている性質である。これは、その述語が、それが適用されなければならない事物のすべてに適用されなければならないということだ。述語はなぜ特定のあり方で隠喩的に適用されるのかという問いは、述語はなぜ特定のあり方で文字通りに適用されるのかという問いとたいして変わらない。そして、いずれの問いに対しても適切な答えが見つからないのであれば、おそらくそれは、そもそもそこに実質的な問いがないからである。いずれにせよ、なぜ諸々の事物は文字通りであれ隠喩的であれそれらがたしかに持っている性質を持っているのか——なぜそれらの事物はそれらがある通りにあるのか——についての一般的な説明は、宇宙学者に任せたい仕事である。

　真理の基準は、そこで使われている図式が転移されたものであろうがそうでなかろうが、大差ない。いずれの場合も、語の適用はしばしば誤るものであり、それゆえまたしばしば訂正されるものである。色のついた対象に対して「赤い」を〔文字通りに〕適用することが誤っていることもあるし、それに対して「悲しい」を〔隠喩的に〕適用することが誤っていることもある。またわれわれは、さまざまな種類のテストを使って、最初の判断を確かめたりもする。たとえば、もう一度よく見るとか、別のものと比較するとか、付帯状況を検討するとか、裏づけ証拠や相反する判断がないかどうか気にするといったことだ。最初の判断の信頼性の度合いも、われわれのあらゆる判断に対して総体的な信頼性を最大化することによる検証のプロセスも[30]、文字通りの場合と隠喩の場合とで異なることはない。もちろん、特定の図式のもとでの隠喩的な分類は、相対的に新しいものである以上、それと関連する文字通りの分類に比べて相対的に明確さや安定性を欠くことが多い。しかし、これは程度のちがいでしかない。文字通りのものも隠喩的なものも同じように、あらゆる種類の曖昧さと不安定さに悩まされることがある。また、ある図式の文字通りの適用は、そこで求められている区別が微細であったり不明確であったりするおかげで、別の事柄についてのいくつかの隠喩的な適用よりも明快さと恒常性の点で劣ることがある。真理を確定することの難しさは、決して隠喩に特有のものではない。

もちろん、ある隠喩が真であることは、その効力を保証しない。些末で、どうでもよく、なまぬるい文字通りの真理があるのと同じように、とってつけたような、弱々しく、死にかけの隠喩がある。隠喩が効力を持つには、新奇性と適合性の組み合わせが、つまり奇妙なものと明白なものの組み合わせが必要である。良い隠喩は、はっとさせると同時に納得させるものだ。隠喩がもっとも大きな効果を持つのは、転移した図式が、たんに古い組織化のラベルを取り換えることに終わるのではなく、新しくかつ注目に値する組織化をもたらす場合である。移住してきた図式による組織化が、当の新しい領野においてすでに別の図式によって実現されている組織化と一致する場合には、その隠喩の面白みは次の点にしかない。すなわち、この組織化は当の図式のもともとの領野における適用とどのように関係しているのか、あるいは場合によっては、その組織化はその図式に含まれるラベルが例示しているものとどのように関係しているのかという点だけである。しかし、〔移住してきた図式によって〕見慣れない組織化がもたらされた場合には、さらに新しい連関 association と区別が転移先の領野において生じることになる。そして、その隠喩は、そうした連関と区別がより興味深く意義あるものであるほど、より大きな効果を持つことになる。隠喩が新奇さや面白みといった移ろいやすい要因に依存するものであることを考えれば、それが死すべき運命を持つのは当然のことだろう。ある図式の転移先での適用は、繰り返されることでありふれたものになっていく。それはその基礎にあった適用をもはや必要ともしなければ、それをほのめかすこともなくなる。新しかったものは平凡なものに変わり、その過去は忘れ去られ、隠喩はただの真理に色あせる。

隠喩は、ふだんの場面か特別な場面かを問わず、あらゆる言説に浸透している。純粋に文字通りの文を見つけるほうがむしろ大変だろう。前の段落の末尾の十分に散文的な文のうちにも、確実なものとそれらしいものを合わせて五個の隠喩——陳腐ではあれ——がある。隠喩がこのように頻繁に使われるのは、たんに文学的な色合いが好まれるからというだけでなく、効率性という差し迫った必要性があるからでもある。仮に新しい分類と順序づけを行なうために図式を転移することが手軽にできないとしたら、手に負えないほどの大量で多様な図式を抱え込まざるをえないだろう。つまり、膨大な数の語彙を基本語として導入するか、あるいはとてつもなく精巧な複合語を作り上げるかしなければならないのである。

8　隠喩の諸方式

隠喩は多様なかたちで現われる。そのほとんどは、膨大な数の文彩の（無秩序ではあれ）標準的な目録に載っている。もちろん、そうした文彩の中には隠喩に数えられないものもある。たとえば、頭韻法や頓呼法は純粋に統語論上のものであり、転移にまったく関係しない。また、擬音語は、たんに特定の種類の自己指示的なラベルの使用からなる。婉曲表現が隠喩であるか否かは、本来の対象を持つラベルを本来的でない対象に適用するものであるか、あるいはたんに礼儀正しくないラベルの代わりとして礼儀正しいラベルを適用するものであるかによる。

隠喩の中には、互いに素[*16]の領野の間での図式の転移を伴うものがある。擬人法では、ラベルは人間から事物に転移する。提喩[*17]では、全体またはクラスの領野と、その真部分または真部分クラスの領野の間で転移が生じる。[(31)] 換称[*18]では、事物と、それが持つ性質またはラベルの間で転移が生じる。

しかし、あらゆる隠喩において、二つの領野が互いに素であるわけではない。両者が交差することもあるし、一方がもう一方の拡大であることも縮小であることもある(図2参照[*19])。たとえば誇張法の場合、順序付きの図式が実質的に〔図の〕下方向にずらされる〔順序付きの〕図式の下位の極にあるラベル(たとえばなり、小さいオリーブは大きいオリーブになる。〔b〕。大きいオリーブは超巨大オリーブに「小さい」)は使われない。そして、領野の上位の極にある事物(たとえば異常に大きいオリーブ)は、当の図式の誇張的な適用の中では――たとえば「超」という接頭辞の繰り返しを認めることによって当の図式を拡張しないかぎり――ラベルづけされない。緩叙法つまり控えめな物言いでは、これとちょうど逆のことが起きる〔c〕。すばらしい上演はなかなかのものになり、良い上演はそれなりのものになる。ラベルの最上位は使われなくなり、領野の最下位は記述されない。誇張法または緩叙法は、いわば両方向に働くこともある。つまり、図式全体がそのもともとの領野の中央部分に押し込められる(領野の両

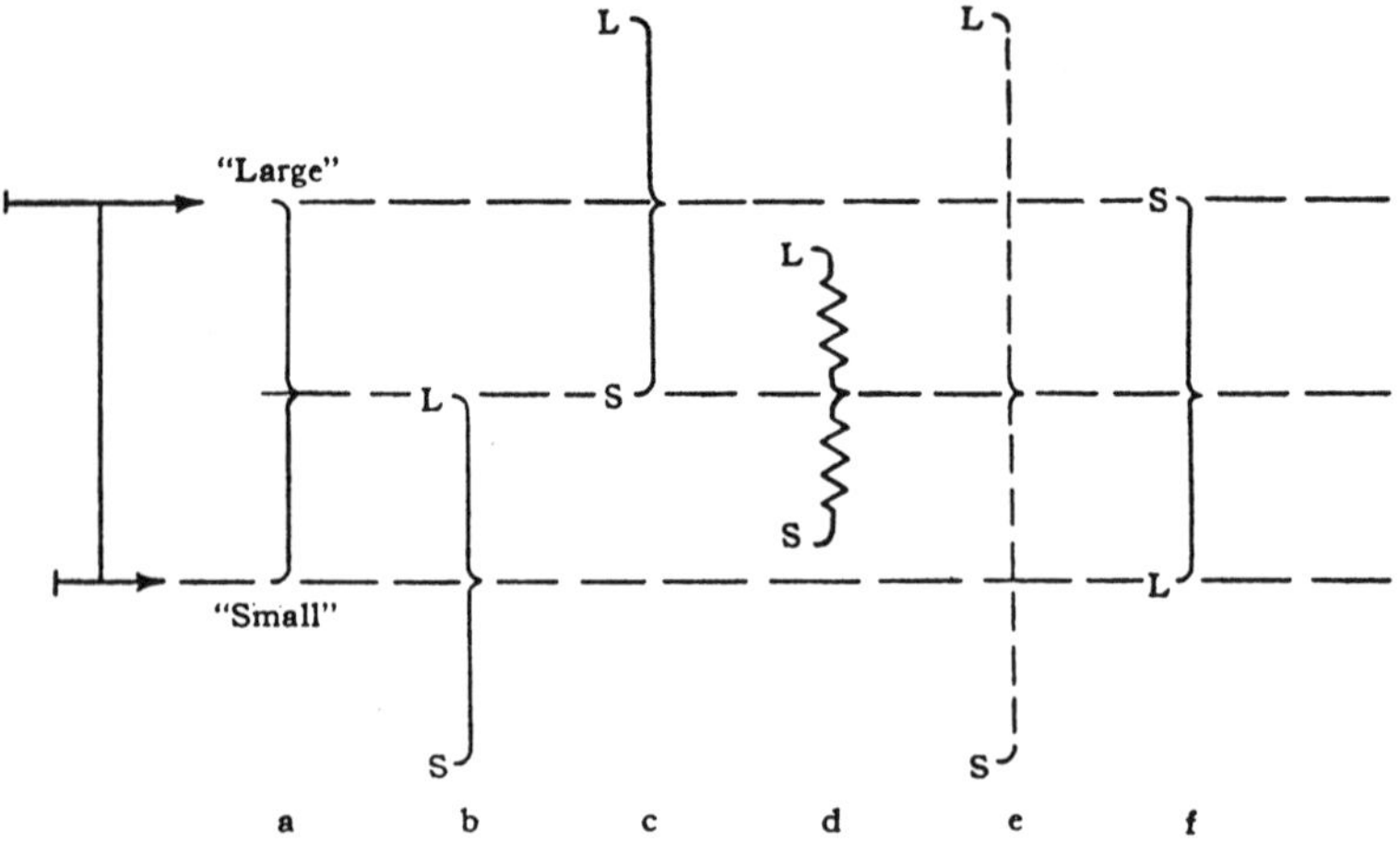

a. 文字通りの適用
b. 誇張法
c. 緩叙法
d. 両方向に大げさ（過大／過小な物言い）
e. 両方向に控えめ（過小／過大な物言い）
f. 皮肉

図2

極に対してはラベルがない）場合もあるし〔d〕、もともとの領野全体をカバーするように図式の中央部分が広げられる（ラベルの両極は指示するものがない）場合もある〔e〕。

隠喩はつねに、当の図式のいくつかのラベルが新しい外延を与えられるという意味で、転移を伴っている。一方、領野〔図式がカバーする範囲〕そのものは、当の転移によって変化しない場合もある。たとえば、皮肉では、たんに図式の両端が逆になり、図式がそのもともとの領野に対して反対向きに適用されるだけである〔f〕。ここで起きているのは、分類のしなおしではなく方向づけのしなおしである。災難は「結構なこと」になり、棚ぼたは「お気の毒」になる。その他にも、図式が大回りしてもとの図式に戻ってくることもある。たとえば、絵に対して「青ざめた blue」を隠喩的に適用する場合を考えよう。

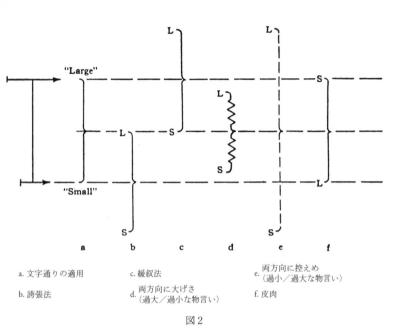

「青いblue」は絵に対する文字通りの適用も持っている。それゆえ、隠喩的な適用と文字通りの適用は、同じ土地に対してなされる。ここで起きているのは、図式が領野から領野に転移して、それからまたもとの領野に戻るということである。色‐述語からなる一つの図式がまず感情の領野に持ち込まれ、それから色を持つ対象の領野に再び戻ってくる。この旅の結果、その帰還の時点で図式にある種の変化が生じている（でなければ、われわれは図式が故郷を離れていたことにそもそも気づかないだろう）。とはいえ、この変化は全面的なものではない。というのも、隠喩的に青い絵は、たいていは文字通りに赤いというよりは文字通りに青いものだろうからである。場合によっては、いろいろな土地に何度も滞在しながら長い周遊旅行を経た図式が、その帰還時に相当の変化を見せていることもある。

二種類以上の転移が組み合わせられる場合もある。たとえば、頼りにならない機械を「誠実な友人」と呼ぶような場合である。制約または限定された隠喩もある。絵の配色を荒々しいと呼ぶことは、その絵を荒々しいと呼ぶことではない。〔配色について荒々しいと呼んだとしても〕その他の点——たとえば線の描き方——に関してその絵をおとなしいと呼ぶことは問題なくできるし、場合によっては絵の全体がおとなしいと言うこともできる。〔たんに「荒々しい」ではなく〕「配色の点で荒々しい」というラベルは先行する別の指示を持たないので、その絵に対して隠喩的にではなく文字通りに適用される。それは配色‐ラベルである。というのも、それは具体的にどういう配色であるかという点で異なる対象を指示する場合はあるにせよ、ある一つの特定の配色を持つ対象同士を区別するものではないからである。とはいえ、ここにも明らかに隠喩が含まれている。実際のところ、「荒々しい」という語は、配色だけを問題にするかたちで当の絵に隠喩的に適用される。そのような限定された隠喩では、図式はいわば明示的または暗黙の制約のもとで転移する。つまり、その図式によるある領野の分類が、その領野においてすでになされている特定の分類をまたいではならないという制約である。制約がない場合には、「荒々しい」―「おとなしい」という図式は一定の仕方で対象を分類するが、配色または模様にもとづく分類をなすべしという命令のもとで転移される場合には、同じ図式が別の仕方で対象を分類することになる。ある特定の図式が、さまざまな指図のもとで、あるいはさまざまな過程を経て旅をした結果、一つの領野において複数の異なる隠喩的な適用を持つ場合もある。

もちろん、言語的なラベルと同じく非言語的なラベルもまた、隠喩的に適用されることがある。これにはたとえば、政治家をオウムとして描いたり、独裁者をドラゴンとして描いたりするマンガが含まれる。また、トロンボーン奏者を描いた青い絵画は、繊細ではないにしても複雑な転移を伴っている。

隠喩的な指示の話はここまでにしておこう。隠喩的な所有と隠喩的な例示もまた、〔隠喩的な指示と文字通りの指示が対応するのと〕同様のかたちで、文字通りの所有や例示に対応する。そして、先に述語と性質について述べたこと（本章3）は、ここでも成り立つ。ある絵が隠喩的に悲しいのは、「悲しい」と共外延的な（言い換えれば、「悲しい」と同一の文字通りの指示を持つ）なんらかのラベル――言語的であれ非言語的であれ――が、その絵を隠喩的に指示する場合である。その絵が「悲しい」を隠喩的に例示するのは、その絵が「悲しい」を表示し、かつ、「悲しい」がその絵を隠喩的に指示する場合である。そして、その絵が悲しさを隠喩的に例示するのは、その絵が「悲しい」と共外延的ななんらかのラベルを表示し、かつ、そのラベルがその絵を隠喩的に指示する場合である。すでに見たように、隠喩的なものと文字通りのものを区別する特徴は移ろいやすいものである。それゆえ、以下の議論では、しばしば文字通りのケースと隠喩的なケースの両方を含むかたちで「所有」と「例示」を使うことになるだろう。

9　表現

表現されるものは隠喩的に例示される。悲しさを表現するものは隠喩的に悲しい。そして、隠喩的に悲しいものは実際に悲しい。しかし、それは文字通りに悲しいわけではない。つまり、それは「悲しい」と共外延的ななんらかのラベルの転移された適用のもとで、そうであるだけである。

そういうわけで、表現されるものは、〔それを表現するものによって〕所有されるものである。また、顔や絵によって表現されるものは、必ずしも当の俳優や画家が実際に抱いていたり伝えたいと思っていたりする情動や考えである必要はないし、見る人や描かれた人が抱く思考や感情である必要もない。さらに、当の記号に何か別の仕方で関係しているなんらかのものが持つ性質である必要もない（とはいえ以上の事柄が表現されることもある）。もちろん、いま挙げたような仕方である記号がある性質に関係している場合に、「その記号はその性質を表現する」と言われることはよくある。しかし、私は、「表現」という用語を、当の〔表現された〕性質がその記号自体に属すという重要なケースを区別して指すためにとっておきたい。そこでは、記号の原因や結果や意図や主題は関係しない。俳優が落胆していたとか、画家が高揚していたとか、鑑賞者が憂鬱になるとかノスタルジーに浸るとか幸福感に満たされるとか、主題が無生物であるとか、こういったことはすべて、顔や絵が悲しいか否かを左右するものではない。偽善者がする励ましの顔は〔内心にかかわりなく〕心配を表現するし、無感動な画家が描いた大きい石の絵が動揺を表現することもある。記号が表現する性質は、それ自体が持つ性質である。

しかし、その性質はあくまで獲得されたものだ。それは、記号として機能する対象や出来事が文字通りに分類されるための本来的な特徴ではなく、隠喩的に輸入されたものなのである。たとえば、絵は色ではなく音や感情を表現する。また、表現に含まれる隠喩的な転移は、誇張法や緩叙法や皮肉に見られるような一つの領野内での転移というよりも、ふつう外の領野からの（またはそれを経由した）転移である。もったいぶった絵に慎ましさが帰属されることは皮肉としてはありうるが、もったいぶった絵が慎ましさを表現することはない。

さらに、表現される性質は、隠喩的に所有されるだけでなく、表示、展示、典型化、誇示される。[*20] 四角い生地の小切れはふつう四角形性を例示しないし、市場価値が急速に上がっている絵は金鉱であるという性質を表現しない。ふつうは、生地の小切れは服の仕立てに関わる性質だけを例示する。絵は文字通りには絵画的な性質だけを例示し、隠喩的には絵画的な性質に相対的に定常的である性質だけを例示する。[(32)] そして、絵が表現するのは、金鉱であるという性質などではなく、それがいま述べたように絵画的な記号として例示する性質だけである。ドーミエの《洗濯女》はたしかに重さを例示し表現しているが、その重さはその絵の物理的な重さ〔絵画的な性質ではないもの〕に依存した隠喩的な性質ではない。一般的に言えば、ある特定の種類——絵画的、音楽的、言語的など——の記号は、それが当の種類の記号として隠喩的に例示する性質だけを表現する。

そういうわけで、明らかに、ある記号についての隠喩的な言明のすべてが〔その記号によって〕表現されているものを伝えるわけではない。場合によっては、その記号に文字通りに適用される述語のうちに隠喩的な語が組み込まれていることもある。たとえば、先にふれた限定された隠喩や、「できあがったin one's cups画家による絵」という言い方などである。また場合によっては、ある記号に帰属される隠喩的な性質が、その記号によってたしかに所有されてはいるが例示されていないとか、〔当の記号の種類にとって〕必要な性質に相対的に定常的でないということもある。さらに場合によっては、そこに含まれている隠喩的な転移が不適切な種類のものであることもある。表現される性質は、適切な種類に属し、適切な仕方で隠喩的に例示される性質にかぎられる。

この節では、全体を通して頭の固い先入見[*21]に従うかたちで性質の表現について述べることにするが、[33]正確を期すなら〔性質ではなく〕述語の表現について述べることがしばしば必要になるだろう。たしかに、ラベルの隠喩的な例示という観点から表現を説明することで次のような非難をこうむるリスクもある。その説明は、記号が何を表現するかはその記号について何が言われているかによって決まると考えてしまっている。それは、たとえば絵が何を表現するかという問題を、その絵を記述するときにたまたま使われる語がなんであるかという偶然の問題にしてしまう。そして結果として、当の表現を達成した功績を画家ではなく品評者に与えてしまう――。このような非難である。もちろんこれは誤解だ。記号はそれが表現する性質を持っていなければならない。肝心なのは、誰かがその絵を悲しいと呼ぶかどうかではなく、その絵が悲しいかどうか、つまり「悲しい」というラベルが実際に適用されるかどうかである。「悲しい」は、たとえある絵を記述するときにその語を使う人が一切いなかったとしても、そのけでもない。ただし、ここでの主張は、絵が悲しいかどうか〔その絵に「悲しい」が適用されるかどうか〕は「悲しい」という語の使用から独立だということではない。ここでの主張は、慣例や指針による「悲しい」の使用を考えるかぎりで、その絵に対してその語を適用できるかどうかは恣意的ではないということである。慣例や指針が多様なものである以上、所有も例示も絶対的なものではない。また、ある絵について実際に何が言われるかは、その絵が何を表現するかにとってつねに完全に無関係だということはない。ある絵が表現するのは、その絵が所有する無数の性質――そのほとんどはふつう無視される――の中で、それが表示する隠喩的な性質だけである。この表示関係の確立は、注意の向け先として特定の性質を選び出すことの問題であり、他の特定の諸対象との連関を選定すること〔分類〕の問題である。言語的な言説は、そうした連関を作って育てるのに役立つ多くの要因の中で、とりわけ重要である。たとえ、そこで選択以上のなにものも生じないとしても、先に見たように、そうした多数の〔連関の〕候補の中から選択するということ自体が〔事物の〕実質的な構成として見なせるものである。言語が持つこうした形成力の影響を受けるという点では、絵はその他のものと同じである。もちろん、絵それ自体もまた記号として、言語を含む世界に対してそのような力を行使する。言語が、世界や場合によっては絵を作るというわけではない。むしろ、言語と絵が、お互いを、そしてわれわれが知るものとしての世界を作るのに寄与するのである。

言語的なラベルと同じく非言語的なラベルもまた、なんらかの種類の記号によって隠喩的に例示されることがあり、それゆえそのラベルに対応する性質も表現されることがある。チャーチルをブルドッグとして描いた絵は隠喩的である。そして、チャーチルはその絵〔ブルドッグ－絵〕を例示する記号として見なせるかもしれない。この場合、チャーチルは、その絵において彼に絵画的に帰属されているブルドッグ性を表現していることになる。次の点に注意しておこう。ここでの絵画的な隠喩の議論は、その絵が例示または表現しているものに関する話ではなく、その絵を例示し、それに対応する性質[34]を表現するものに関する話である。

表現〔の対象〕は、まず所有されるものに限定され、さらに〔転移によって〕間接的に獲得されたものに限定される。この点で、表現は再現に比べて二重に制約されている。ほとんどすべてのものは、ほとんどすべてのものを指示できるし、場合によっては再現もできる。それに対して、ある事物が表現できるのは、それに属し、かつもともとはそれに属していなかったものにかぎられる。表現と文字通りの例示のちがいは、より直写的な再現とより直写的でない再現のちがいと同様に、習慣の問題——専断《フィアット》の問題というよりは事実《ファクト》の問題——である。

もちろん、その習慣は、時代や場所や人や文化によって大きく異なる。絵画的な表現も音楽的な表現も、顔の表情や身振りによる表現と同程度に相対的で変わりやすいものだ。インドにおいて厳粛だとされている音楽を聞いたオルダス・ハクスリーは、次のように述べている。

……告白するが、私はできるだけ耳を傾けたにもかかわらず、その曲にとくに沈痛な感じも真剣な感じも聞きとることはできなかったし、自己犠牲をことさらに示唆するなにものも感じられなかった。私のような西洋人の耳には、この曲はそれに合わせたダンスよりもはるかに陽気なものに聞こえた。

情動はどこでも同じだ。しかし、情動の芸術的な表現は、時代や国によってさまざまである。われわれは、自身が生まれた社会で通用している慣習を受け入れるように育てられる。この種の芸術は笑わせることを意図したものであり、この種の芸術は涙を誘うことを意図したものだといったことを、われわれは子どものころに学ぶ。こうした慣習は、一つの国の中ですら非常に早く変化する。エリザベス朝時代の舞曲には、われわれの耳には小葬送行進曲のように陰鬱に聞こえるものがある。逆に、われわれは、昔のドローイングやミニアチュールに見られる聖人たちの「アングロ・サクソン式の姿勢」に笑いを誘われることもある。(35)

表現の境界は、例示と所有の境界と、隠喩的なものと文字通りのものの境界の両方に依存する。それゆえ、その境界は必然的にいくらか薄弱で移ろいやすいものである。アルバースの絵は、明らかに特定の形状と色とそれらの相互関係を例示しているだろうが、正確に二十四・五インチの高さであるという性質はたんに所有しているだけである。しかし、例示と所有はつねに容易に区別できるわけではない。同じように、ある性質が隠喩的であるか文字通りであるかは、しばしば不明確であり、安定していることがほとんどない。というのも、純粋に文字通りの性質とか永久に隠喩的な性質は、ごく少数しかないからである。それが非常に明確なケースですら、日常的な言説が表現と例示のちがいに配慮することは少ない。たとえば、建築家は、ある種の建物はその機能を表現しているという言い方を好む。しかし、ある膠《にかわ》工場が膠作り〔の場所〕を典型的に表わすものとしてどれほど優れているとしても、それは膠工場であることを文字通りに例示しているのであって、隠喩的に例示しているわけではない。ある建物がなめらかさや軽薄さや熱烈さを表現することはあるだろうが、[36] 膠工場であることを表現するには、それは膠工場以外の何か——たとえば、つまようじ工場——である必要があるはずである。とはいえ、所有された性質への表示は隠喩的な例示と文字通りの例示が共通に持つ中核的な特徴であり、かつ、両者の区別はつかの間のものでしかない。それゆえ、両者を指すものとして「表現」を使う一般的な用法は、とくに驚くべきものでも悪質なものでもない。

音楽とダンスは、たとえばリズムのパターンを同じように例示するし、安らぎや壮麗さや情熱を同じように表現する。また、音楽が動きの性質を表現するのに対して、ダンスは音の性質を表現する。言語的な記号に関しては、日常的な言葉づかいでは「表現」という語がかなり無分別に使われる。語や文が書き手の思考や感情や意図を表現すると言われる場合もあれば、読み手に与える効果を表現すると言われる場合もある。さらに、主題が持つ性質や主題に帰属される性質を表現すると言われる場合もあるし、記述または言明されている事柄を表現すると言われる場合すらある。しかし、私が論じてきたような特殊な意味で「表現」を使うかぎりは、言語的な記号が表現できるのは、それが隠喩的に例示する性質だけである。ある性質を名指すこととその性質を表現することは別のことである。詩であれ物語であれ、それが述べるものを表現する必要はないし、それが表現するものを述べる必要もない。展開の早い物語が〔表現としては〕ゆっくりしている場合もあれば、慈善事業家の伝記が辛辣である場合もある。彩り豊かな音楽についての記述はくすんだものになりうるし、退屈さを主題にした戯曲は刺激的になりうる。ある人を悲しい人として、あるいは悲しさを表現する人として記述したり描写したりするには、必ずしも悲しさを表現する必要はない。〈悲しい人‐記述〉や〈悲しい人‐絵〉、あるいは〈悲しさを表現する人‐記述〉や〈悲しさを表現する人‐絵〉は、必ずしもそれ自体として悲しいわけではない。また、文章や絵は〔ある性質を〕記述または再現することなしに〔その性質を〕例示したり表現することがある。あるいは、文章や絵はそもそも記述や再現ですらなくても、例示や表現であることがある。たとえば、ジェイムズ・ジョイスの小説に含まれる文章やカンディンスキーのドローイングには、そうした例がある[37]。

例示と表現は、再現と記述とは明確に区別されるものであり、逆方向に向かうものである。とはいえ、これらすべては互いに密接に関係する記号作用の方式である。一つの記号は、こうしたさまざまな仕方によって、その世界から〔対象やその連関を〕選択し、世界を組織化することができるし、逆にそれ自体が形を与えられたり変えられたりもする。再現と記述は、記号をそれが適用される事物に関係づける。例示は、記号をそれを指示するラベルに関係づける。結果として、例示は、記号をそのラベルの外延に含まれる諸事物（当の記号自体を含む）に間接的に関係づけることになる。表現は、記号をそれを隠喩的に指示するラベルに関係づける。結果として、表現は、記号をそのラベルの特定の隠喩的な外延だけでなく、文字通りの外延にも間接的に関係づけることになる。そして、こうした基礎的な表示関係——ラベルから事物へ、ラベルから別のラベルへ、事物からラベルへ——は、任意の記号から始まって、多様なかたちでどんどん連鎖していくことができる。

例示することや表現することは、描写することや記述することではなく、展示する display ことである。とはいえ、再現に型にはまったものと切れ味がよいものとがあるように、あるいは例示にありがちなものと効果的なものとがあるように、表現にも陳腐なものと刺激的なものとがある。表現される性質は、特定の文字通りの性質に相対的に定常的である必要はあるものの、なんらかの平易で身近な文字通りの記述に外延の点で一致する必要はない。絵が通常持つ文字通りの諸性質のなんらかの組み合わせから、隠喩的な悲しさとおおよそ同値のものを取り出すのはきわめて困難だろう。表現的な記号は、その隠喩的な腕を伸ばして近隣の牧草地の青々しさや遠方の海岸の異国情緒をつまむだけでなく、それ自体が属す種類の記号の間にある目立たない親近性や対立を明るみに出すこともしばしばある。表現が特徴的に持つ能力のいくつか――たとえば、示唆的なほのめかし、とらえどころのない暗示、基本的な境界の大胆な超越――は、こうした隠喩の本性に由来している。

諸芸術において、指示的(再現的または記述的)なもの、例示的(「形式的」または「装飾的」)なもの、表現的なものをそれぞれどのように強調するかは、芸術〔の種類〕、芸術家、作品によってさまざまである。ある場合には、一つの側面が他の二つの側面をほとんど排除するかたちで優勢になる。たとえば、ドビュッシーの《海》、バッハの《ゴルトベルク変奏曲》、チャールズ・アイヴズの《交響曲第四番》を、あるいはデューラーの水彩画、ジャクソン・ポロックの絵画、スーラージュのリトグラフをそれぞれ比較するとよい。[*23] 別の場合には、二つまたは三つの側面すべてが、融合するか対照し合うかたちで、ほぼ同じ程度に際立っている。たとえば、映画『去年マリエンバートで』では、物語の筋は決して放棄されるわけではないものの、執拗な抑揚と、なんとも言い難い感覚的な質や情動的な質によってじゃまされている。その選択は芸術家の領分であり、その評価は批評家の領分である。ここでの記号機能の分析は、〔芸術に関する〕諸々のマニフェストを擁護する根拠を与えるものではまったくない。ここで想定しているのは、再現は芸術に不可欠な要件であるとか、再現は芸術にとって克服不可能な障害であるとか、再現ぬきの表現こそが人間精神の最高の達成であるとか、再現と表現はともに例示を堕落させるなどといったマニフェストである。再現が非難の対象だとか崇拝の対象だとか、表現が賛美の対象だとか罵倒の対象だとが、例示が貧しさの根底にあるものだとか純粋さの根底にあるものだとか、こうした主張はすべて〔ここでの議論とは〕別の根拠にもとづく必要がある。

いく人かの論者は、その気質にしたがって、表現を不可侵の神秘と見なしたり絶望的に曖昧なものと見なしたりしてきた。こうした称賛や憤激を助長する主な要因は、おそらくここまでの議論を通して明らかになっただろう。第一に、日常的な用法が極度の多義性と移ろいやすさを持っていること。第二に、どんな対象にも適用されるラベルが非常に多いこと。第三に、どの置換可能なラベルのセット〔図式〕に含まれるかによって、一つのラベルの適用が多様であること。第四に、同じ図式でも、異なる記号システムのもとでは異なる表示対象を割り当てられること。第五に、単一の文字通りの適用を持った図式が、単一の領野に対して、転移の種類やその経路ごとに多様な隠喩的な適用を持ちうるということ。第六に、まさに隠喩の特徴である新奇さと不安定さ。これらの問題のうち、第一から第四は、語の文字通りの使用と隠喩的な使用の両方に言えるものである。そして、第五と第六は、無制約の気まぐれやはかり知れない謎を示すものではなく、探索と発見を示すものである。以上の議論を通して、〔表現をめぐる〕混沌が明瞭になったとまではいかなくとも、少なくともその不明瞭さがかなり減ったのならよいと思う。

要約しておこう。aがbを表現するとき、(1) aはbを所有し、またはbによって指示され、(2)この所有または指示は隠喩的であり、(3) a は b を表示する。

ここでは、ある作品が何を表現しているかを調べるためのテストを追い求めることは一切していない。結局のところ、水素の定義は、水素がこの部屋にどれだけあるかをすぐに知る方法を与えるものではないのである。さらに、考察対象であった表現という基本的な関係について、なんらかの正確な定義を提示したわけでもない。むしろ、ここで行なったのは、表現を隠喩的な例示のもとに包摂したうえで、条件をいくつか追加することで多少狭く限定したということである。これらの限定が〔表現の正確な定義として〕十分であるとは主張していない。[38] ここでの関心は、表現という関係を、例示や再現や記述といった他の主な種類の表示関係と比較対照することだったからである。これまでのところ、再現と記述についての議論よりも表現についての議論のほうがうまくいっている。再現と記述については、いまだに互いに区別できていない。

次章では、心機一転して、これまでとはかけ離れた論点から始めたい。その議論はいずれこれまでの成果と結びつくことになるが、それはかなり先のことである。

原註

＊ Wassily Kandinsky, *Point and Line to Plane*, translated by H. Dearstyne and H. Rebay, New York, Solomon R. Guggenheim Foundation, 1947, pp. 188–189〔『点と線から面へ』宮島久雄訳、中央公論美術出版、一九九五年〕所収のドローイングのキャプション。

（1）ここでは〔普遍が存在するという〕プラトン主義が臆面もなく表明されているように一目見えるだろうが、これはすぐあとで修正される（本章3を参照）。

（2）Doris Humphrey, *The Art of Making Dances*, New York, Rinehart & Co., Inc., 1959, pp. 114, 118.〔『創作ダンスの技法』戸倉ハル、後藤ツヤ訳、世界書院、一九七七年〕

（3）一九六四年十二月四日にメリーランド芸術大学で行なわれたレイ・L・バードウィステルの講演 "The Artist, the Scientist and a Smile" から。

（4）外延性はこの定式において維持されている。つまり「灰色」をそれと共外延的な任意の述語と置き換えても、真理値は変わらない。

（5）直示 ostension もまた、例示と同様にサンプルに関わるものである。しかし、直示がサンプルを指差す行為であるのに対して、例示はサンプルとそれが表示するものとの関係である。

（6）同様に、「ショールームのある車はロールスロイス車を例示している」と言う場合、そこでは「その車はロールスロイス車であるという性質を例示している」ということが省略したかたちで言われている。しかし、「xはBを例示する」を「xはBを表示し、かつBによって指示される」としてとるテクニカルな論述では、こうした省略した言い方は混乱を引き起こしかねない。本文の議論を参照。

（7）Ring Lardner, *How to Write Short Stories (with Samples)*, New York, Charles Scribner's Sons, 1924, p. 247.

（8）（*SA* の第三部におけるように）質 qualia のような抽象的存在者を認めるとすれば、たしかにそうした存在者は――ラベルではないものの――その事例（当の質を持つ個別具体的な全体）によって例示されると言えるかもしれない。しかし仮にそうだとしても、その他の性質の例示については、やはり本文のように述語の例示という観点から説明する必要があるだろう。また、目下のわれわれの目的に対して簡潔な説明を与えるには、すべての例示をそのように単一の仕方で扱うのがもっともよいと思われる。

（9）自己表示はかなりややこしい問題である。ここでは、参考までに以下の定理を挙げておく。
(a) xがyを例示するならば、yはxを指示する。

(b) xとyは、互いに例示し合うとき、またそのときにかぎり、互いに指示し合う。
(c) xは、xを指示するとき、またそのときにかぎり、xを例示する。
(d) xがyを例示し、かつyと共外延的であるならば、xはxを指示し、かつ例示する。

(10) このような記号が持つ二重機能によって生じる干渉効果については、すでにいく人かの心理学者が実験を行なっている。以下を参照。J. R. Stroop, "Studies of Interference in Serial Verbal Reaction", *Journal of Experimental Psychology*, vol. 18 (1935), pp. 643–661; A. R. Jensen and W. D. Rohwer, Jr., "The Stroop Color-Word Test: A Review", *Acta Psychologica*, vol. 25 (1966), pp. 36–93. この事例に注意を向けることができたのは、ポール・カラーズのおかげである。

(11) 同様に、擬音語における音は、それが例示している性質を持つ音を指示するのにも使うことができる。ここで面白い事例を使って例示の多様性を裏づけておこう。次のような言語学上の不思議がある。フランスの犬は「バウワウ bow-wow」ではなく「ニャフニャフ gnaf-gnaf」と吠える。ドイツの猫は「シュヌアシュヌア schnurr-schnurr」、フランスの猫は「ロンロン ron-ron」とのどを鳴らす。ドイツの鐘は「ディンドン ding-dong」ではなく「ビンバン bim-bam」と鳴る。フランスの水のしたたる音は「ドリップドリップ drip-drip」ではなく「プルッフプルッフ plouf-plouf」である。

(12) あるラベルが自己例示することは、当の述語を共有するという以外に〔そのラベルの〕他の指示対象と似ていることを含意しない。たとえば、「物質的対象」というラベルはそれ自身を指示するが、〔物質的対象の一つである〕ウィンザー城とは〔「物質的対象」という述語を共有する点を除けば〕まったく似ていない。また、ある述語がその指示対象に似ていることも自己例示を含意しない。ある要素を使って、〈その要素自体ではないが、それになんらかの程度で似ているもの〉を指示することは明らかに可能だからである。とはいえ、二つの事物の類似性を判断する際に、たんに両者を指示しているだけの述語よりも、両者が例示している述語のほうが重視される傾向にある。というのも、〔それらの事物によって〕例示されている述語は表示されているわけなので、〔たんにそれらの事物に適用されているだけの述語よりも〕目立っているからである。

(13) たとえば以下を参照。Theodor Lipps, *Raumaesthetik und Geometrisch-Optische Täuschungen*, Leipzig, J. A. Barth, 1897,

translated by H. S. Langfeld in *The Aesthetic Attitude*, New York, Harcourt, Brace & Co., Inc., 1920, pp. 6–7. リップスによれば、「円柱は踏ん張って自らを起こしているように見える。つまり、わたしが自分を立てなおして体を起こすときのような、あるいは自分の体の自然な惰性に抵抗して緊張と直立を保つときのような動作のあり方をしているように見える。私が円柱を意識する場合、当の意識されている円柱そのものの中にこの動作が存在しているように見えることなしにそれを意識することは不可能である」。

（14）たとえば以下を参照。Burton L. White and Richard Held, "Plasticity of Sensorimotor Development in the Human Infant", in *The Causes of Behavior*, ed. J. F. Rosenblith and W. Allinsmith, 2nd ed., Boston, Allyn and Bacon, Inc., 1966, pp. 60–70 およびそこで引用されている先行論文。Ray L. Birdwhistell, "Communication without Words"（"L'Aventure Humaine" 上での刊行のために一九六四年に書かれたもの）およびそこで引用されている先行論文。Jean Piaget, *The Origins of Intelligence in Children*, New York, International University Press, Inc., 1952, e.g., pp. 185ff, 385;〔『知能の誕生』谷村覚、浜田寿美男訳、ミネルヴァ書房、一九七八年〕Jerome S. Bruner, *Studies in Cognitive Growth*, New York, John Wiley & Sons, Inc., 1966, pp. 12–21.〔『認識能力の成長——認識研究センターの協同研究』岡本夏木他訳、明治図書出版、一九六八／六九年〕私は、ブルーナーによる動作的／映像的／象徴的という記号の三分類を受け入れることはできない。というのも、第二と第三のカテゴリは定義も動機づけも不適切であるように思われるからである。記号を動作的／視覚的／聴覚的等々と分類することは、発達心理学のある種の目的にとって有用だろう。とはいえ、ここでのわれわれの目的からすれば、こうした区分は、私がもっと重要だと考えるちがい——表示の方式間のちがい——と食いちがうものである。

（15）ジャック＝ダルクローズは、音楽の把握と記憶を実際に行なうための教授可能な記号システムの要素として肉体の動きを使うことの利点をきわめて明確に理解し、それを最大限に活用している。とくに *The Eurhythmics of Jaques-Dalcroze*, Boston, Small, Maynard, & Co., 1918 に所収のP・B・インガムの論文（pp. 43–53）とE・インガムの論文（pp. 54–60）を参照。

（16）ダンサーによる祝福の所作は、〔演劇の〕舞台上や教会でなされる同種の所作と同じく、祝福されるものを指示する。その際、ダンサーの身振りの宛先は〔実際には〕祝福されるものに属していないだろうが、それはたんにダンサーが小説家と同じように指示するための記号をフィクションとして使っているというだけのことである。とはいえ、もちろん身振りは、それが何も指示しない場合でも、「ケンタウロス」という語と同様に指示的な性格を持つことがある。この節末尾の二段落をさらに参照。

(17) 第六章2をさらに参照。

(18) 第一章5とその註を参照。

(19) 投射と投射可能性については、*FFF* のとくに pp. 57–58, 81–83, 84–99 を参照。

(20) もちろん「悲しい」が隠喩的に適用されている場合でも、「隠喩的に悲しい」は文字通りに適用される。とはいえ、このことは隠喩的に悲しいとはどういうことかについてほとんど何も示さない。

(21) 以降の議論における隠喩についての見解は、多くの点で次のマックス・ブラックの優れた論文に同意するものだ。Max Black, "Metaphor", *Proceedings of the Aristotelian Society*, vol. 55 (1954), pp. 273–294, reprinted in *Model and Metaphors*, Ithaca, N.Y., Cornell University Press, 1962, pp. 25–47.〔「隠喩」尼ヶ崎彬訳、『創造のレトリック』所収、勁草書房、一九八六年〕以下のよく知られた見解も参照。I. A. Richards, *The Philosophy of Rhetoric*, London, Oxford University Press, 1936, pp. 89–183;〔『新修辞学原論』石橋幸太郎訳、南雲堂、一九六一年〕C. M. Turbayne, *The Myth of Metaphor*, New Haven, Yale University Press, 1962, pp. 11–27.

(22) 潜在的にある互いに置換可能なもののセット――つまり図式――は二つのラベルからなることもあれば多くのラベルからなることもあるし、そのラベルも文脈次第で大きく変わる。ある考えが青い green と言う場合、それは他のさまざまな色を持つ考えと対比されているのではなく、もっと成熟した考えと対比されている。また、ある従業員が新米 green だと言う場合、その従業員はたんに新米ではない他の従業員と対比されている。

(23) カテゴリミステイクの概念については以下を参照。Gilbert Ryle, *The Concept of Mind*, London, Hutchinson's University Library, and New York, Barnes and Noble, Inc., 1949, pp. 16ff.〔『心の概念』坂本百大、井上治子、服部裕幸訳、みすず書房、一九八七年〕

(24) あるいはもしかすると音への隠喩的な適用のほうが先であり、それが数への隠喩的な適用を導いたのかもしれない。いずれにしろ、ここでの私の主張は、語源の理解が正しいかどうかに依存しない。

(25) Gombrich, *Art and Illusion*, p. 370 を参照（書誌情報は第一章註５にある)。

(26) 確立した空指示を持つことと、いかなる確立した指示も持たないことは、まったく別の事柄である。「ケンタウロス」や「ドン・キホーテ」といった語の外延は空だが、そうした語もまた、空でない外延を持つ語と同じように、転移によって隠喩になりうる。

(27) この考えは、さらに込み入った議論につながる。隠喩的な適用は、数多く使われることで文字通りの適用になるかもしれない。それゆえ、結果として両義性ができあがるかもしれない。また、この二つの文字通りの適用領域が最終的に再結合して、オリジナルの適用領域になるかもしれない。

(28) 以下を参照。Ernst Cassirer, *The Philosophy of Symbolic Form*, original German edition, 1925, trans. Ralph Manheim, New Haven, Yale University Press, 1955, vol. II, pp. 36–43;〔『シンボル形式の哲学　第二巻　神話的思考』木田元訳、岩波文庫、一九九一年〕Ernst Cassirer, *Language and Myth*, trans. S. K. Langer, New York and London, Harper Brothers, 1946, pp. 12, 23–39;〔『言語と神話』岡三郎、岡富美子訳、国文社、一九七二年〕Owen Barfield, *Poetic Diction*, London, Faber and Faber, 1928, pp. 80–81.〔『詩の言葉――意味の研究』松本延夫、秋葉隆三訳、英宝社、一九八五年〕

(29) マックス・ブラックは、隠喩についての論文の中で、このことを明確かつ強く主張している。Max Black, *Models and Metaphor*, p. 37 を参照。以下引用する。「こうしたケースのいくつかでは、〈隠喩はそれに先んじて存在するなんらかの類似性を定式化するものである〉と言うよりも〈隠喩は当の類似性を作り出すものである〉と言ったほうが事柄がはっきりするだろう」。

(30) この一般的な問題に関しては、以下の拙稿を参照。Nelson Goodman, “Sense and Certainly”, *Philosophical Review*, vol. 61 (1952), pp. 160–167.

(31) もちろん、全体の領野とその真部分の領野は互いに素だし、クラスの領野とその真部分クラスの領野も互いに素である。

(32) そういうわけで、ある〔隠喩的に例示される〕性質が定常的であるのは、〔それがもとづく〕絵画的な性質が定常的であり続けるかぎりはそれが決して変化しない場合にかぎる。当の絵画的な性質が変化する場合は、その性質は定常的であり続ける場合もそうでない場合もある。言い換えれば、ある性質が〔定常的なものとして〕生じるとすれば、当の絵画的な性質が同じであるときにはつねにその性質も生じなければならないということである。ここで問題になっている定常性は、特定の記号システムの枠内で、当の表現される性質の隠喩的な外延とその基礎になる絵画的な性質の文字通りの外延の間に成立するものである。とはいえ、そのように定常的な性質それ自体もまた、絵画的な性質と見なせるだろう。絵画的な性質についての議論は、先述の第一章9を参照。

(33) この手の日和見によって難点や曖昧さが解消することはない。それゆえ、より大胆な道――〔実在論的な〕先入見を拒否し、性質の表現ではなくラベルの表現を直接に論じる道――のほうが明らかに望ましい。

(34) あるいは先入見に譲歩するのをやめるなら、「その絵自体を表現するもの」である。

(35) Aldous Huxley, "Music in India and Japan" (1926), reprinted in *On Art and Artists*, New York, Meridian Books, Inc., 1960, pp. 305–306.

(36) リチャード・シェパードによれば、建物は「ムード――たとえば、ベルリンの小さく渦巻くコメディシアターにおける快活さと動き――を表現することもあるし、メンデルゾーンのアインシュタイン塔のように天文学と相対性についての考えを表現することもあれば、いくつかのヒトラーの建築のようにナショナリズムを表現することもある」。Richard Sheppard, "Monument to the Architect?", *The Listener*, June 8, 1967, p. 746.

(37) こうしたドローイングの一つにつけられたカンディンスキーのキャプションをこの章の冒頭に引用してある。もちろん、カンディンスキーと読者がこのドローイングについて同じものを見るかどうかは問題ではない。ある人が「ピン」と言うところで別の人は「ポン」と言うかもしれない。

(38) とはいえ、ここで述べられた条件に合致する〔表現としては〕一見奇妙なケースのいくつかは、表現として認めてもよいように思われる。私の考えでは、多くの作品について、まったく適切に〈それは意図せざる不器用さや愚かさを雄弁に表現している〉と言うことができる。

訳註

＊1 「feeling」は一貫して「感情」と訳すが、文脈上「感じ」と訳した方が自然な場合もある。なお「emotion」は「情動」と訳す。

＊2 「literal」は「文字通りの」と「直写的」に適宜訳し分ける。この章では、基本的に「比喩的 figurative」または「隠喩的 metaphorical」と対比される概念である。

＊3 情動によって身体的反応が引き起こされると考えるのではなく、身体的反応の自覚を情動と同一視する理論。

＊4 「concrete」は「個別具体的」と訳す。「specific」を「具体的」と訳すケースと混同しないようにするためである。

＊5 「instance」はすべて「事例」と訳す。「事例」と後述の「サンプル」は別概念である。事例は性質（またはラベル）を所有し、サンプルはそれを例示する。

＊6 「figurative」を「比喩的」、「metaphorical」を「隠喩的」と訳す。ここでの「figure」は文彩（言葉のあや）一般のことであり、隠喩はその下位概念である。本章8も参照。

＊7 ここで「包摂する subsume」はラベルとその適用対象の関係を指す。

＊8 文脈上「例示」と訳すが、この意味での「exemplify」は性質の例化のことであり、記号作用としての例示とは区別される。この章で論じられるのはもっぱら後者である。原註6も参照。

＊9 印字 inscription は、たとえば実際に紙に書かれているその文字のこと。一つの述語やラベルは、諸々の印字の集まりである。第四章も参照。

＊10 原文はもちろん英語の話だが、内容上日本語の話として訳す。

＊11 原文の例は英語だが、日本語でもたまたま成り立つ。「polysyllabic」も「多音節である」も多音節の語であり、「long」も「長い」も短い語である。

＊12 ここでの「個々のラベル」は、個々の印字のことではない。ラベルが「一つの種類に属するものとして機能する」

というのは、たとえば「赤」の諸々の印字が「赤」というラベルに属することで機能するということではなく、「赤」というラベルが、それと置換可能な他の色‐ラベルとともに「色」という種類(図式)に属することで機能するということである。

＊13 本文がわかりにくいので補足しておく。「図式」は(当の発話の慣習や文脈において)互いに置換可能なラベルを集めたラベルセット(たとえば、「赤」「赤くない色」)を指す。それぞれのラベルはそれぞれの外延を持つ(たとえば「赤い」の外延は赤いものすべてである)。それゆえ、「赤い」を含む図式に対応する領野――当の図式に含まれるラベルそれぞれの外延を寄せ集めたもの――は、たとえば赤いものすべてと赤くない色をしたものすべてということになる。

＊14 たとえば、クイズの回答に対して、その惜しさの度合いを言うのに「hot」「warm」「cold」といった語が使われることがある。

＊15 隠喩が祖国を一度捨てて戻ってきた人として隠喩的に擬人化されている。

＊16 「互いに素 disjoint」は、二つの集合同士または対象同士が交わらない――つまり両方の集合に属する要素がない、または両方の対象に含まれる部分がない――ことを指す。

＊17 提喩 synecdoche は、上位概念/全体によって下位概念/部分を、または下位概念/部分によって上位概念/全体を表わす文彩。たとえば「花」によって桜の花を表わす、「パン」によって食べ物一般を表わすなど。

＊18 換称 antonomasia は、固有名を記述の代わりとして、または記述を固有名の代わりとして使う文彩。たとえば「……のモーツァルト」で優れた音楽家を表わす、「光の都」でパリを指すなど。

＊19 図2は、順序付きの図式と順序付きの領野がさまざまな隠喩の方式ごとにどのような関係になるかを図示したものである。水平方向の三本の線は領野を表わしており、垂直方向の波括弧はそれを指示する図式を表わしている。文字通りの適用(a)では両者はぴったりそろうが、隠喩的な適用では両者はいろいろなかたちでずれる。

＊20 「表示する refer to」「展示する exhibit」「典型化する typify」「誇示する show forth」が並列されているが、実質的には「表示」が上位概念であり、その他はその下位概念だと思われる。

＊21 「頭の固い先入見」は性質の実在を認める立場を指している。

＊22 「apply to」は一貫して「適用される」と訳しているが、この受け身の訳語は適用という行為とその行為主体を想定させるかもしれない。しかし、本文にあるように、グッドマンは適用を行為としては考えていない。

＊23 いずれの組も、それぞれ前から指示的、例示的、表現的の例。

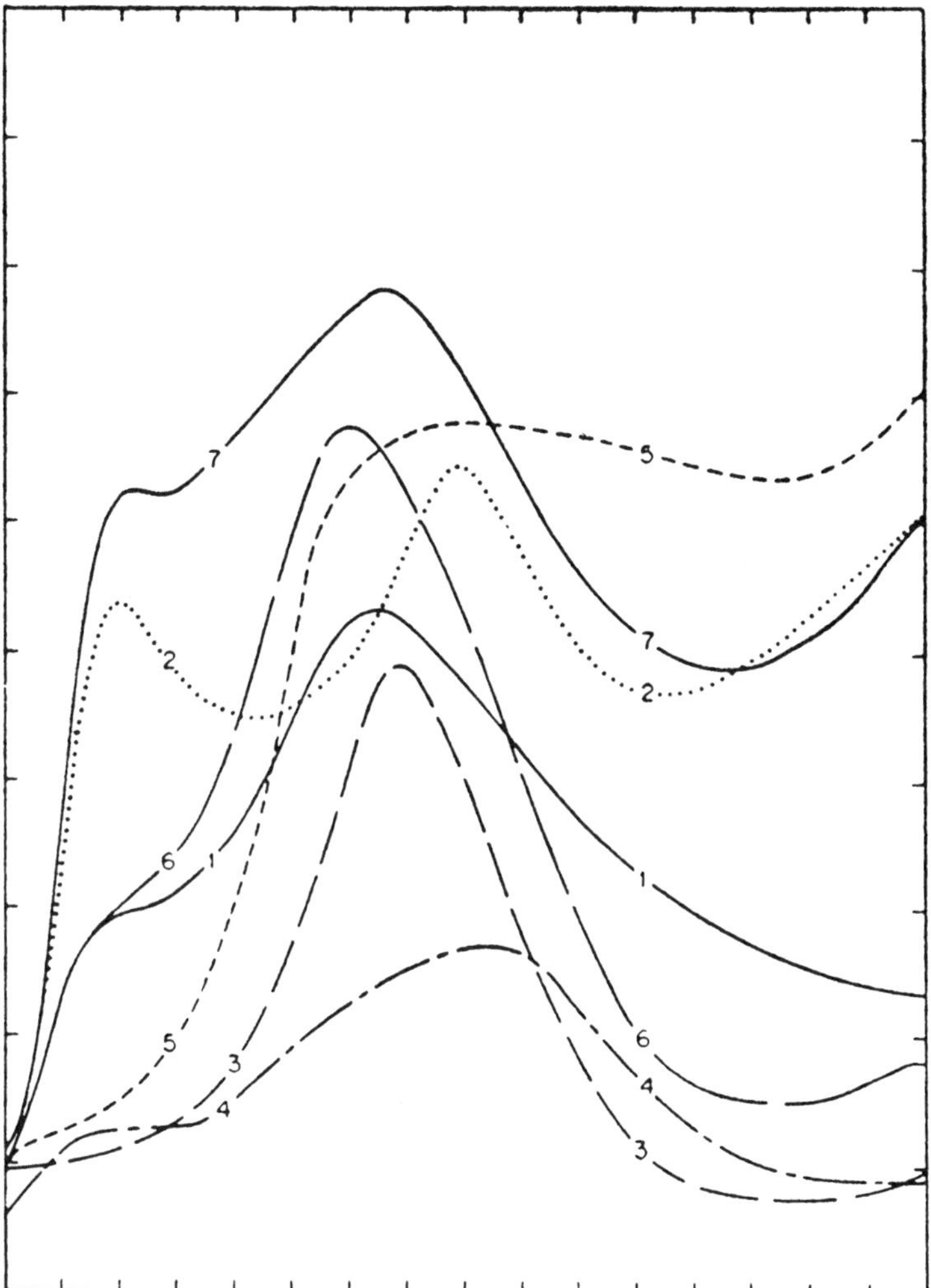

7
5
2
6
1
3
4

ルチル型二酸化チタンを混ぜたさまざまな緑色顔料の分光研究。
Ruth M. Johnston, “Spectrophotography for the Analysis and Description of Color”, *Journal of Paint Technology*, vol. 39 (1967), p. 349, figure 9. 著者、出版社、ピッツバーグ板ガラス社の許可を得て転載。R・L・フェラー博士の協力を得た。

横軸　380–700ミリミクロンの波長
縦軸　反射率パーセント
曲線

1. クロムグリーン
2. 酸化クロムグリーン
3. タングステングリーントナー
4. ピグメントグリーンB
5. グリーンゴールド
6. フタログリーン
7. 水酸化クロム

第三章　芸術と真正性

……もっとも興味をかき立てるのは次の問いである。贋作が非常によくできているおかげで、十分に徹底した信頼に足る検査を経てもなおその真正性が定まらないという場合、その贋作は、まるでそれが明白に本物であるかのように申し分なく一個の芸術作品なのだろうか、あるいはそうではないのだろうか。

アリーン・B・サーリネン*

1　完璧な贋作

芸術作品の贋作[*1]は、収集家や学芸員や美術史家にとって厄介な実践上の問題である。贋作があるせいで、彼らはしばしば個々の対象が本物かどうかを見定めるのに相当の時間と労力を割かなければならない。しかし、贋作によって引き起こされる理論的な問題は、より一層深刻である。人の目を欺く贋作とオリジナル作品とで美的なちがいがあるのはなぜなのか。この無粋な問いは、収集家や美術館や美術史家の役割がまさにもとづいている基本的な前提に疑問を投げかけるものである。この問いに対する答えを持ち合わせていないのが露呈した芸術哲学者は、ファン・メーヘレンの作品をフェルメールの作品と取りちがえたのが露呈した学芸員と少なくとも同程度に情けないものだろう。[*2]

この問題がもっともわかりやすいかたちで現われるのは、ある作品と、その贋作またはコピーまたは複製がある場合である。われわれの左手にはレンブラントのオリジナル絵画である《ルクレティア》があり、右手にはその作品の最高の出来の模造品があるとしよう。われわれは、完全に文書化された履歴から、左の絵画がオリジナルであることを知っている。そして、X線写真や顕微鏡検査や化学的分析から、右の絵画が最近の贋作であることを知っている。両者には多くのちがいがある。たとえば、作者、制作年代、物理的・化学的な特性、市場価値といった点だ。しかし、われわれは両者にいかなるちがいも見てとることはできない。それゆえ、われわれが寝ている間にそれらが動かされてしまえば、われわれはただ見るだけではどちらがどちらなのかを見分けることができない。さて、ここで一つの質問が突きつけられる。これら二枚の絵には、何か美的なちがいがありうるのか。たいていの場合、この質問者の口振りは、次のような見解をほのめかしているだろう。答えは端的に「ノー」であり、両者の間にあるちがいはすべて美的に関与的ではないという見解である。

まず、次の問題を考える必要がある。二枚の絵のうちに「それらをただ見るだけで merely look at」見てとることができるものとそうでないものとの区別は、十分にはっきりしているのだろうか。顕微鏡やX線透視装置を使って絵を調べるとき、われわれはたしかにその絵を見るだろうが、しかしおそらく「ただ見るだけ」ではないだろう。ということは、ただ見るだけというのは道具を使わずに見ることとなのだろうか。これは、絵画とカバを区別するのに眼鏡を必要とする人にとって少々不公平であるように思われる。しかし、仮に眼鏡を認めるとしても、どれくらいの度の強さまでなら許されるのか。首尾一貫した理屈にもとづいて眼鏡を認めつつ拡大鏡や顕微鏡を除外することはできるのか。また〔絵を照らすのに〕白熱灯を認めるとすれば、紫光線を除外することはできるのか。白熱灯を使う場合でも、中程度の強さで標準的な角度から照らさなければならないのか。それとも強烈な斜光が許されるのか。〈「ただ見るだけ」とは、一般的な状況でものを見るときに慣習的に使われる道具以外のいかなる道具も使わずに絵を見ることである〉と言えば、こうした場合をすべて含めることができるかもしれない。しかし、そうすると今度は別の問題が生じる。たとえば、細密彩飾画やアッシリアの円筒印章は、度の強い拡大鏡を使わなければ、きわめて粗雑なコピーとほとんど見分けがつかないのである。さらに、いま問題にしている二枚の絵の場合でも、拡大鏡でしかわからない線や塗りの微妙なちがいは、やはり明白にそれらの美的なちがいだろう。もちろん拡大鏡の代わりに強力な顕微鏡が使われる場合には、もはやそうは言えない。しかし、具体的にどの程度までの拡大なら許されるのか。このように、絵をただ見るだけとはどういうことなのかを特定することは、まったく容易ではない。とはいえ、議論の都合上、[1]ここではこうした難点がすべて解消し、「ただ見るだけ」という概念が十分に明らかになったと仮定することにしよう。

次に、そのように見ていると想定されているのは誰なのかという問題を考える必要がある。おそらく、先の質問者は、〈少なくとも一人の人――たとえば斜視のレスラー――が二枚の絵にちがいをまったく見てとることができないならば、両者の間には美的なちがいはない〉と暗に言いたいわけではないはずだからである。〔先の問いを〕より的確なかたちにすれば、〈誰一人として――最高度に熟達した専門家でさえ――ただ見るだけでは二枚の絵を区別できない場合に、両者に美的なちがいはありうるのか〉というものになるだろう。しかし、ここで次の点に注意しよう。〈これまでも、またこれからも、ただ見るだけで二枚の絵を見分けることができる人はいない〉ということを、当の二枚の絵をただ見るだけで、確かめられる人はいない。言い換えれば、問いをこのかたちにすると、〈二枚の絵をただ見るだけで、それらの間に美的なちがいがないことを確かめられる人はいない〉ということを認めざるをえなくなるのである。この帰結は、〔二枚の絵に美的なちがいがあることを否定したいという〕先の質問者の全体的な動機にとってはおそらく気に食わないものだろう。というのも、ただ見るだけでは二枚の絵が美的に同じであることを確証できないなら、いかなる意味での見えをも超えた何かが美的なちがいを構成するものとして認められることになるからである。そしてその場合、記録文書や科学的なテストの結果を〔美的なちがいを構成するものとして〕認めない理由がまったく不明確になる。

本当の問題は、次のような問いとしてより正確に定式化できるかもしれない。私（または x）がただ見るだけでは二枚の絵を見分けることができないとき、私にとって（または x にとって）その二枚の絵になんらかの美的なちがいはあるのだろうかという問いである。しかし、これもまた、それほど適切な問いではない。というのも、私は、自分が二枚の絵になんらかのちがいを見てとることができないということを、それらの絵をただ見るだけで確かめることは決してできないからである。そして、〈いかなる私の見えをも超えた何かが、私にとっての美的なちがいを構成することがある〉ということを認めることは、ここでもまた、先の質問者を動機づけている暗黙の確信または疑念と食いちがう。

そういうわけで、先の批判的な問いは、最終的に次のようなものになる。適切な期間 t において、x がただ見るだけでは二枚の絵を見分けることができないとき、t における x にとって、その二枚の絵になんらかの美的なちがいはあるのだろうか。あるいは言い換えれば、tにおけるxが二枚の絵をただ見るだけでは識別できない何かが、tにおけるxにとってそれらの絵の美的なちがいを構成することがありうるのだろうか。

2 答え

この問いを考えるにあたって、次のことに留意しておく必要がある。特定の時点においてある人がただ見るだけで区別できる事柄は、その人の生まれつきの視力に左右されるだけでなく、慣れや訓練にも左右される。(2) アメリカ人をそれほど見たことのない中国人にとっては、アメリカ人はみな同じように見える。双子を区別できるのは、ごく近しい身内と知人だけだろう。さらに、誰かがその名前を呼ぶ際にちょうどその双子を見るという機会がなければ、どちらがジョーでどちらがジムかをただ見るだけで見分けられるようにはならない。複数の人や事物を見るとき、その場では目に見えない相違点を知ったうえでそれらを見ることは、ただ見るだけでそれらを――さらに他の事物や人々の間にあるちがいを――識別する能力を向上させる。そういうわけで、たとえば新聞売り子だったときにはまったく同じように見えた絵が、美術館長になるころにはまったくちがって見えるようになるのである。

私はくだんの二枚の絵のちがいをいまは見てとることはできないが、そのちがいを〔いずれ〕見てとれるようになるかもしれない。ここで私は、そのちがいを見てとれるようにきっとなる、ということを、それらをただ見るだけで、またはその他のなんらかの方法で、見定めることはできない。とはいえ、これら二枚の絵はかなり異なるという情報、つまり一方はオリジナルで他方は贋作であるという情報があるかぎりは、そのちがいを見てとれるようにはきっとならないという結論を出すこともできないだろう。そして、いまは識別できない両者の知覚的なちがいをいずれ識別できるようになるかもしれないという事実自体が、いまの私にとって重要な両者の美的なちがいを構成する。

さらに、左の絵はオリジナルで右の絵は贋作だという知識とともにいま見ることは、ただ見るだけでどちらがどちらかを見分ける能力をあとあと獲得する助けになるだろう。そういうわけで、それらの絵の現在や過去の見えによらない情報を持って見ることで、それらの現在の見えが、そうした情報がなかった場合とはまったく異なる影響をそれらの未来の見えに及ぼすことがありうる。[*3] 二枚の絵が〔知覚上ではなく〕実際にどうちがうかがいまの私にとっての美的なちがいを構成する理由は、この点にある。つまり、それらの絵やその他のものを互いに見分けられるように私の知覚を訓練することにとって現在の見えが果たす役割に、両者がどうちがうかについての私の知識が影響するのである。

しかし、それだけではない。二枚の絵のちがいについての私の知識は、それが現在の見えと未来の見えの関係に影響を与えるというまさにその理由によって、私の現在の見えのあり方そのものを形作ることになる。この知識のおかげで、二枚の絵が同じように見えている場合でも、私はそれぞれを異なる仕方で見るようにうながされるのである。この知識は、私がいずれなんらかのちがいを見てとることができるようになる可能性を保証するだけでなく、どんな種類の吟味をここで適用すべきかとか、想像上でどんな比較対照をすべきかとか、どんな事柄とのつながりが関係するのかといったことをある程度まで示す。そして、それによって、現在の見えにおいて利用すべき情報や見方を、私自身の過去の経験から選び出すよう仕向けるのである。このように、二枚の絵の間の知覚されないちがいは、それらに対する私の視覚経験にとって、あとあとだけではなくまさにいま関わる事柄である。

ここまでの議論をまとめよう。いまの私は、ただ見るだけでは二枚の絵を見分けることができない。しかし、左の絵はオリジナルであり右の絵は贋作であるという事実は、いまの私にとっての両者の美的なちがいを構成する。なぜなら、この事実についての知識は、(1)私が両者の間になんらかのちがいを知覚できるようになる可能性があることの証拠であり、(2)現在の見えに対して、そのような知覚上の区別のための訓練としての役割を与え、(3)その結果として、この二枚の絵を見る私の現在の経験を修正し、異なるものにするようにうながすからである。(3)

以上のことは、二枚の絵のちがいを私が実際に知覚するかどうかや知覚できるかどうかにまったく依存しない。私の現在の視覚経験の特質と使い方を形作るのは、そうした知覚的な区別が私の手の届くところにあるという事実や保証ではなく、手が届くかもしれないということの証拠である。そして、そうした証拠をもたらすのは、二枚の絵が事実としてちがうという知識である。そういうわけで、たとえこの先誰一人としてただ見るだけで二枚の絵を見分けることができないとしても、それらの絵はいまの私にとって美的にちがうのである。

とはいえ、この先誰一人としていかなるちがいも見てとることができないということが証明されることがありうるのではないか――。この想定の理不尽さは、仮に米国債の市場価値・利回りと破産しかけている会社の債券の市場価値・利回りがこの先つねに同じである場合、これら二つの債券の間に財務上のちがいはあるのかという問いの理不尽さと大差ない。というのも、それを証明するのにどんな種類の証拠がありうるのかがそもそもわからないからである。次のような考えもあるかもしれない。これまで誰一人として――最も熟練した専門家ですら――それらの絵にいかなるちがいも見てとることができなかったのなら、私もこの先ちがいを見てとることはできないという結論を出しても問題ないのではないか――。しかし、ファン・メーヘレンの贋作の例[4]（後述）のように、ある特定の時点までは専門家にも見てとれなかったちがいが、あとになって目の鋭い素人にわかるようになることがある。さらに、次のような考えもあるかもしれない。あらゆる点で二枚の絵の色を比較して、かぎりなく微細なちがいも記録するような繊細なスキャン装置があるとすればどうなのか――。しかし、この「あらゆる点で」という言い方は何を意味しているのか。もちろん、数学的な意味での点はいかなる色も一切持っていない。なんらかの物理的な微粒子ですら色を持つには小さすぎる。したがって、このスキャン装置がそれぞれの時点で記録するのは、色を持つのに十分な大きさはあるが、知覚可能な領域としてはできるだけ小さいというような領域になるはずである。しかし、これを達成する方法がそもそも不可解である。というのも、現在の文脈では「知覚可能である」とは「ただ見るだけで識別できる」という意味であり、それゆえ、知覚可能な領域と知覚可能でない領域の線引きは、拡大鏡と顕微鏡の間の恣意的な線引きに左右されるように思われるからである。仮になんらかのかたちでそのような線を引いたとしても、この道具の繊細さが道具の助けなしで得られる最大限の知覚の鋭敏さよりも優れていると確信することは決してできないだろう。実際、いく人かの実験心理学者の見解によれば、光のもとで測定可能などんなちがいも状況次第では裸眼によって検知できる。[5] 問題はさらにある。このスキャン装置は、色を、つまり反射光を調べるものだろう。反射光が部分的に入射光に依存するものである以上、あらゆる質とあらゆる強さを持ったあらゆる方向からの照明を試す必要がある。そして、とくに絵画の表面は真っ平らではないわけなので、完全なスキャンをするには、〔そのような照明の〕それぞれの場合について、あらゆる角度からスキャンしなければならない。しかし、当然ながら、われわれはそうした無数の場合を網羅することはできないし、さらに一つの点についてすら、一つに一致する絶対的な測定結果を得られないだろう。このように、私がこの先二枚の絵にいかなるちがいも見てとれるようにならないことの証拠を探し求めるのは、技術的な困難以上の理由で無益である。

それでもなお、われわれは次の問いへの答えを迫られたとしよう。仮にもしその証拠があった場合、私にとって二枚の絵に美的なちがいはあるのかどうかという問いである。そして、この無茶な問いに対して「ちがいはない」という答えを返したとしよう。しかし、この答えもまた例の質問者を満足させるものではないだろう。というのも、結局のところそれは次のような帰結になるからである。二枚の絵に実際にいかなるちがいも知覚できないなら、両者に美的なちがいがあるかどうかは、それらをただ見るだけということ以外の手段によって証明されたりされなかったりするものに全面的に依存することになる。このことは、知覚上のちがいがなければいかなる美的なちがいもありえないという主張をほとんど支持しない。

この極端に仮説的な領域から戻ってくると、今度は次のような反論が待っているかもしれない。レンブラントの絵とその贋作の間にあると考えられている大量の美的なちがいは、微細すぎて認識できないような——あるいはできるとしても、多くの経験と長い訓練を経てはじめて認識できるようになるような――知覚上のちがいを探すという観点からは、あるいはそれを発見するという観点からですら、説明できないのではないか――。この反論はすぐに却下できる。というのも、知覚上の微細なちがいがきわめて重要な場合があるからである。部屋の向こう側にいる誰かと目が合ったかどうかを私に知らせる手がかりは、ほとんど識別できないほど微細である。一流の演奏と二流の演奏を区別する実際の音のちがいは、よく肥えた耳によってのみ選り分けられるものである。ほんのわずかな変化が、ある絵画全体のデザインや感じや表現を変えてしまうこともある。実際、知覚上のきわめて微細なちがいが美的にきわめて重要なものになることはしばしばある。たとえば、フレスコ画にとって、ひどい物理的な損傷よりも、微細だが独りよがりな補筆のほうが重大であることがある。

もちろん、私がこれまで示そうとしてきたことは、二枚の絵が美的に異なりうるということだけであって、オリジナルが贋作よりも良いということではない。たしかに、想定している二枚の絵について言えば、おそらくオリジナルのほうがはるかに良い絵である。というのも、レンブラントの絵画は、無名の画家によるコピーよりもふつうはるかに良いものだからである。しかし、たとえばレンブラントによるラストマン[*4]の絵のコピーは、明らかにそのオリジナルよりも良い絵だろう。いずれにせよ、ここで求められているのは、そうした個別的な比較判断をすることでも美的評価の規範を定式化することでもない。われわれは、次のことを示すことによって目下の問題の要求にすでに十分に応えている。すなわち、ただ見るだけでは二枚の絵を見分けられないという事実は、それらの絵が美的に同じであることを含意しない――それゆえまた、贋作とオリジナルが良さの点でちがわないという結論を受け入れる必要もない――ということである。

以上の議論を通して使ってきた〔二枚の絵の〕例が示しているのは、真正性 authenticity の美的な重要性に関する〔次のような〕より一般的な問題の特殊例である。偽物の複製と比べる以外の場合でも、オリジナルの作品が特定の芸術家や流派や時代の産物であるか否かは〔美的に〕重要なのだろうか。次のような場合を考えよう。私は二枚の絵を簡単に見分けることができるが、X線写真のようななんらかの装置を使わないかぎり、いずれの絵についてもそれを描いたのが誰であるかを判定できない。さて、その絵がレンブラントによって描かれたものなのかそうでないのかという事実は、なんらかの美的なちがいをもたらすのだろうか。ここで問題になっているのは、一枚の絵と別の一枚の絵を見分けることではなく、レンブラント絵画というクラスと他の絵画のクラスを見分けることである。私がこの判別を正確にできるようになるかどうか――つまり、レンブラント絵画一般をレンブラント作でない絵画から区別する投射可能な特徴を発見できるかどうか――は、根拠として利用できる実例の集合に大きく依存する。したがって、この特定の絵がレンブラント絵画のクラスまたはそうでないクラスに属すという事実を知ることは、私がレンブラント絵画とそれ以外の絵画を〔この先〕見分けられるようになるために重要である。言い換えれば、〈なんらかの科学的な機器を使わないかぎり、私は現時点で（あるいは未来も含めて）この特定の絵についてその作者を判定できない〉ということは、〈その作者が誰であるかは私にとっていかなる美的なちがいももたらさない〉ということを含意しない。というのも、その作者が誰であるかについての知識は、それがどうやって得られたものであるかにかかわらず、そうした機器なしになんらかの〔別の〕絵――当の絵を別の場面で見る場合を含む――がレンブラント作であるかどうかを判定するための私の能力の向上に大きく寄与しうるからである。

ついでながら、以上の観点から印象的な難問の一つが簡単に解決できる。ファン・メーヘレンが自分の絵をフェルメールの絵として売った際、第一級の専門家のほとんどはそれに欺かれた。その詐欺がはじめて明らかになったのは、ファン・メーヘレン自身の告白によってだった[6]。今日では、この話をそれなりに知っている素人ですら、ちがいがこれだけ明白にあるにもかかわらず有能な鑑定士がファン・メーヘレンの絵とフェルメールの絵を取りちがえたということに驚く。この間に何が起きたのか。美的な感受能力の一般的な水準が急激に上がった結果、今日の素人は二十年前の専門家よりも鋭い目で絵を見るようになったなどということは考えられないだろう。むしろ、いまその区別がより容易になっているのは、より良い情報が手元にあるおかげである。〔はじめにファン・メーヘレンの絵を鑑定した〕専門家は、一枚の見知らぬ絵を一度見せられ、それがフェルメール作だと言えるほど十分に既知のフェルメール作品に似ているか否かを判定しなければならなかった。さらに、フェルメールの作品として認められている作品群にファン・メーヘレンの作品が追加されるたびに、それに応じて認定の基準は変更されていった。結果として、新たなファン・メーヘレンの作品がフェルメールの作品と取りちがえられることは不可避になったというわけである。一方、現在では、フェルメール作だと判決されたクラスからファン・メーヘレンの作品が差し引かれているだけでなく、ファン・メーヘレン作だと判決されたクラスも確立している。これらの二つの判例クラスがあるおかげで、われわれには両者の特徴的なちがいがはっきり見えるようになっており、残りのファン・メーヘレン作品とフェルメール作品を見分けることがほとんど困難でなくなっている。過去の専門家は、比較に使える既知のファン・メーヘレン作品がもし手元にあったなら、誤りを避けられたかもしれない。逆に、ファン・メーヘレン作品を手際よく見破る今日の素人は、かなり質の低いフェルメール派の作品をフェルメール作品と取りちがえていることがそのうち露呈するかもしれない。

いくつかの問いに答えてきたわけだが、その中で私は「美的」という語を一般的に定義するという手ごわい課題に取り組んだわけではない[7]。たんに次のことを論じただけである。芸術作品を見分ける能力の行使、訓練、向上は、明らかに美的な活動である。それゆえ、ある絵が持つ美的性質には、その絵を見ることで見いだされる性質だけでなく、それがどのように見られるべきかを規定する性質も含まれる。これはごく当たり前の事実であり、とくに強調する必要もないはずなのだが、昔ながらのティングル＝イマージョン説[8][*5]がいまだに蔓延しているおかげで強調する必要がある。この説によれば、芸術作品に接する際の適切なふるまいは、知識や経験という衣服をすべて脱ぎ捨てて（なぜならそれらは作品と直接触れ合う喜びを損なうものだから）作品にどっぷり浸かりきり、結果として生じるぞくぞく感の強さと長さによってその作品の美的な潜在能力を測ることである。この説はその見かけからしてばかばかしいものであり、美学のいかなる重要な問題を扱う上でも役に立たないが、われわれのダメ常識《コモンナンセンス》の一部を形作ってしまっている。

3　贋作不可能なもの

真正性に関する第二の問題は、次のようなかなり興味深い事実から生じるものである。絵画とはちがって、音楽には既知の作品の贋作といったものがない。もちろん、ある絵画がレンブラント作だと詐称されることがあるのと同じように、ある楽曲がハイドン作だと詐称されることはある。しかし、《ルクレティア》の場合とはちがって、《ロンドン交響曲》の贋作はありえない。ハイドンの自筆譜は、今朝印刷されたコピーとまったく同じく、当の楽譜の本物の事例である。そして、昨夜の演奏は、初演とまったく同じく、当の楽曲の本物の演奏である。その楽譜のコピーは、正確さの点で互いに異なりうる。しかし、その正確なコピーはすべて、たとえそれがハイドンの自筆譜の贋作であったとしても、等しく当の楽譜の本物の事例である。演奏もまた、正確さや質や、場合によってはもっと深遠な意味での「真正性[*6]」の点で互いに異なりうる。しかし〔正確な楽譜の場合と同様に〕、正確な演奏はすべて等しく当の作品の本物の事例である。[9] それとは対照的に、レンブラント絵画のコピーは、どれだけ正確であってもその作品の模造品か贋作でしかなく、その作品の事例にはならない。二つの芸術の間でこのようなちがいがあるのはなぜなのか。

　用語を導入しよう。ある芸術作品について、そのオリジナルとその贋作の区別が重要であるとき、かつそのときにかぎり、その作品をオートグラフィック autographic であると呼ぶ。より適切に言えば、ある芸術作品がオートグラフィックであるのは、その作品のもっとも正確な複製であっても本物だと見なされないとき、またそのときにかぎる。[10] ある芸術作品がオートグラフィックであれば、その〔作品が属す〕芸術もまたオートグラフィックと呼んでよいだろう。[*7] そういうわけで、絵画はオートグラフィックであり、音楽は非オートグラフィックつまりアログラフィック allographic である。これらの用語は、純粋に利便性のためだけに導入されている。それゆえ、これらの芸術によって要求される——あるいはそれらにおいて達成されうる——表現が相対的に個人的なものであるかどうかに関しては、いかなる含意もない。さて、目下の問題は、オートグラフィックな芸術とそうでない芸術があるという事実に説明を与えることである。

絵画と音楽には一つの顕著なちがいがある。音楽の場合、最終的な制作物は演奏だが、作曲家の仕事は楽譜を書き上げた時点で終わりである。一方、画家は〔自分の手で〕絵を仕上げなければならない。もちろん、どちらの場合も試作や改訂はありうる。しかし、試作や改訂がどれだけなされるかにかかわらず、絵画はいま述べた意味で一段階 one-stage の芸術であり、音楽は二段階 two-stage の芸術である。ということは、ある芸術がオートグラフィックであるのは、それが一段階であるとき、かつそのときにかぎるということなのか。反例がすぐに思い浮かぶ。第一に、文学は一段階芸術だがオートグラフィックではない。トマス・グレイの『挽歌』の贋作などといったものはない。詩や小説のテキストの正確なコピーは、どれでもすべて等しくオリジナル作品である。しかしそれでも、書き手が作り上げたものが最終的な制作物である。文学のテキストは、楽譜が演奏の手段であるのと同じ意味でたんに朗読の手段であるわけではない。朗読されない詩は、歌われない歌ほどにみじめなものではない。大半の文学作品は、一切声に出されることなく読まれるものである。黙読を最終的な制作物——つまり作品の事例——だと考えることで、文学を二段階芸術に含めようとする考えもあるかもしれない。しかし、仮にそうだとすると、絵を見ることや演奏を聴くこともまた同様に作品の最終的な制作物または事例であることになり、結果として絵画と文学は二段階芸術であり音楽は三段階芸術であるということになってしまう。第二に、版画は二段階芸術だがオートグラフィックである。たとえばエッチングの場合、銅版画家がまず版を作り、その後その版から紙の上に刷りが写しとられる。そうやってできた複数の印刷物が最終的な制作物である。[*9] そして、それらの印刷物は互いに明白に異なることがあるにせよ、すべて当のオリジナル作品の事例である。とはいえ、いかに正確なコピーであっても、それがこの版から刷られたものではなく何か別の方法で作られたものであるかぎりは、それはオリジナルではなく、その模造品または贋作と見なされる。

われわれの成果は、いまのところ消極的なものでしかない。つまり、すべての一段階芸術がオートグラフィックであるわけではなく、また、すべてのオートグラフィックな芸術が一段階であるわけでもないというだけである。さらに、版画は、〈あらゆるオートグラフィックな芸術において、個々の作品は唯一の対象としてのみ存在する〉という軽率な思い込みをくつがえす実例である。つまり、オートグラフィックな芸術とアログラフィックな芸術の境界線は、単一的芸術 singular art と複数的芸術 multiple art の境界線とは一致しない。いまのところ積極的な結論として言えるのは、おおよそ次のことだけだろう。オートグラフィックな芸術は、その最初の〔制作物の〕段階では単一的なものである。たとえば、エッチングはその最初の段階では単一的芸術であり——版になる銅板は一つだけである——、絵画はその一つしかない段階において単一的芸術である。とはいえ、この結論はほとんど役に立たない。というのも、ある種の芸術が単一的であるのはなぜかを説明するという課題は、ある種の芸術がオートグラフィックであるのはなぜかを説明するという課題とほぼ同じだからである。

4　理由

なぜわれわれは、レンブラントのオリジナル絵画やオリジナル銅版画《盲目のトビト》を作れないのと同じように、ハイドンの交響曲の贋作やグレイの詩の贋作を作れないのだろうか。ある特定の文学作品について、多様な手書きのコピーや多数の版《エディション》があるとしよう。書体や字体の様式やサイズ、インクの色、紙の種類、ページの数やレイアウト、状態といった点でのそれらのちがいはここでは重要ではない。重要なのは、綴りの同一性とでも呼べるもの——つまり文字、スペース、句読点の並びが正確に一致していること——だけである。ある正確なコピーに一致している文字の並びは、それがたとえ作者の自筆原稿の贋作や特定の版の贋作であっても、それ自体で正確である。オリジナル作品とは、そうした正確なコピー以上の何かではない。反対に、その作品のオリジナルでないものはすべて、そうした明示的な正確さの基準を満たしていないはずである。そういうわけで、その作品については、いかなる欺瞞的な模造品も贋作もありえない。当の作品の事例を見分けたり新しい事例を作り出したりするのに必要なのは、綴りを確かめたり正しく綴ったりすることだけである。文学作品は、明確な記譜法に則って書かれ、互いに連結可能な一定の記号群または符号群からなるものである[*10]。この事実によって、実質的に、当の作品にとって本質的な性質とまったく偶有的な性質を区別する手段[*11]——つまり、〔当の作品にとって〕必要な諸特徴と、そのそれぞれの特徴における許容可能な変化の限界を確定する手段——が得られる。目の前にあるコピーが正確に綴られているかどうかを見定めるだけで、そのコピーが当の作品の要件をすべて満たしているかどうかを見定めることができるのである。一方、絵画の場合は、そうした符号のアルファベット[*12]がない。それゆえ、絵画的性質——絵が絵として持つ性質——はどれも本質的な性質かそうでないかを区別できない。そうした特徴はどれも偶有的な性質として却下することはできないし、どんな〔標準からの〕逸脱も重要でないものとして片づけることはできない。そういうわけで、目の前にあるこの《ルクレティア》が本物であることを確かめる唯一の方法は、それがレンブラントによって実際に制作された対象であるという歴史的な事実を確証することである。結果として、当の芸術家の手になる制作物としての物理的な同一性と、その帰結として出てくる個々の作品の贋作という概念が、絵画における一つの重要さ——文学にはないもの——を担うことになる[11]。

文学のテキストについて述べてきたが、同じことは明らかに音楽の楽譜にも当てはまる。たしかに、楽譜のアルファベットはテキストのそれとは異なる。また、楽譜上の符号は、テキスト上の符号のように一列で順々に並べられるのではなく、より複雑な配置で並べられる。とはいえ、楽譜の符号とそれが置かれる場所には限られた数の組み合わせしかない。それゆえ、楽譜の場合も、若干広い意味においてではあるが、ある作品の本当の事例であるための要件は綴りの正しさだけである。偽のコピーはどれもまちがったかたちで綴られている。つまり、偽のコピーには、正しい符号があるべきところに、別の符号かあるいは判読不可能なしるし——当の記譜法の符号ではないもの——のいずれかが置かれている箇所がある。

一方、音楽の演奏についてはどうか。音楽は、この第二の段階においてもオートグラフィックではない。にもかかわらず、演奏はアルファベットからとられた符号からなるものでもない。むしろ、ある交響曲の演奏であるために必要な本質的性質は、当の楽譜において指定されている prescribed 性質である。

そして、その楽譜に準拠した諸々の演奏は、テンポや音色やフレージングや表現力といった音楽的な特徴の点で互いに明白に異なりうる。実際、ある演奏が特定の楽譜に準拠しているかどうかを確かめるには、アルファベットについての知識以上のものが必要になる。そこで要求されるのは、楽譜上の視覚的記号と適切な音を結びつける能力――いわば、必ずしもどう発音されたかを理解する必要はないものの、正しい発音がどれかを見分ける能力――である。楽譜によって指定された音を同定したり作り出したりするのに必要な能力は、楽曲が複雑になるにつれて高度になっていく。とはいえ、その場合でも、演奏が楽譜に準拠しているかどうかを判定するためのテストはたしかにある。そして、ある演奏は、その演奏解釈上の忠実さやそれ独自の長所がどうであれ、このテストを通過するかどうかによって、特定の作品の本質的性質をすべて持っているかどうか、つまり厳密にその作品の演奏なのかどうかが言える。当の演奏の制作に関するいかなる歴史的な情報も、このテストの結果に影響を与えることはない。したがって、制作の事実に関する欺瞞は「それが本物の演奏であるかどうかにとって」無関係であり、ある演奏がその作品の贋作であるといった考えはまったく無意味である。

しかし、自筆譜や版の贋作がありうるのと同じように、演奏の贋作はありうる。ある演奏を特定の作品の事例にするものは、ある演奏を初演にするものではないし、ある演奏を〈特定の演奏家による演奏〉や〈ストラディヴァリウスのヴァイオリンでの演奏〉にするものでもない。演奏がこれらの性質を持つかどうかは、歴史的事実の問題である。そして、なんらかのそのような性質を持つと詐称された演奏は贋作である。それは、楽曲の贋作ではなく、特定の演奏または演奏クラスの贋作なのである。

版画と音楽の比較はとりわけ効果的だろう。すでに述べたように、たとえばエッチングは、二段階芸術であり、かつその第二段階において複数的であるという点で音楽と同じである。しかし、音楽がいずれの段階においてもオートグラフィックでないのに対して、版画は両方の段階においてオートグラフィックである。ここで、食刻処理を施された銅板に関する事情は、絵画作品に関する事情と明らかに同じである。つまり、それが当の芸術家によって実際に作られた対象として同定されたときにはじめて、その真正性が保証できるのである。一方、この版から刷られた複数の印刷物は、インクの色と量、刷りの品質、紙の種類などの点で互いにどれだけ異なっていたとしても、すべて等しく当の作品の本物の事例である。それゆえ、版画の印刷物と音楽の演奏の間に完全な対応関係を期待する人もいるかもしれない。しかし、《盲目のトビト》の贋作である印刷物はありうるが、《ロンドン交響曲》の贋作である演奏はありえない。このちがいは次の点にある。〔版画では、〕記譜法がないおかげで、版の綴りが正確かどうかを判定するテストがないだけでなく、印刷物が版に準拠しているかどうかを判定するテストもない。印刷物と版の比較は、二枚の版同士の比較と同じく、二枚の絵の比較以上に確実なことが言えるものではない。そこでは、微細なちがいが見過ごされる可能性がつねにある。さらに、そうした微細なちがいのどれかを〔当の作品にとって〕本質的ではないとして無視する根拠もない。ある印刷物が本物かどうかを確かめる唯一の方法は、それが特定の版から刷られたものであるかどうかを調べることである。[12] そういうわけで、特定の版から刷られたと詐称された印刷物は、まぎれもなく当の作品の贋作である。

先の場合と同様に、ここでも真正性と美的価値を混同しないように注意しなければならない。すでに見たように、オリジナルと贋作の区別が美的に重要であるからといって、オリジナルが贋作よりも優れているということにはならない。オリジナルの絵画がそれに触発されたコピーよりも評価に値しない場合はありうる。オリジナルが損傷を受けることで、それまで持っていた長所をほとんど失うこともある。初期の刷りを写真で撮った高品質の複製よりも、ひどくすり減った版による刷りのほうがはるかにその初期の刷りから美的にかけ離れていることもあるだろう。同様に、ある四重奏曲の演奏が、不正確であるにもかかわらず、それゆえまた厳密には当の楽曲の事例ではないにもかかわらず、その変更によって作曲家の書いたものがより良くなっているとか感受性の鋭い演奏解釈であるとかいう理由で、正確な演奏よりも優れていることがありうる。[13] さらに言えば、おおよそ同等の長所を持った複数の正確な演奏が、具体的な美的質——力強さ、繊細さ、緊張感、重苦しさ、まとまりのなさなど——の点でかなり多様であることもある。それゆえ、作品の本質的性質が記譜法によって明確に識別されている場合でも、それは美的性質と同一視できない。

他の諸芸術にも触れておこう。彫刻はオートグラフィックである。鋳造彫刻は版画に、彫像彫刻は絵画にそれぞれ相当する。一方、建築と演劇は音楽により近い。設計図と仕様書に従った建物や、ト書きに従った戯曲のテキストの上演は、そのそれぞれが等しく当の作品のオリジナルの事例になる。とはいえ、建築は以下の点で音楽とは異なるように思われる。ある建物が仕様書に準拠しているかどうかを確かめるテストは、その仕様書が〔実際に〕発音されたりなんらかの音に変換されたりしているかどうかを判定するわけではない。むしろそれが判定するのは、仕様書の適用が理解されているかどうかである。同じことは戯曲のト書き——せりふに対比されるものとしての——についても言える。このちがいは、建築と演劇がアログラフィックな芸術としては〔音楽に比べて〕より純粋ではないということなのだろうか。また、建築家の設計図は画家のスケッチにかなり似ているように思えるが、絵画はオートグラフィックな芸術である。だとすれば、われわれは何を根拠に、建築には正真正銘の記譜法があり、絵画にはないと言えるのか。こうした問いに答えるには、相当骨の折れる分析をやり遂げる必要があるだろう。

ある芸術がアログラフィックかどうかは、端的にそれが記譜法に従うものかどうかであるように思われる。この観点からすると、ダンスはとりわけ興味深い例になる。ダンスには伝統的な記譜法はない。また、ダンスについて十全な記譜法を開発する方法や、そもそもそれが可能なのかどうかということは、いまだに論争の的である。記譜法を探求することは、ダンスについては合理的であり、絵画についてはそうではないのだろうか。あるいは、より一般的に言えば、なぜ記譜法の使用はある種の芸術では適切であり、その他の芸術ではそうではないのか。ごく簡潔かつ雑に答えれば、おおよそ以下のようになるだろう。おそらく、すべての芸術はもともとはオートグラフィックである。歌や朗読のように作品が一時的なものである場合か、あるいは建築や合奏音楽のように作品の制作に大人数を必要とする場合に、時間や個人という限界を超えるために記譜法が考案されるのだろう。これには、作品の本質的性質と偶有的性質の区別を確立することが必ず伴う（また文学の場合は、テキストが口誦にかわって第一の美的対象になるということも起きている）。もちろん、当の記譜法はこの区別を恣意的に定めるわけではない。ふつう記譜法は、すでにある線引きに――それに修正を加えることはありうるにせよ――従わなければならない。この線は、どの上演がどの作品に属すかについての非公式の分類と、何が決まっていて何が自由になるのかに関する実践的な決定によって、あらかじめ引かれているものだ。記譜法が受け入れられるかどうかは、先行する慣例のあり方に――すなわち、その慣例が、当の芸術の諸作品が一般に一時的なものであるかまたは一人では作れないものであるときにかぎり発展するものであるかどうかに

――依存する。演劇や合奏音楽や合唱音楽と同様にダンスはこの両方の点で記譜法に適格だが、絵画はどちらの点でもそうではない。

真正性について第二の問題はいくらかとらえどころのないものだったが、それに対する一般的な答えは以下のように手短に要約できる。ある芸術作品の贋作とは、その作品の唯一の（または一つの）オリジナルであるために必要な制作の歴史を持つと詐称される対象である。ある対象が当の作品の本質的性質をすべて持っているかどうかを、その対象がどのようにまたは誰によって作られたかを判定することなしに理論的に確定できるテストがある場合、制作の歴史は必要ない。したがって、そのような場合は作品の贋作は存在しない。こうしたテストは、適切な記譜的システム――諸々の符号とそれらの相対位置からなる明確な集合を持つもの――によって可能になる。テキストや楽譜については、そしておそらく設計図もそうだが、それが当の記譜法において正確に綴られているかどうかがテストされる。建物や演奏については、正確に綴られているものにそれが準拠しているかどうかがテストされる。記譜法の権威は、どの対象や出来事が作品であるかを分ける先行の分類によるものでなければならない。この分類は、〔記譜法の確立以前にすでに、〕制作の歴史による分類と食いちがっているか、またはそれと食いちがうかたちでの適法な投射を認めるものである。とはいえ、制作の歴史から完全に自由なかたちで作品を確定的に同定することは、なんらかの記譜法が確立されてはじめて可能になる。アログラフィックな芸術は〔制作の歴史からの〕解放を宣言によってではなく、記譜法によって勝ちとったのである。[*13]

5　課題

この章で論じてきた真正性についての二つの問題は、美学の問題としてはかなり特殊で周縁的なものだ。それに対する答えは、なんらかの美学理論になるどころか、その端緒にすらなっていない。とはいえ、その問いに答えそこねることは、場合によっては美学理論の終わりである。また、こうした問いの探究は、記号の一般理論におけるより基本的な問題や原理への道を示すものである。

ここで触れた多くの問題については、より入念な研究が必要である。これまで私は、準拠関係と綴りの同一性関係を定義するというより漠然と記述してきた。また、記譜法や記譜的な言語を、他の種類の言語や非言語から区別する特徴も検討していない。さらに、楽譜や脚本やスケッチの間にある微妙なちがいについても論じていない。ここで求められているのは、諸芸術における記譜法の本性と機能についての根本的かつ徹底的な探究である。以下の二つの章では、この課題に取り組むことにしよう。

原註

＊ *New York Times Book Review*, July 30, 1961, p. 14.

（1）そして議論のためだけの、つまり、中心的な問題を曖昧にしないためだけの仮定である。以降のただ見るだけについての言及はすべて、あくまでこの一時的な譲歩の範囲内で言えることとして理解すべきである。また、その概念を持ち出しているからといって、私自身がその概念を受け入れているわけではない。

（2）英語を学んでいるドイツ人は、繰り返し努力したり注意を集中することなしには、しばしば「cup」と「cop」の母音のちがいをまったく聞きとることができない。また、ある言語の母語話者が、自身の基本語彙では拾えない色などのちがいを見分けるために、同様の努力を必要とする場合もある。言語が実際の感覚的な識別に影響するかどうかについては、心理学者や人類学者や言語学者の間で長いこと議論されてきた。実験と論争のサーベイについては以下を参照。Segall, Campbell, and Herskovits, *The Influence of Culture on Visual Perception*, Indianapolis and New York, The Bobbs-Merrill Co., Inc., 1966, pp. 34–48. この問題を解決するには、「感覚的 sensory」「知覚的 perceptual」「認知的 cognitive」といった用語を相当明確に使うとともに、ある人が特定の時点においてできることとその人ができるようになりうることをより慎重に区別する必要があるだろう。

（3）もちろん、ここでは〈二枚の絵を見る私の現在の経験にこのようなかたちで関与する両者のちがいが、それらの美的なちがいを構成する〉と言うことで〈それらに対する私の経験を異なるものにしうるものすべて（たとえば酒酔いや雪眼炎や黄昏）が、それらの美的なちがいを構成する〉と言っているわけではない。それらの絵がその都度たまたまどのように見えるかという点での（またはそこから生じる）ちがいがすべて〔両者の美的なちがいにとって〕重要であるわけではない。重要なのは、それらがどのように見られるべきかという点での（またはそこから生じる）ちがいだけである。美的なものに関しては、この節の後半および六章3から6でさらに論じる。

（4）〔ファン・メーヘレンについての〕十分な図入りの詳細な説明は以下を参照。P. B. Coremans, *Van Meegeren's Faked Vermeers and De Hooghs*, trans. A. Hardy and C. Hutt, Amsterdam, J. M. Meulenhoff, 1949. 話の概要は以下にある。Sepp Schüller, *Forgers, Dealers, Experts*, trans. J. Cleugh, New York, G. P. Putnam's Sons, 1960, pp. 95–105.〔『フェイクビジネス――贋作者・商人・専門家』関楠生訳、小学館文庫、一九九八年〕

（5）一個の光子が網膜の受容体を刺激できることを考えれば、これはとくに不思議なことではない。以下を参照。M. H. Pirenne and F. H. C. Marriott, "The Quantum Theory of Light and the Psycho-Physiology of Vision", in *Psychology*, ed. S. Koch, New York and London, McGraw-Hill Co., Inc., 1959, vol. I, p. 290; Theodore C. Ruch, "Vision", in *Medical Psychology and Biophysics*, Philadelphia, W. B. Saunders Co., 1960, p. 420.

（6）こうした贋作の制作時期が既知のフェルメール作品がまったくない時期だとされていたおかげで、詐欺の発覚がより困難になった側面はあった。とはいえ、そのことは〔専門家たちが欺かれたという〕事実を実質的に変えるものではない。いく人かの美術史家は、自分たちの専門性を弁護するために、鋭い批評家は最初から贋作の可能性を疑っていたと主張している。しかし、実際のところは、名の通ったその道の権威の中にも完全に欺かれていた人はいるし、ファン・メーヘレンの自白ののちもしばらくはそれを信じない人すらいた。より最近の身近な例もある。メトロポリタン美術館に展示されていた有名なブロンズの馬がある。この像は古典期のギリシア彫刻の傑作として長らく称賛されてきたものだが、近年の贋作であることが明らかになった。〔この例では、〕美術館のある職員がそれ以前には自身を含め誰も見たことがなかった継ぎ目に気づき、その結果科学的なテストが実施された。専門家が美的な根拠にもとづいてあらかじめ疑惑を表明するということは一切なかった。

（7）この問題については、六章であらためて論じることになる。

（8）イマヌエル・ティングルとジョゼフ・イマージョンに帰される（一八〇〇年ごろ）〔訳註5を参照〕。

（9）もちろん演奏の贋作はありうるだろう。たとえば、特定の音楽の演奏であると詐称された演奏などがそうだ。しかし、こうした演奏は、たとえ別の演奏の贋作ではあっても、楽譜と一致しているかぎりで当の作品の本物の事例である。そして、ここでの私の関心は、作品の贋作がありうるかどうかにもとづいて諸芸術を区別することであって、作品の事例の贋作がありうるかどうかにもとづいて諸芸術を区別することではない。文学作品の版《エディション》の贋作と音楽の演奏の贋作については、本章4の議論をさらに参照。

（10）これは、より厳密な定式化を追求すべき区別についての予備的なヴァージョンとして考えるべきものである。同様に、本章の以下の議論の多くは、諸々の問題への予備的導入という性格を持っている。それらの問題については、後続の章でより詳細かつ十分に探究する必要がある。

（11）そのような同一性は、その対象がもともと持っていた絵画的性質をいまも持つことを保証するものではない。むしろ、〔当の作品であるために〕必要な性質がいまもあることを確かめる手段をわれわれが持っている場合にかぎり、物理的ないし歴史的な同定に頼らずに済むのである。

(12) ある印刷物がオリジナルであるには、それは特定の版から刷られる必要があるが、必ずしも当の版画家によって刷られる必要はない。さらに、木版画の場合は、芸術家はたんに版木の上に絵を描くだけで、彫りは誰か別の人に任せることもある。たとえば、ホルバインの版木はリュッツェルベルガーによって彫られるのがふつうだった。オートグラフィックな芸術における真正性は、当の対象が〔その作品であるために〕必要な――場合によっては相当複雑な――制作の歴史を持っているかどうかにつねに依存する。とはいえ、その歴史には、当のオリジナルの芸術家によって最終的に仕上げられるということがつねに含まれているわけではない。

(13) もちろん私は、ここで言う「正確な(正確に綴られた)演奏」が、他の数あるふつうの意味において「正確である」と言っているわけではない。とはいえ、作曲家や音楽家は、音符を少しまちがえただけの演奏が作品の事例として認められなければ怒って抗議するだろう。もちろん、彼らには自分たちなりの〔「正確である」の〕日常的用法がある。しかし、日常的用法は、ここでは理論を災難に導くものだろう(第五章2を参照)。

訳註

＊1 「forgery」と「fake」はともに「贋作」と訳す。グッドマンはとくに両者を区別して使っていない。とはいえ、一般に「贋作」と呼ばれるものには多様な種類があることを念頭に置いておくべきだろう。たとえば、既存の絵画作品をそっくり真似た作品を作る場合と、ある絵を巨匠の未発見作品として偽って提示する場合とでは、性格がかなり異なる。このあとの二枚の絵の仮想例は前者であり、ファン・メーヘレンの例は後者である。

＊2 ハン・ファン・メーヘレンは、フェルメールの贋作者として有名な二十世紀前半のオランダの画家。ファン・メーヘレンは、自分が制作した作品を未発見のフェルメールの真作と偽って売却した。その贋作は精巧で、センセーショナルなかたちで暴露されるまで鑑定士や画商の目を欺き続けた。

＊3 以下、煩雑な訳文を避けるために名詞の「looking」を「見え」と訳すが、より正確には「見ること」である。

＊4 ピーテル・ラストマンは十七世紀前半のオランダの画家。レンブラントの師匠として知られる。

＊5 「tingle」は体がぞくぞくするような興奮のこと。「immersion」は没頭のこと。それゆえ、これは「ゾクゾク＝ドップリ説」とでも訳すべきものである。原註8も含めてグッドマンの悪ふざけであり、このような名前の論者は存在しない。とはいえ、「イマヌエル・ティングル」は明らかにイマヌエル・カントを想定したものであり、「ジョゼフ・イマージョン」はおそらくジョゼフ・アディソンから名前を引いたものだろう。

＊6 ここでは価値含みの「真正性」が想定されていると思われる。たとえば、一つの楽曲の数ある演奏の中で「これぞこの曲のホンモノ《オーセンティック》の演奏である」と言うことでその演奏を評価するような場合である。この意味での「真正性」は、ここで論じられている真正性――たんに本物の事例であるということ――とは異なる。

＊7 第一章訳註2で述べたように、ここでの「芸術 art」は芸術形式の意。音楽作品や絵画作品ではなく音楽や絵画という形式そのものを指している。

＊8 「text」には、ある作品における文字の並び以上の意味はない。また文学以外の芸術形式（たとえば音楽や絵画）について「text」が使われることはない。

＊9 版画に関する「plate」（銅版画における銅板や木版画における版木）は基本的に「版」と訳す。「print」は「印刷物」と訳す。なお、「edition」を「版」と訳す場合はルビを振ってある。

＊10 「notation」は基本的に「記譜法」と訳す（第四章訳註1も参照）。一般に「notation」は、楽譜や舞踊譜の表記法だけでなく、アルファベット表記法や記数法などの表記法を広く指す用語として使われるが、グッドマンはこの語を独特のテクニカルな用語として採用する。詳細な定義は第四章を参照。

＊11 「constitutive」「contingent」をそれぞれ「本質的」「偶有的」と訳す。この区別は、ある作品が持つある性質について、それが当の作品の同一性に関わるものであるかそうでないかという区別である。

＊12 ここでの「alphabet」は、ラテン文字のアルファベットのことではなく、より一般的に、ある記号システムに用意されている一定の決められた基本符号（たとえば文字）の集合を指す。

＊13 「宣言 proclamation ではなく記譜法 notation によって解放 emancipation を勝ちとった」という言い回しは、奴隷解放宣言 Emancipation Proclamation にかけたもの。

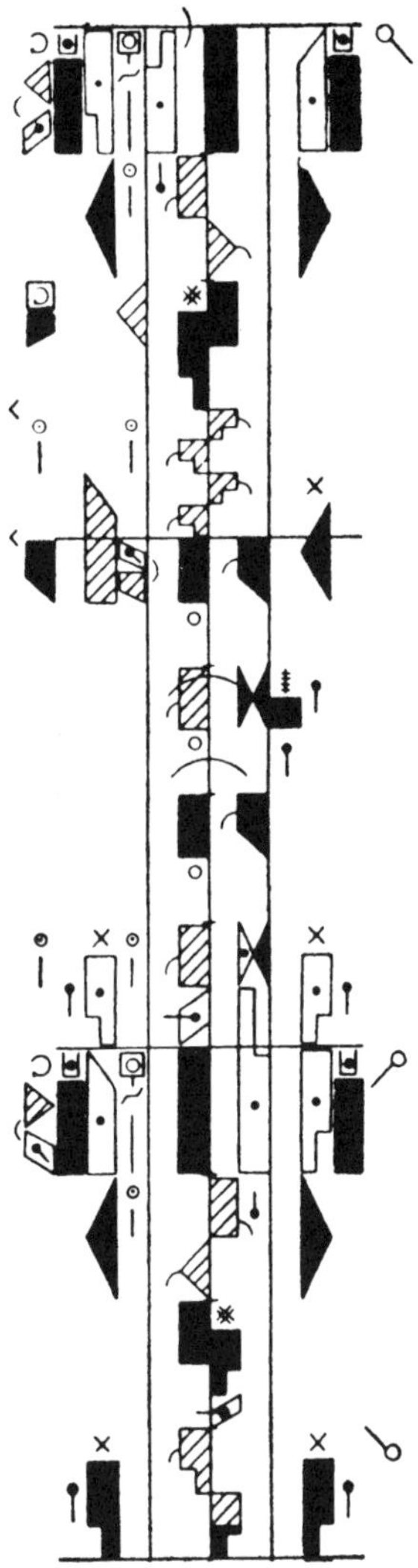

ラバン式記譜法のサンプル。

ニューヨークのダンス・ノーテーション・ビューローに許可を得て転載。

第四章　記譜法の理論

……世界全体を好き勝手にできればそれで十分ということはない――。制約が見いだされないうちは、まさに無限の可能性があるおかげで、可能性はないも同然なのである。

ロジャー・セッションズ*

1　記譜法の主機能

諸芸術における記譜法 notation[*1] に関しては、いくつかの問いがある。これらはたんに人をいら立たせる問題として片づけられることが多いものの、実際には言語と知識の理論に深く関わるものである。ダンスの記譜法はまともに成り立つのか。絵画の記譜法はなぜ成り立たないのか。こうした何気ない考えを進めていくと、たいていさらなる問題にぶつかることになる。楽譜の本質的な機能とはなんなのか。楽譜を、一方ではドローイングやスケッチと区別し、もう一方では言語的記述や脚本と区別するものはいったいなんなのか。一般に、楽譜はたんなる道具だと考えられている。楽譜は、彫刻家のハンマーや画家のイーゼルと同じように、最終的にできあがる作品に内在するものではない。演奏が終われば楽譜は必要なくなる。音楽を作曲したり習得したり演奏することは、楽譜がなくても「耳で」可能だし、さらにいかなる記譜法も読んだり書いたりできない人でも可能である――というわけである。しかし、だから記譜法は制作のための実践的な補助以上のものではないと考えてしまうと、記譜法が持つ根本的な理論的役割を見逃すことになる。

演奏の手引きとしていままで使われたかどうかにかかわらず、どの楽譜にも一つの主要な機能がある。複数の演奏を一つの作品として公式に同定するという機能である。もちろん、楽譜と記譜法は――楽譜めいたものや記譜法めいたものもだが――別のもっと興味深い機能を持つことも多い。たとえば、移調や理解や場合によっては作曲を容易にするという機能である。とはいえ、あらゆる楽譜は楽譜として、一つの作品を同定するという論理的に優先する職務を持っている。[1] 楽譜とそれを書くための記譜的システムに必要な理論的性質は、すべてこの職務から生じる。それゆえ、われわれが最初にすべきは、この主機能をより詳細に見ることだろう。

まず、一つの楽譜は一つの作品を定義するものでなければならない。つまりそれは、当の作品に属する演奏とそうでない演奏を区別するものでなければならない。これは、ある演奏が当の作品に属すかどうかを簡単に確定できるテストをその楽譜が提供しなければならないということではない。原子量一九七・二を持つ元素として金を定義したところで、金の硬貨と真鍮の硬貨を簡単に見分けるテストにはならない。その線引きは理論的に明白であればよい。楽譜に求められているのは、〈当の楽譜に準拠する演奏はすべて、かつそうした演奏だけが、当の作品の演奏になる〉ということである。

しかし、それですべてではない。日常的な言説や形式的な体系でなされる定義のほとんどは、楽譜の第一の義務が課すきわめて厳しい要求を満たすことができない。優れた定義は、どんな対象がそれに適合するかをつねに曖昧なところなく定めるものである。一方で、逆にその事例のそれぞれによって定義が一意に定まることはほとんどない。たとえば、私がある対象を指差して、それがどんな種類の対象であるかをあなたにたずねたとしよう。この場合、あなたは、当の対象が属すクラスを任意に選ぶことで、かなり多様な答えを返すことができる。それゆえ、ある対象から、それが適合する定義——あるいは述語や他の種類のラベル（たとえば「食卓」やそれと共外延的ななんらかの語）——へ、次に〔そのラベルが適用される〕別の対象（たとえばスチール製の食卓）へ、さらにこの第二の対象に適用される別のラベル（たとえば「スチール製の事物」）へ、そしてこの第二のラベルに適合する第三の対象（たとえば自動車）へ、というかたちで〔対象とラベルの間を〕かわるがわる（かつ正しく）進んでいったときに、ある対象から別の対象への移行が、その系列に含まれるどのラベルもそれらの対象の両方には適用されないという仕方で行なわれることがありうる。さらに、その系列に含まれる二つのラベルが外延の点で完全に異なる——つまり、それらのラベルの両方に適合する対象がない——こともありうる。

楽譜の場合には、こうした自由は許されない。楽譜と演奏は次のようなかたちで関係づけられていなければならない。すなわち、移行段階のそれぞれが、楽譜からそれに準拠した演奏への移行か、演奏からそれを書きとめた楽譜への移行か、ある楽譜の一つのコピーからその正確な別のコピーへの移行か、このいずれかになっているようなあらゆる連鎖において、そこに含まれるすべての演奏は同じ作品に属し、かつ、ある楽譜のすべてのコピーは同じ演奏クラスを定義する——このようなかたちで楽譜と演奏は関係づけられていなければならない。そうでないかぎり、複数の演奏を一つの作品として同定するという楽譜に要求される機能が保証されなくなってしまうだろう。つまり、ある演奏からそれと同じ作品に属さない別の演奏への移行や、ある楽譜からそれが定めるものとは異なる——場合によってはまったたく要素を共有しない——演奏クラスを定める別の楽譜への移行が可能になってしまうのである。楽譜は、当の作品に属する演奏クラスを一意に定めるものでなければならない。しかし、楽譜はまた、一つの演奏と記譜的システムが与えられたときに（当の作品を定義するコピーまたは事例のクラスとして）一意に定められるものでもなければならない。

この二重の要請は、実際にかなり強力なものである。その要請の動機や帰結と、その要請をさまざまな仕方で弱めることの結果については慎重に考える必要がある。ここではまず、楽譜とそれを書くための記譜的システムは、こうした基本的な要求を満たすためにどんな性質を持つ必要があるのかを考えることにしよう。この問いを探究するには、言語の本性、言語と非言語的な記号システムのちがい、および記譜的システムを他の言語から区別する特徴についての考察がいくらか必要になるだろう。結果として、この探究は相当わずらわしいテクニカルな詳細に踏み込むことになるが、それはまた、いくつかの身近な問題に新たな光をあてることにもなる。(2)

2　統語論的要件

記譜的システムの記号図式 symbol scheme はすべて記譜的である。しかし、記譜的図式を持った記号システムのすべてが記譜的システムであるわけではない。*2 記譜的システムをそれ以外の記号システムから区別しているのは、記譜的図式とその適用対象の関係が持つなんらかの特徴である。一般に「記譜法」という語は、「記譜的図式」の省略か「記譜的システム」の省略かをとくに気にせずに使われる。以下では、簡潔さのために、文脈が混同を排除するかぎりで、この便利な両義性をたびたび利用することになる。

まず、記譜的図式は何から構成されるのか。あらゆる記号図式は、諸々の符号 character からなる。ふつうそこには、それらの符号を組み合わせて別の符号を作る方式も伴う。符号は、発話 utterance や印字 inscription やしるし mark からなる特定のクラスである（私は、「印字」を発話を含む語として、「しるし」を印字を含む語として使う。なんらかの符号に属するしるし――視覚的であれ聴覚的であれその他の種類であれ――は、すべて印字である）[*3]。さて、記譜法における符号の本質的特徴は、その符号に属するメンバー〔印字〕同士を、統語論的な影響を一切与えることなしに、互いに自由に交換できるという点にある。より文字通りに言えば（というのも、しるしはふつう実際に動かされたり交換されたりするわけではないので）、一つの特定の符号に属するすべての印字は統語論的に同値でなければならない。言い換えれば、複数のしるしがある記譜法における一つの符号の印字であることは、それらが互いの「真なるコピー」つまりレプリカ[(3)]であることの――あるいはそれらが同じ綴りを持つものであることの――十分条件である。また、〔記譜法では〕ある印字 x の真なるコピーの真なるコピーの……真なるコピーは、つねに x の真なるコピーでなければならない。というのも、もし〈真なるコピーである〉という関係がこのように推移的でないなら、記譜法の基本的な目的が果たされないからである。真なるコピーの任意の連鎖において同一性が維持されるのでなければ、記譜法に要求される個々の符号間の区別が――それゆえまた楽譜間の区別が――失われるだろう。

したがって、記譜法の必要条件の一つは、同じ符号に属する諸々の印字間での符号均等性 character-indifference である。二つのしるしは、おのおのが一つの印字であり（つまりなんらかの符号に属し）、かつ、いずれももう一方が属してない符号に属していない場合に、符号均等である。符号均等性は典型的な同値関係であり、反射性、対称性、推移性を持つ。記譜法における一つの符号は、互いに符号均等な印字からなる最大のクラスである。つまり、記譜法における符号は、〈それに属する任意の二つのしるしが符号均等であり、かつ、そのクラスのすべてのメンバーに対して符号均等なしるしが当のクラスの外部にはない〉という条件を満たすしるしのクラスである。短く言えば、記譜法の符号は、印字間の符号均等性の抽象クラスである[4]。結果として、〔記譜法では〕いかなるしるしも二つ以上の符号に属することはない。

符号がこのように互いに素 disjoint[*4] でなければならないということは、とくに重要でも意外でもないように思えるかもしれない。しかし、これは記譜法にとって決定的に本質的な特徴の一つであり、私の考えでは記譜法にきわめて顕著な特徴である。それが本質的であるのは、すでに説明した理由による。たとえば、仮にある特定のしるし（図3）が〔ラテン文字の〕アルファベットの一番目と四番目の両方に属すとしよう。この場合、以下のいずれかの帰結になる。一つは、すべての「a」とすべての「d」がこのしるしと同値になり、それゆえまた〔「a」と「d」も〕互いに同値になり、結果としてこの二つの文字クラスは一つの符号になってしまうという帰結である。もう一つは、〔異なるしるしが〕ともに一つの文字クラスに属することが〔それらが〕統語論的に同値であることを保証しなくなり、結果として同じ文字の複数の事例が互いの真なるコピーでない可

図3

能性が出てきてしまうという帰結である。いずれの場合でも、そのような文字は記譜法の符号としては認められないだろう。

符号が互いに素であることは、いくらか驚くべきことでもある。というのも、世の中にあるのは、明確に分離されたクラスのうちにきれいに分類された印字の集まりというよりも、きわめて多様な仕方と度合いで互いに異なるしるしの雑多な寄せ集めだからである。そうしたものに仕切りを押しつけて互いに素の集合に分割することは、たとえ必要だとしても身勝手な暴挙に見える。また、符号をどのように取り決めたとしても、多くのしるしは、ほとんど不可避に、それが特定の符号に属すか否かを確定するのが困難であるか、場合によっては実質的に不可能なものだろう。取り決められた符号間のちがいが繊細で厳密であるほど、特定のしるしがどの符号に属すのかを確定するのがより難しくなる（たとえば、符号が、百万分の一インチの長さごとに互いに区別される線分のしるしのクラスであるような場合を想定しよう）。また、符号の間にどちらでもない領域が幅広くある場合は、どの符号にも属さないしるしの中に、いずれかの符号のいずれかの事例との区別がきわめて難しいものが出てくることになる（たとえば、符号が、一から二インチの長さの線分のしるしのクラス、五から六インチの長さの線分のしるしのクラス……である場合を想定しよう）。こうした境界付近の浸潤を防ぐことはできない。また、あるしるしが特定の符号に属すかどうかを確定する際の誤りは、用心すれば確実に避けられるようなものではない。とはいえ、これは記譜法に特有の問題ではない。それは経験が一般に持つ不可避の事実である。また、この問題のおかげで、互いに素のクラスからなるシステムを確立することが不可能になるわけでもない。たんに、いま挙げたようなクラスに属するいくつかのしるしの帰属先を〔実践上で〕確定することが難しくなるというだけのことである。

当然ながら、記譜法を設計する人は誰であれ、まちがいの可能性をできるだけ小さくしようとするだろう。とはいえ、これは技術上の問題であって、互いに素でなければならないという理論上の要件とは明確に異なる。正真正銘の記譜法を〔それ以外の記号図式から〕区別するものは、正しい確定がどれだけ簡単にできるかということではなく、正しい確定の帰結がどのようなものかということである。ここで決定的に重要なのは、正真正銘の記譜法――互いに素でない分類と対比されたものとしての――においては、〈一つのクラスにともに属するメンバーであると正しく確定された複数のしるしは、つねに互いの真なるコピーになる〉ということである。この点での〔記譜法とそれ以外の記号図式の〕区別は、なんらかの互いに素でない記号図式のもとでの正しい確定が比較的簡単である一方で、なんらかの正真正銘の記譜法のもとでの正しい確定が――それが実用に耐えないほど――けた外れに難しい場合であっても成り立つ。

しかし、この確定の難しさが実践上の障害であることを超えて原理上の不可能性になる場合には、もはやたんなる技術的な問題として片づけることはできなくなる。符号間の差別化が有限であるかぎりは、それがいかに細かいものであっても、しるしが符号に属すかどうかの確定はわれわれの知覚の鋭さやわれわれが使える道具の繊細さに依存するだろう。一方、符号間の差別化が有限でない場合――つまり、二つの符号があり、かつ、あるしるしがそれら二つの符号の両方には属さないことを確定できるようなテストが理論上有効なものとしてすらありえない場合――、それらの符号同士を分離させておくことは実践的に不可能であるだけでなく理論的にも不可能である。たとえば、次のような場合を考えよう。符号になるのは線分のしるしだけである。そして、それらのしるしが、どれだけわずかであれ何分の一インチか長さがちがえば、異なる符号に属すことが取り決められている。この場合、一つのしるしについて、それが属しうる二つの（実際には無数に多くの）符号が異なる有理数ごとにつねにあることになる。結果として、あるしるしの長さをどれだけ厳密に測ったとしても、その測定によってそのしるしが二つの符号に属さないことを確定できない。記譜的図式では、〔符号の〕取りちがえを避けるために綴りの同一性が維持されなければならないが、それに加えて、取りちがえを避けることが少なくとも理論的に可能でなければならない。

したがって、記譜的図式の第二の要件は、符号が有限差別化されて finitely differentiated いなければならない——つまり分節化されて articulate いなければならない——ということである。定式化すれば、任意の二つの符号K、K′と、実際のところそれら二つの符号の両方には属さない任意のしるしmについて、mがKに属さないことか、またはmがK′に属さないことを確定することが理論的に可能であるということである。ここでの「理論的に可能」は、合理的な仕方であれば任意に解釈してかまわない。その解釈がどうであれ、（以下で挙げる例のような）論理的または数学的な意味での不可能性はすべて排除されるだろう。

符号の差別化が有限であることは、符号の数が有限であることを含意しないし、それによって含意されるわけでもない。一方では、たとえばアラビア数字による分数表記法のように[5]、有限差別化されているが無数の符号からなる図式がある。もう一方では、二つしかないにもかかわらず有限差別化されていない符号からなる図式がある。たとえば、一インチより長くないしるしはすべて片方の符号に属し、一インチより長いしるしはすべてもう片方の符号に属すといった記号図式がそうである。

　ある図式は、それが無数に多い符号からなり、かつ任意の二つの符号の間につねに第三の符号があるというかたちでそれらの符号が順序づけられているとき、統語論的に稠密 dense である。このような図式でもまだ空白部分が残ることがある。たとえば、符号が、1より小さい有理数の一つ一つと、2より小さくない有理数の一つ一つに対応するような場合である。この場合、たとえば1に対応する符号を導入すると、稠密性が壊れることになる。他の符号を正常な位置に挿入してもこのように稠密性が壊れることがないとき、図式は空白部分を持たない。このような図式を全体的に稠密と呼ぼう。以下では、「全体的に」は了解されたものとしてしばしば省略する。また、稠密性が差別化の欠如を含意しているというとき、当の〔符号間の〕順序づけは、次のようなものとして了解されている。すなわち、二つの符号の間にある任意の符号をそれら二つの符号のそれぞれから識別することは、それら二つの符号を互いに識別するよりも困難である。

　このような稠密な図式では、記譜的図式の第二の要件はあらゆる部分において満たされない。つまり、いかなるしるしについても、それが他の多くの符号ではなく特定の一つの符号に属すということを確定できないのである。しかし、先に見たように、稠密でないことは有限差別化されていることを保証しない。完全に非連続[6]な図式であっても、全体的に差別化されていないことがありうる。そして、当然ながら、完全または部分的に非連続な図式が局所的に差別化されていないこともありうる。第二の要件は、次のようなしるしが一つでもあれば満たされない。すなわち、二つの符号の両方には属していないとしても、少なくともいずれか一方の符号に属していないことを確定することが理論的に不可能であるよう

図4

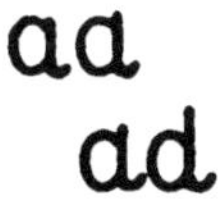

図5

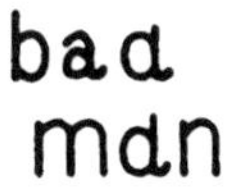

図6

なしるしである。とはいえ、われわれが差別化されていない図式として想定するのは、たいてい稠密——もっと言えば全体的に稠密——な図式である。

　互いに素であるという〔第一の〕統語論的要件と有限差別化されているという〔第二の〕統語論的要件は、明らかに互いに独立である。諸々の線分のしるしを、その長さのちがいがどれだけ小さくても符号のちがいと見なして分類する図式は、第一の要件は満たすが第二の要件は満たさない。一方、すべての印字は〔互いに〕はっきりと見分けがつくものの、ある二つの符号が少なくとも一つの印字を共通して持つような図式は、第二の要件は満たすが第一の要件は満たさない。*5

　以上のことは、しるし間の符号均等性——または統語論的な同値性、または互いに真なるコピーまたはレプリカであること——が〔しるしの〕形状・大きさ等々のなんらかの単純な関数であることを示すものではない。たとえば、われわれが使うアルファベットの文字クラスは、伝統と習慣によって確立しているものである。それらの文字クラスを定義することは、「机」や「食卓」といった日常語を定義するのと同程度に困難だろう。二つのしるしが同じ形状・大きさ等々を持つことは、明らかにそれらが同じ文字に属すことの必要条件でも十分条件でもない。ある「a」(図4左)が、別の「a」(図4中央)よりも「d」(図4右)や「o」に似ていることがある。さらに、同じ形状と大きさを持った二つのしるしが、文脈次第で別々の符号に属することもある(図5)。それどころか、個々に見た場合には「a」に近かったしるしが「d」と見なされる一方で、「d」に近かったしるしが「a」と見なされることすらある（図6）。

こうしたケースは、実際の問題を引き起こさない。というのも、二つの要件のいずれも、異なる符号に属する印字間になんらかの特定の種類のちがいがあることを要求するものではないからである。つまり、あるしるしがある符号に属すかどうかを確定するときに文脈を使うことは禁止されていないのである。しかし、一つのしるしが、異なる時点の異なる文脈に位置づけられた場合に別の文字として――つまり多義的に――読みとられるというケースはどうなのか。それが同時であるか異なる時点であるかにかかわらず、ある一つのしるしが二つの異なる符号に属す場合、それらの符号は互いに素ではなくなってしまう。それゆえ、アルファベットが記譜法の資格を持つべきであると考えるかぎり、その符号のメンバーとして――つまりアルファベットの文字の印字として――数えるべきものは、そのような時間的に持続するしるしではなく、そうしたしるしの明確なタイムスライスである。(7)

ある記号図式が、はっきり示された定義によってではなく、実際の使用において成り立っているとしよう。この場合、この記号図式が記譜法の要件を満たすかどうかは、実践の観察によって判断するほかない。当の実践についての同程度に優れた定式化の選択肢が複数ある場合には、一部の定式化のもとではその図式は要件を満たすが、その他の定式化のもとでは要件を満たさないということがありうる。とはいえ、第二の要件をアルファベットのような伝統的な図式に当てはめる場合、それはどのように解釈されるべきなのか。あるしるしが特定の文字に属すか否かを確定するための明示的な手続きがないことは、当の図式が有限差別化されていないことをほとんど意味しない。そのような場合、われわれは、

〔明示的な手続きのかわりに〕〈あるしるしがある文字以外のいかなる文字にも属さないことを確定できないかぎりは——あるいはそれをできるようになるまでは——そのしるしをその文字の印字として認定することはしない〉という方針を採用している。われわれは、実質的には、確定不可能なケースを除外することによって有限差別化を無理やり成立させているのである。また、この方針は、当の図式を適切に明記する際には必ず組み込まれるべきものである。もちろん、これはあらゆる図式に当てはまることではない。稠密な図式では、この方針を採用するとすべての印字が除去されてしまうだろう。とはいえ、すべてのしるしではなく一部のしるしに関してのみ個々の符号に属すかどうかの判別がつかない図式の場合は、この方針はごくふつうである。この方針は、判別のつかないしるしを除外するという明記によって成り立っているわけではないような——またはその明記を明示的に要求しないような——図式においては、つねに採用されているはずである。

互いに素と有限差別化という統語論的要件は、われわれになじみの記譜法——アルファベット表記法、記数法、二進法、電信表記法、基本的な音楽記譜法——に当てはまるし、それ以外のさまざまな記述可能な記譜法——そのいくつかは純粋に学術的な関心の対象である——にも幅広く当てはまる。その一方で、あとで見ることになるが、最近考案され記譜法と呼ばれている図式の中には、これらの最小要件を満たさないおかげで、記譜法とはまったく見なせないものもある。二つの統語論的要件は、われわれがふだん記譜法と呼んでいるもののクラスを記述することを意図したものではない。むしろそれらは、楽譜が持つ基本的な理論的機能が働くために満たされなければならない条件である。結果として、この二つの要件は、さまざまな種類の記号図式の間に決定的に重要な区別を設けることを可能にする。とはいえ、この点はまたあとで論じることにしよう。

3　符号の合成

ほとんどの記号図式では、複数の印字を特定の仕方で結合して別の印字を作ることができる。印字が別の印字を一切含んでいなければ、その印字は原子的 atomic である。原子的でない印字は複合的 compound である。ある図式が新たに規定されたのではなくすでに存在しており、われわれはその図式を記述しなければならないとしよう。このとき、何を原子的印字ととるかや、印字の結合規則をどのように記述するかは、ある程度自由になる。図式のあり方が一目でわかるおかげで、その分析を十分満足に行なえることもある。たとえば、ふつうのアルファベット表記法の場合は、文字の印字（文字列を分離するための空白やスペースを含む）を原子的としてとり、それらの文字の連なりを――二文字の印字から談話全体にいたるまで幅広く――複合的としてとるのが最善であるのがすぐにわかる。それに対して、ふつうの音楽記譜法の場合は、図式を原子的印字と結合方式に分析することはもっと複雑な作業であり、すぐに示せるようなものではない。この場合にもっとも有効な処理は、原子的印字のカテゴリ分け（音符、音部記号、速度記号など）と、それらのカテゴリを参照したうえで印字を二次元上で結合させる規則とを見つけることである。次のような図式は中間のケースと言えるかもしれない。その唯一の結合方式が一つのカテゴリに属する原子的印字同士の線的な連結であるが、特定の連なり――たとえば、長すぎるものとか並びが不適切なものとか——は当の図式の印字としては排除されるというような図式である。たとえば、英語では任意の文字列が語になるわけではない。とはいえ、このように特定の結合を認めないことと、結合は認めるがそれにいかなる適用も与えないことを混同すべきではない。〔前者は統語論上の問題だが、〕後者は意味論上の問題である。これについては、このあとすぐに論じる。

ほとんどすべての実現可能な図式において、印字の総和は印字ではない。〔より大きい複合的印字を〕構成する印字は、結合を支配する規則によって規定された特定の関係を互いに持っていなければならない。それゆえ、たとえ連結が無制約に認められている場合でも、ばらばらの印字の和は一般に印字を構成しない。

一つの符号が原子的であるか複合的であるかは、その印字が原子的であるか複合的であるかによる。記譜法の要件は、原子的符号だけでなく複合的符号にも当てはまる。「jup」という〔複合的〕符号と「j」という〔原子的〕符号は、一方が他方を含んではいるが、互いに素でなければならない。この〔包含関係にあるにもかかわらず互いに素であるという〕パラドックスは表面的なものにすぎない。任意の符号のいかなる印字も別の符号の印字にはならない（実際、いかなる「jup」の印字も「j」の印字ではないし、いかなる「j」の印字も「jup」の印字ではない）にもかかわらず、ある符号の印字が、別の符号の印字の部分である——あるいは少なくとも重なる overlap ——ことはありうる。互いに別々の原子的符号に属する印字ですら、共通部分を持つことがある（その共通部分が当の図式において一つの印字と見なされないかぎりで）。つまり、原子的印字は、たんに当の記譜法に相対的にのみ離散的であればよい。たとえば、図7の「a」と「e」は一つの

図7

図式において原子的かつ離散的だが、いずれの真部分も〔当の図式において〕一つの印字とは見なされない。(8)*6

「一つの符号が別の複数の符号から構成されている」という言い方は、「当の符号のメンバー〔印字〕のそれぞれが別の複数の符号の印字から構成されている」という言い方の省略として理解してよい。とはいえ、省略せずに明確な言い方をしたほうがよい場合もある。たとえば、符号「add」を、符号「a」のあとに符号「d」を二回続けることから——あるいは符号「a」のあとに符号「d」を足し、さらに符号「d」をもう一つ足すことから——構成されるものとして記述するのは奇妙である。*7 むしろ、符号「add」は、それに属する印字のそれぞれが「a」(の印字)のあとに「d」〔の印字〕と別の「d」〔の印字〕を続けることから構成されているような一つのクラスとして記述したほうがよい。

4 準拠

一つの記号システムは、一つの記号図式およびそれに関係づけられた一つの表示領域 field of reference*8 からなる。第二章で見たように、表示は必ずしも指示ではないが、この章での私の関心は例示ではなく指示にある。ただし、ここでの「指示」は、通常の用法よりもいくらか広いものとして理解されなければならない。そこにはたとえば、楽譜とそれに準拠する演奏を関係づけるシステムや、言葉とその発音を関係づけるシステムや、言葉とそれが適用される——またはそれが名指す——対象を関係づけるシステムが含まれる。部分的にはこのことを念頭に置いておくために、以下の用語法を採用したい。「に準拠するcomply with」は「によって指示される」と交換可能であり、「を準拠物として持つhave as a compliant」は「を指示する」と交換可能であり、「準拠クラスcompliance-class」は「外延」と交換可能である。[9]*9 準拠は、なんらかの特別な適合関係を必要としない。ある記号によって指示されるものは、なんであれすべてその記号に準拠するものである。

準拠は基本的には〔符号ではなく〕一つの印字との関係である。ある一つのシステムにおいて、多くの事物が単一の印字に準拠することがありうる。この場合、それらの事物のクラスが、当のシステムのもとでのその印字の準拠クラスを構成する。もちろん、ふつうは準拠クラスそれ自体が印字に準拠するわけではない。印字に準拠するのは、そのクラスのメンバー〔準拠物〕である。諸々のクラスをその準拠物として持つ〔つまり諸々のクラスを指示する〕印字は、諸々のクラスが属す一つのクラスをその準拠クラスとして持つ。

これらのテクニカルな用語と区別をわかりやすく示すために、オト英語sound-Englishとモノ英語object-Englishと呼べるものから例を引こう。オト英語では、通常の英語のアルファベット表記法が、発音の通例に従って音出来事に関係づけられている。それに対して、モノ英語では、アルファベット表記法が、適用の通例に従って音ではなく対象（出来事その他を含む）に関係づけられている。もちろん、以下で示す例は、〔英語の〕通例に関する明示されてはいないが明白な恣意的決定に——そして場合によっては、その通例をどう単純化するかに——もとづいている。[10]

印字の中には、たとえ原子的であっても、準拠物を一切持たないものがある。たとえば、モノ英語では、「ktn」や「k」は準拠物を持つ印字の最小単位が複合的印字であることもあるし、準拠物を持つ印字から構成された複合的印字が準拠物を持たないこともある。たとえば、モノ英語では、「green」と「horse」はそれぞれ準拠物を持つが、「green horse」は準拠物を持たない。準拠物を持たない印字を空であると呼ぶことにしよう。空印字が生じるのは、準拠物が一切割り当てられていない符号の場合か、要求されている準拠物がない場合か、当の符号は準拠物を持たないという明示的な取り決めがある場合のいずれかである。空印字は、その他の印字と同じく正当に当の記号図式に属す。また空印字は、その他の印字と同じく大きいことも黒いこともある。空印字に欠けているのは意味論上のものであって、統語論上のものではないのである。〔一方、〕いかなる印字にも準拠しない対象は、当のシステムではラベルづけされていない対象である。

図式と表示領域の関係づけには、たんに個々の印字と個々の対象の関係づけだけでなく、〈印字の結合方式〉と〈対象同士の関係〉の関係づけも含まれる。たとえば、オト英語における文字印字の左から右への並びは、音の時間的な並びに関係づけられている。複合的印字とそれを構成する各印字の両方が準拠物を持つ場合、その複合的印字の準拠物がそれを構成する印字の準拠物に見合うかたちで構成されることもあればそうでないこともある。また、両者の準拠物がまったく関係ないこともある。たとえば、オト英語における「ch」の準拠物は、「c」の準拠物と「h」の準拠物の連なりではない。ある一つの複合的印字の準拠物のそれぞれが、その複合的印字を構成する諸々の印字の準拠物からなる全体であり、かつ、その複合的印字を構成する諸々の印字の準拠物が、当のシステムにおける〈印字の結合方式〉と〈対象同士の特定の関係〉の関係づけによって要求される関係を持っている場合、その複合的印字は合

		統語論的分類		
		印字		その他のしるし
		原子的	複合的	
意味論的分類	空	例 モノ英語における「k」	例 モノ英語における「ktn」、「四角い円」	不適格な並び、印字の断片、その他いかなる符号にも属さないあらゆるしるし
	素	例 オト英語における「o」	例 オト英語における「ch」	
	合成的		例 オト英語における「bo」	

図8

成的 composite である。また合成的でなく、かつ空でない印字は素 prime である。[*10]

すべての合成的印字は複合的印字だが、すべての複合的印字（空でないものも含む）が合成的であるわけではない。反対に、すべての空でない原子的印字は素だが、すべての素印字が原子的であるわけではない。「合成的」は、統語論的な用語である「複合的」の意味論的な対応物である。一方、意味論的な用語である「素」は、統語論的な用語である「原子的」にたんに部分的に対応するだけである。というのも、原子的印字の場合、そのいかなる真部分も印字ではないのに対して、素印字の諸部分は準拠物を持ちうるからである。印字が素であるとは、〈その印字の諸部分の準拠物が指定された仕方で結合されるというかたちで、当の印字全体の準拠物が構成されているわけではない〉ということである。

以上の多数の用語法とテクニカルな内容は、図8の一覧表によっておそらく多少は取り扱いやすくなるだろう。

曖昧さなく unequivocally 一つの符号の印字になっているしるしは、曖昧でないにもかかわらず、それが異なる時点または異なる文脈において異なる複数の準拠物を持つ場合には多義的 ambiguous である。ここで、その複数の外延が異なる複数の文字通りの用法から生じるものであるか、あるいは文字通りの用法と隠喩的な用法から生じるものであるかは問題ではない。もちろん、より厳密には以下のように言うべきだろう。あるしるしの準拠クラスが時点ごとに異なる場合は、〔そのしるし自体というより〕そのしるしの複数のタイムスライスがそれぞれ異なる準拠クラスを持っている。また、あるしるしの準拠クラスが同時的な文脈ごとに異なる場合は、そのしるしは、それを〔部分として〕含む二つ以上の印字にそれぞれ異なる仕方で意味論的に関係している[11]。

ある符号のすべての印字が多義的である場合、その符号は多義的である。しかし、ある符号のすべての印字が多義的でない場合でも、そのすべての印字が同じ準拠クラスを持たないかぎりは、その符号は多義的である。多義的でない符号は、それに属する諸々の印字がどうであるかによって、空であったり素であったり合成的であったりする。また、それに属する諸々の印字が共有する準拠クラスは、その符号の準拠クラスと考えてよい。実際、多義的でない符号に属する諸々の印字がこのように統語論的にも意味論的にも同値であるおかげで、その事例間の区別を気にすることなく符号とその準拠クラスについての話ができるのである。

とはいえ、多義的な符号に属する二つの印字は互いに異なる準拠クラスを持ちうる以上、統語論的な同値が意味論的な同値を含意するのは、多義的でないシステムにおいてのみである。多義的なシステムであれ多義的でないシステムであれ、意味論的な同値が統語論的な同値を含意することはない。同じ準拠クラスを持つ複数の印字がそれぞれ別の符号に属すことはある。また、多義的でない複数の異なる符号が同じ準拠クラスを持つこともある。統語論的に互いに明確に区別されていることが、意味論的に同値であることによって解消されることはない。

5　意味論的要件

記譜的システムの第一の意味論的要件は、多義的でないことである。というのも、記譜的システムの基本的な目的が果たされるのは、明らかに準拠関係が不変であるときにかぎられるからである。(12) 多義的な印字はすべて排除されなければならない。なぜなら、多義的な印字は、ある対象がそれに準拠しているかどうかに関して、相反する判断をもたらすことになるからである。多義的な符号もまた――たとえそれに属するすべての印字が多義的でなかったとしても――すべて排除されなければならない。なぜなら、多義的な符号では、それに属する印字が互いに異なる準拠物を持つ以上、互いの真なるコピーであると見なされるいくつかの印字が互いに異なる準拠クラスを持つことになるからである。いずれの場合でも、演奏からそれを書きとめた楽譜へ、楽譜からそれに準拠する演奏へ、という移行のあらゆる連鎖において作品の同一性が維持されることはなくなるだろう。

記譜的システムの意味論的要件は、さらにもう二つある。これらは、〔先に示した二つの〕統語論的要件に対応するものだが、それらから帰結するものではない。

ある記号システムのすべての符号が、多義的でない印字からなる互いに素のクラスであるとしよう。

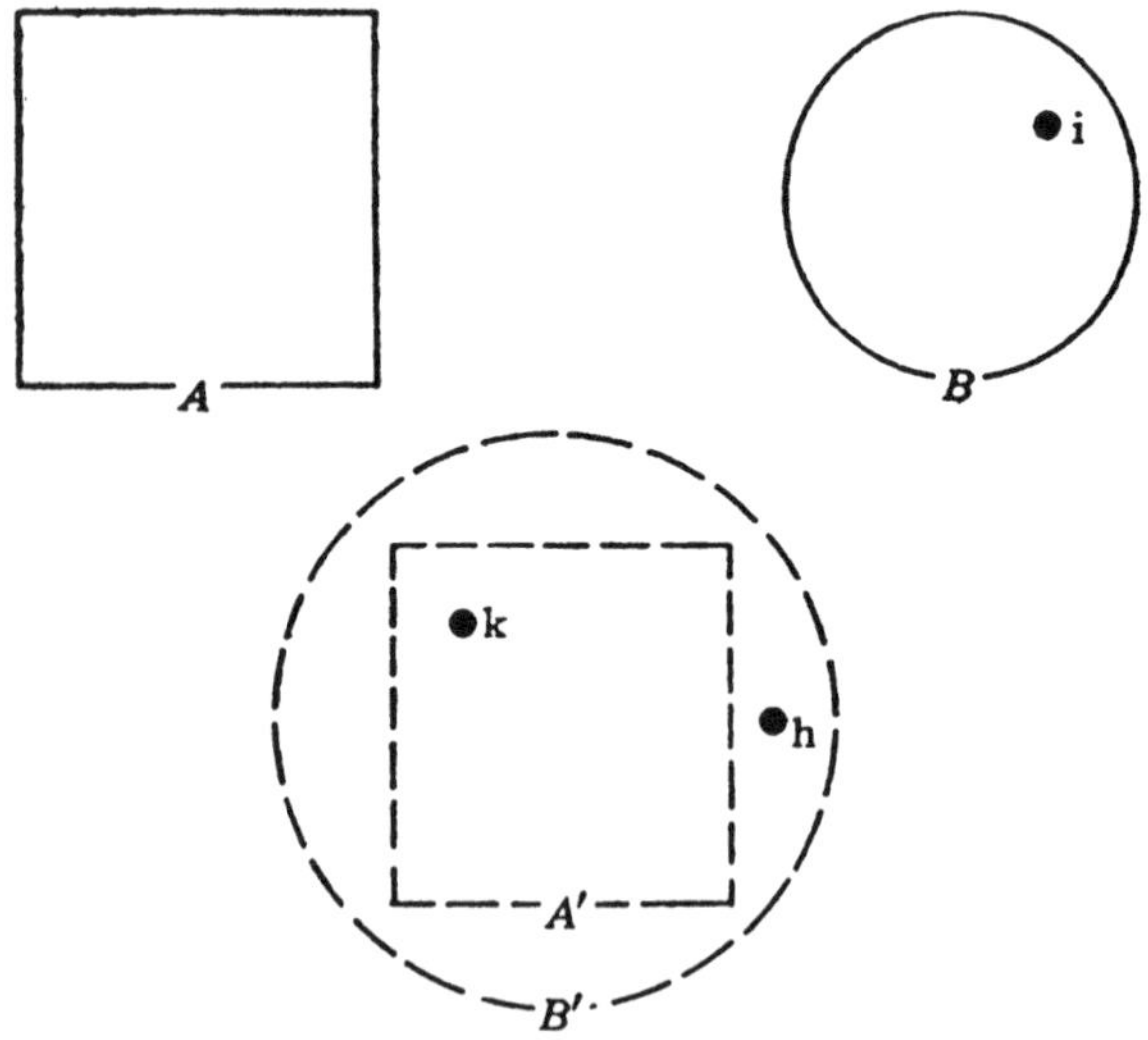

図9

また、任意の一つの符号に属する印字は、すべて同じ準拠クラスを持つ〔つまりすべての符号は多義的でない〕としよう。この場合でも〔つまり第一の意味論的要件を満たす場合でも〕、異なる準拠クラスがなんらかの仕方で交差することはありうる。しかし、記譜的システムでは、準拠クラスは互いに素でなければならない。というのも、二つの異なる準拠クラスが交差する場合、〈一つの印字が持つ二つの準拠物が、一方はある準拠クラスに属すが、もう一方はその準拠クラスに属さない〉ということが生じてしまうからである。結果として、準拠物から印字へ、印字から準拠物へ、という連鎖が、一つの準拠クラスのメンバーからそのクラスの外部にあるものに進むことになってしまう。

図9を見よう。AとBはそれぞれ符号を表わす。A′とB′はそれぞれAの準拠クラスとBの準拠クラスを表わす。A′はB′に含まれている。この場合、A′に属するkはB′にも属し、それゆえ〔Bの〕

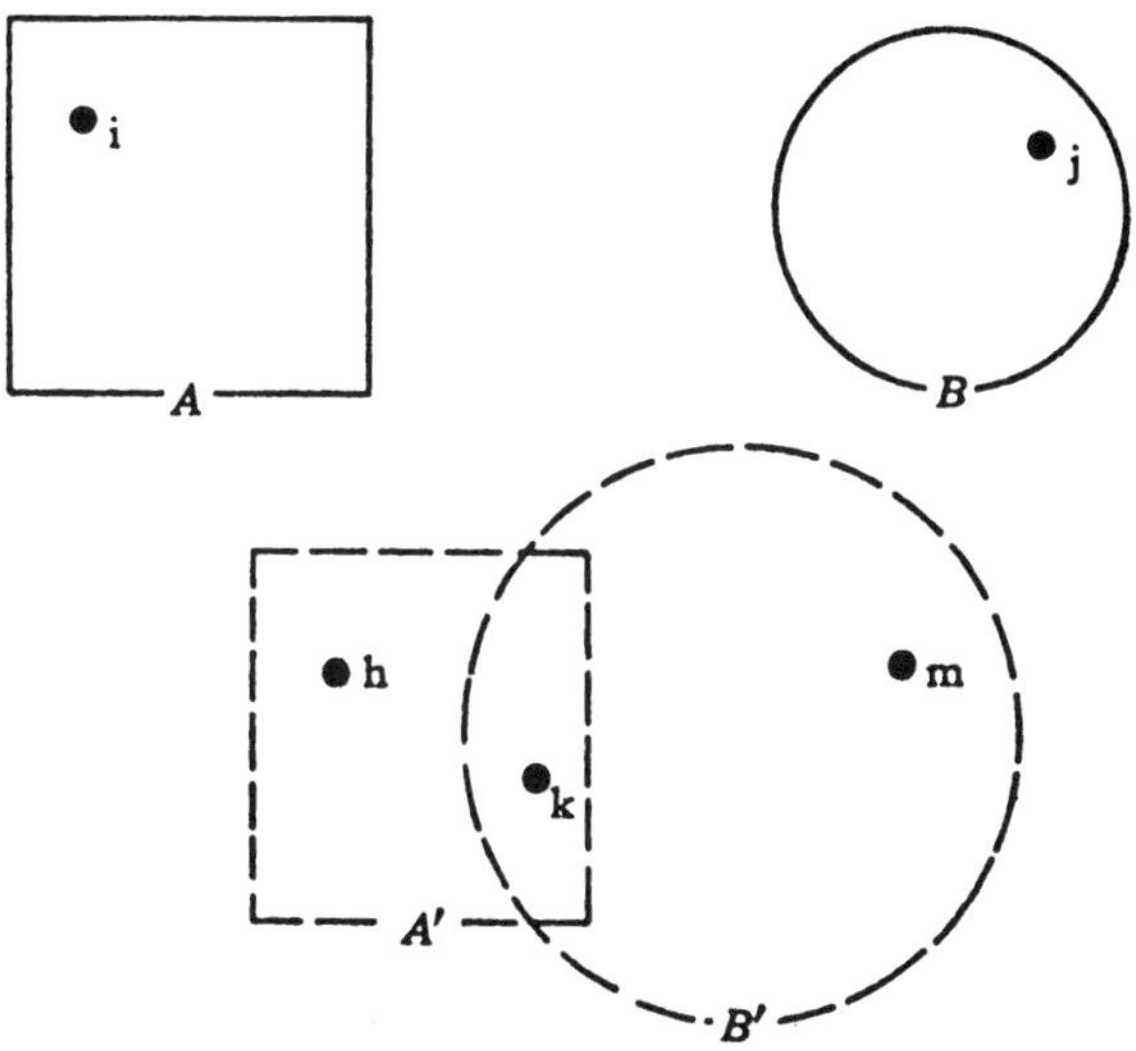

図10

印字iに準拠するが、このiがさらにkとは別の準拠物としてA′に属さないhを持つことがありうる。〔結果として、k→i→hという移行が成立してしまう。〕また、二つの準拠クラスが包含関係ではないかたちで交差する場合は、準拠物→印字→準拠物→印字→準拠物という連鎖によって、同じ準拠クラスに一切属さない二つの対象が結びついてしまうこともある。図10を見よう。hはiに準拠し、iは別の準拠物としてkを持つ。さらに、このkはjにも準拠し、jは別の準拠物としてmを持つ。ここで、hとmは同じ準拠クラスに一切属していない。このように、異なる準拠クラスがなんらかのかたちで交差することは、記譜的システムの主目的に反するものである。

加えて、記譜的システムでは、異なる符号はつねに互いに異なる準拠クラスを持つ必要があるのだろうか。つまり、記譜的システムは冗長性redundancyを排除する必要があるのだろうか。冗長なシステムでは、いくつかの印字の準拠物が、その印字の真なるコピーではない別の印字にも準拠する[13]。結果として、あらゆる許容された移行の連鎖において、すべての準拠物が同じ準拠クラスに属していたとしても、すべての印字が同じ符号に属すわけではないことになる。したがって、厳密に言えば、冗長性は排除しなければならない。とはいえ、符号の同一性（たとえば、コピー間での楽譜の同一性）の維持が、準拠クラスの同一性（たとえば、演奏間での音楽作品の同一性）の維持にとって本質的なものでないかぎり、冗長性は無害である。また当然のことながら、あるシステムにおける冗長性は、共外延的な語のうちの一つを残して他をすべて廃棄することで容易に取り除ける。いずれにせよ、非冗長性は記譜的システムの独立した要件として考える必要はない。もちろん、〔意味論的に〕互いに素であるという要件のうちに、任意の二つの符号はいかなる準拠物も共有しないという規定を含めることもできる。その場合、記譜的システムでは、あらゆる二つの互いに異なる準拠クラスが互いに素でなければならないだけでなく、あらゆる二つの符号が互いに異なる準拠クラスを持たなければならないということになる。とはいえ、二つの符号が準拠物を一部だけ共有するのではなくすべて共有する場合は、ふつうたいして問題にならない。

　純粋な記譜的システムにおける二つの符号は、意味論的に完全に分離していなければならない。一方で、記譜的システムにおいて、一つの符号の準拠物が別の符号の準拠物の部分である——または重なる——ことは許される。符号が統語論的に互いに素であることが印字の離散性を含意しないのと同じように、符号が意味論的に互いに素であることは準拠物の離散性を含意しない。たとえば、特定の地理的範囲に適用されるものとしての「アメリカ合衆国の州」と「アメリカ合衆国の郡」は、意味論的に互いに素である。にもかかわらず、前者の準拠物のそれぞれには、後者の準拠物のうちのいくつかが含まれている[*11]。

意味論的に互いに素という要件によって、大半の日常言語は、たとえそれが多義性を排除するものであっても、記譜的システムから除外される。これは［この要件によって］いかに多くのものが禁止されるかを見ればわかる。記譜的システムには、「医者」と「イギリス人」のような意味論的に交差する語の対は一切含まれてはならない。また、記譜的システムにたとえば「人」という語が含まれている場合、そのシステムには、より特殊な語である「イギリス人」も、より一般的な語である「動物」も含まれてはならない。記譜的システムの符号は、意味論的に隔離されているのである。

記譜的システムの最後の要件は、意味論的な有限差別化である。つまり、準拠クラスが同一でない任意の二つの符号K、K′、およびそれらの両方には準拠しない任意の対象hについて、hがKに準拠しないことか、またはhがK′に準拠しないことを確定することが理論的に可能でなければならないということである。この要件によって、記譜的と見なされるシステムのクラスはさらに相当限定される。たとえば次のような例を考えよう。物理的対象を準拠物としてとるアラビア数字の既約分数からなるシステムがある。それぞれの物理的対象は、それが何分の何オンスの重さであるかにしたがって特定の分数に準拠する。この例では、統語論レベルでの互いに素および有限差別化という要件と、意味論レベルでの非多義性と互いに素という要件は満たされている。しかし、重さにおけるちがいがどの程度まで有意なのかについての制限がないおかげで、その重さをどれだけ細かく測定しても、ある対象がどの符号にも準拠しないことをつねに確定できないということになる。それゆえ、このシステムは記譜的ではない。

いま述べたシステムは、意味論的に全体的に稠密なシステム（つまり、諸々の準拠クラスが、他の準拠クラスを正常な位置に挿入してもその稠密性が壊れることがないというかたちで順序づけられているシステム）である。それゆえ、このシステムは、そのあらゆる部分において第五の要件に反している。しかし、意味論的に全体的に非連続な――つまり、いかなる部分も意味論的に稠密でない――システムの場合でも、あらゆる部分においてこの要件に反することがありうる。意味論的に全体的に――または部分的に――非連続な別のシステムでは、この違反は全体的というより局所的かもしれない。たとえば、次のようなシステムを考えよう。このシステムでは、アラビア数字の既約分数のそれぞれが、〔当の分数によって〕示された重さを持つ、カリナンダイヤモンド[*12]と同一の対象のすべてを、かつそれだけを準拠物として持つ（それゆえ、その表示領域はただ一つの対象からなる）。にもかかわらず、このシステムは依然として意味論的に差別化されていない[14]。また、次のようなシステムも考えよう。このシステムには、二つの符号「a」と「b」が含まれている。そして、一オンス以下の重さを持つ対象はすべて「a」に準拠し、一オンスより重い対象はすべて「b」に準拠する。このシステムは――それに含まれうる他の符号と表示クラスがどのようなものであれ――意味論的な差別化を欠いており、記譜的システムではない。

6　記譜法

以上に挙げた記譜的システムの五つの要件は、すべて否定的かつ一般的なものである。それらは、空符号を持つシステムやさらには符号を一切持たないシステムでも満たしうる。これらの要件は、それを満たさなければ不可避に生じる問題を排除するためのものであって、なんらかの特定の主題に適切な語彙や文法を保証するためのものではない。それらはいわば、建設作業における過失を避けるために定められる建築基準であって、個々の家庭に必要な設備を指定するものではない。

また、ここでは挙げていないものの、〔記譜的システムにとって〕きわめて重要だと考えられる特徴は、他にも数多くあるかもしれない。たとえば、原子的符号の数が扱いやすい程度に少数であるとか少なくとも有限個であるとか、明瞭性や視認性や耐久性があるとか、操作しやすいとか読み書きしやすいとか、図形として把握できるとか覚えやすいとか、複製や上演がすぐにできるとかいった特徴である。しかし、いずれも記譜的システムの要件には含めていない。たしかに、これらの特徴は、実用的な記譜法にとっては非常に望ましい性質だろうし、ある程度までは必要ですらあるだろう。また、そういった技法上の事柄を研究することは、魅力的かつ有益かもしれない。しかし、こうしたことはすべて、記譜的システムの基本的な理論的機能には一切関係がない。

ここまでの全体を通して、私は、記号が持つ主張的または命令的または疑問的な効力ではなく、記号が持つ名指し的または述定的な側面を問題にしてきた。また、符号も、文というよりは述語またはラベルとして考えてきた。これは目下の文脈では自然なことである。というのも、記譜的システムでは、符号の文法的な叙法が問題になることはほとんどないからである。たとえば、オト英語では、文字列が特定の音の連なりを表わすわけだが、それに加えて、〈その文字列は、しかじかの音がしかじかの並びで生じると断定する〉とか〈その文字列は、しかじかの音がしかじかの並びで生じるべきだと命じる〉などと言う必要はまったくないだろう。その文字列が真か偽かを問う人はいないし、その文字列に対して「はい、了解！」とか「いえ、やりません」とか言う人もいない。ここからすぐに、文法的な叙法がないことは記譜的システムの弁別的特徴だと考える人がいるかもしれない。しかし実際はそうではない。たとえば、ある記譜的システムに、次のようなかたちで演算子を追加したものを考えよう。「vo」はv音のあとにo音が続くことを表わす。「⊢vo」はv音のあとにo音が続くことを主張する。「!vo」はv音のあとにo音が続くべきことを命令する。「?vo」はv音のあとにo音が続くかどうかをたずねる。このように演算子を加えたからといって、このシステムが記譜的でなくなるわけではない。反対に、モノ英語から文をなくして語句だけに制限したとしても、それによってそのシステムが記譜的になるわけではない。重要なのは次の点だ。ある言語が論理的であるかぎりは、その言語にとって時制は無関係である。それとちょうど同じように、あるシステムが記譜的であるかぎりは、そのシステムにとって叙法は無関係である。時制のたんなる有無は、あるシステムが論理的であるか否かを左右しない。同様に、叙法のたんなる有無は、あるシステムが記譜的であるか否かを左右しない。

さらに、私は、話を単純化するために、問題の述語はすべて個体についての一項述語であるかのように述べてきた。多項述語やクラスについての述語を考えに入れることが必要なケースもあるだろう。記譜法の五つの要件についての見解を変更せずにそうしたケースも包括するには、符号の準拠物になりうる「対象」のうちに、個体とともにその連鎖やクラスを含めるだけでほぼ十分である[15]。

まとめると、記譜的システムに必要な性質は、統語論的に互いに素、統語論的な有限差別化、非多義性、意味論的に互いに素、意味論的な有限差別化である。これらは、いかなる意味でも、有用で優れた記譜法であるためにたんに推奨される特徴ではない。記譜的システム——良し悪しを問わず——を記譜的でないシステムから区別する特徴である。すべては楽譜が果たすべき主目的から帰結する要件である。またすべて、たんに理論的にのみ有効なものも含めたあらゆる記譜的システムにとって必ず必要なものである。したがって、あるシステムが記譜的であるのは、ある一つの符号に属する諸印字に準拠するすべての対象が同一の準拠クラスに属しており、かつ、〈しるしのそれぞれが高々一つの符号に属すること〉および〈対象のそれぞれが高々一つの符号に属する諸印字に準拠すること〉が理論的に確定可能であるとき、またそのときにかぎる。

これら五つの要件は、通常の論理的な意味において——つまり、それらの要件のうちの一つまたはそれ以上を満たすまたは破ることが、それ以外の要件のいずれかを満たすまたは破ることを含意しないという意味において——互いに独立である。これらの条件は、記譜的システムを定義することを意図したものである。とはいえ、他の重要な種類の記号システムもまた、これらの条件のうちの特定の組み合わせに違反しているかどうかによって区別される。

本章においてここまで進められてきたのは、複雑かつ抽象的で、おそらくは忍耐のいるテクニカルな議論であった。この議論は、芸術や科学や生活一般において使われるさまざまな記号システムを、有意な仕方で分析、比較、対照するための手段を与えるものである。諸芸術における記号システムに関わる具体的な問題に取りかかるまえに、芸術以外の分野の記号システムをいくつか見ておきたい。

7　時計と計数器

単純な圧力計を考えよう。円盤の上に一つの針があり、圧力が増えるにつれて針が時計回りになめらかに動くというものだ。円盤上に数字やその他のしるしが一切なく、それゆえ針の位置のちがいがすべて符号のちがいになる場合、この計器は圧力を伝えるのに記譜法を使っていない。統語論的な差別化の要件が満たされていないのである。というのも、針の位置を絶対的な精度で確定することはできないからである。さらに、この計器は、意味論的な順序づけ——つまり圧力の順序づけ——が稠密である。それゆえ、統語論的にも意味論的にも差別化されていないことになる。

この円盤に点のしるしを打って、たとえば五十分割の目盛りをつけるとしよう。さて、この場合に使われる記号図式は記譜的なのか。これは、その計器をどう読むべきかに依存する。円盤上での針の絶対位置が重要であり、点はたんにその位置を近似的に確定する補助手段としてのみ使われるという場合は、この図式は依然として統語論的にも意味論的にも差別化されていない。記譜的図式はいちおうあるのだが、この記譜法の符号（目盛りの点）は、この計器の図式の符号（針の絶対位置）ではない。むしろ、それらの点は、針がどこにあるかを近似的に確定するのに補助的に使える〔別の〕図式に属する符号である。

一方、同じ円盤が別の仕方で読まれる場合を考えよう。ここでは、それぞれの点が一定の区間を示すものとして解釈され、針が同じ区間内にあるかぎりはすべて同じ符号の印字と見なされる。それら五十個の区間が互いに素であり、かつ、それらがなんらかの隙間――どれだけ小さくても――によって分離されている場合、この図式は記譜的になる。そして、それら五十個の符号に関係づけられる圧力の幅が同様に互いに素であり、かつ、それらが隙間――どれだけ小さくても――によって分離されている場合は、そのシステムもまた記譜的になる。

これら二つの読みの切り替えは、とくに不自然なものではない。われわれはその実例を一日に何度も目にしている。秒針のないありふれた腕時計を考えよう。その時針はふつう、半日を十二分割したうちの一つを指すためだけに使われる。それは記譜的に時を告げているわけだ。分針もまた、それが一時間を六十分割したうちの一つを指すためだけに使われるかぎりは記譜的である。しかし、分針とその手前のしるしの絶対距離を、分針がそのしるしを通りすぎてからどれだけの絶対時間が経過したかを示すものとしてとる場合は、この記号システムは記譜的ではない。もちろん、その場合でも、なすべき判断の細かさについてなんらかの制限――三十秒刻みであれ一秒刻みであれそれ以下であれ――をかければ、この図式は記譜的になるだろう。秒針がある腕時計の場合、分針は記譜的に読まれることになる。また、その場合の秒針は、〔秒針のない腕時計の分針と同じように〕記譜的に読まれる場合もあればそうでない場合もある。

さて今度は、表示領域がまったく異なる種類のものからなる場合を考えよう。たとえば、計器が、圧力や時間を知らせるのではなく、十セント硬貨が全部で五十枚入る貯金箱に何枚の硬貨が入っているかを知らせるといった場合である。表示窓のアラビア数字によってその枚数が示される場合、そのシステムは明らかに記譜的である。一方、それを示すものが、さきほどの圧力計にあったような針である場合はどうか。円周上のすべての位置がそれぞれ一つの符号として見なされる場合、円盤に目盛りがつけられているかどうかにかかわらず、そのシステムは――最初の圧力計の場合と同じく――統語論的にだけでなく意味論的にも差別化されていないことになる。表示領域における諸要素が〔硬貨の集まりのように〕互いに完全に区別できることは、それ自体としては意味論的な差別化を保証しないのである。実際、対象がたんに一つしかなく、かつ、その対象が二つの符号のどちらに準拠するかを確定することが理論的に不可能である場合、そこには意味論的な差別化はない。ついでに言えば、そのように読まれる計数器は、ほとんど使い物にならないだろう。というのも、正確に何枚の硬貨が貯金されているかは、その計器を見ることからは決してわからないからである。また、硬貨枚数がそれぞれ〔無数にあるうちの〕一つの符号だけに関係づけられている場合は、無数に多くの原子的符号が空になる。あるいは、特定の〔目盛り間の〕区間内での多様な位置が、それぞれ別の符号でありながらも、そのすべてが同じ硬貨枚数に関係づけられていると見なす場合、このシステムは冗長である。それゆえ、この場合もまた、意味論的に互いに素ではない。しかし、この円盤の計数器に目盛りがついており、かつ、それが〈統語論的に互いに素かつ差別化された符号がちょうど五十個あり、そのそれぞれの符号は異なる硬貨枚数に関係づけられている〉という仕方で読まれる場合、このシステムは記譜的になる。

前節ではじめに挙げた圧力計は、アナログコンピュータと呼ばれるものの純粋かつ初歩的な例である。一方、数字を表示する硬貨計数器は、デジタルコンピュータと呼ばれるものの単純な例である。また、ふつうの腕時計は、もっとも一般的な読み方をすれば、アナログコンピュータとデジタルコンピュータの組み合わせである。このように、アナログな機械やシステムとデジタルな機械やシステムのちがいを例で示すのは比較的簡単である。しかし、それを定義するのは簡単ではない。また、そのちがいに関して流布している考えには誤りがある。たとえば、明らかにデジタルなシステムは指《ディジット》にとくに関係ないし、アナログなシステムは類比《アナロジー》にとくに関係ない。デジタルなシステムの符号は、任意の種類の対象や出来事をその印字にできる。アナログなシステムのもとでの準拠物はいくらでもその符号からかけ離れたものでありうる。あるいは、符号と準拠クラスの間の一対一の関係づけによってあるシステムがアナログになるのだとすれば、デジタルなシステムもアナログになってしまう。「アナログ」と「デジタル」という伝統的で語弊のある語が放棄されることはないだろう。それゆえ、おそらく最善の道は、それらの語を類比や指や大量の無責任な物言いから引き離すとともに、稠密性と差別化——これらは必ずしも対立項ではないが——の観点からアナログとデジタルの区別を試みることである。

記号図式は、統語論的に稠密であるとき、アナログである。記号システムは、統語論的かつ意味論的に稠密であるとき、アナログである。それゆえ、アナログなシステムは、統語論的にも意味論的にもどこまでも差別化されていない。つまり、アナログなシステムには無数に多くの符号があり、かつ、いくつかのしるしについて、それがそれらすべての符号に属さないことを確定することが不可能であり、かつ、いくつかの対象について、それがそれらすべての符号に準拠しないことを確定することが不可能である。この種のシステムは、明らかに記譜的システムの対極にあるものである。とはいえ、稠密性は差別化の完全な欠如を含意するが、それによって含意されるわけではない。また、あるシステムがアナログであるのは、それが稠密であるときにかぎる。

反対に、デジタルな図式は全体的に非連続である。そして、デジタルなシステムでは、そうしたデジタルな図式の符号が、同様に非連続な集合である準拠クラスに一対一に関係づけられている。しかし、非連続性は差別化によって含意されるが、それを含意するわけではない。というのも、すでに見たように、符号が二つしかないシステムもまた、統語論的かつ意味論的に全体的に差別化されないことがありうるからである。あるシステムがデジタルであるには、たんに非連続であるのではなく、統語論的かつ意味論的に全体的に差別化されていなければならない。それゆえ、こうしたデジタルなシステムが、非多義的で、統語論的かつ意味論的に互いに素でもあるとき、それは記譜的システムになる。

デジタルコンピュータが完璧な精度を誇るのに対して、アナログコンピュータは近似を達成するのがせいぜいだと言われることがある。[16] とはいえ、これが当てはまるのは、当のデジタルコンピュータの仕事が数を数えることであり、かつ、当のアナログコンピュータの仕事が連続体における絶対位置を記すことである場合にかぎられる。むしろ、デジタルな機器の本当の長所は、記譜的システムが持つ長所――読みの確定性と反復可能性――である。一方、アナログな機器の長所は、高い感度と柔軟性を提供できる点にある。アナログな機器だからといって、識別の細かさの限度が恣意的なかたちで制約されるわけではない。〔アナログな機器に対する〕われわれの読みの細かさが持つ唯一の制限は、たとえば針の位置を確定する際のわれわれの〔知覚の〕精度が持つ（さまざまな）制限である。とはいえ、〔当の場面で〕必要な識別の細かさの最大限がいったん与えられれば、その細かさの読みを可能にするデジタルな計器を（もしなんらかの計器を作ることができるのであれば）作ることができる。当の仕事が計測や測定である場合、アナログな機器の主な役割は、測定の単位が定まるまでの予備的な段階で働くことだろう。測定の単位が定まれば、適切に設計されたデジタルな機器が仕事を引き継ぐことになる。

アナログなのは全体的に稠密であるシステムだけであり、デジタルなのは全体的に差別化されているシステムだけである。いずれの種類にも属さないシステムは数多くある。たとえば、意味論的または統語論的に差別化されてはいるが、意味論的かつ統語論的に差別化されているわけではないシステムや、統語論的かつ意味論的に差別化されていないが、統語論的かつ意味論的に稠密であるわけではないシステムなどである。先の目盛りのない円盤を持つ計数器のように、統語論的には稠密だが意味論的には稠密でないシステムの場合、ふつう——必ずそうなるというわけではないが（第六章註7を参照）——膨大な無駄か膨大な冗長性が生じることになる。つまり、空符号が大量に生まれるか、共外延的な符号が大量に生まれるかのいずれかになる。一方、意味論的には稠密だが統語論的には稠密でないシステムの場合は、非十全性か多義性のいずれかが生じるだろう。つまり、求められる準拠クラスのいくつかが無名のままになるか、または同じ名前を共有する準拠クラスが多数生まれることになる。いずれにせよ、こうした混合的な種類のシステムは、コンピュータが使われる場面では生き残らないだろう。というのも、アナログなシステムとデジタルなシステムの両方に特有のものとして、統語論的性質と意味論的性質の一致に向かう傾向があるからである。主題〔準拠物になるもの〕があらかじめ原子化されている場合には、われわれは分節化された記号図式とデジタルなシステムを採用するのがふつうである。あるいは、あらかじめ差別化されていない領域に対して、手持ちの分節化された記号図式を適用したい場合には、われわれは〔主題を〕分割、結合、削除することによって差別化された準拠クラスをそれらの記号に割り当てようとする。こうした場合にはたいてい、われわれの計器では拾えない端数は無視され、その計器が識別できる最小の単位が測定対象の原子的単位と見なされる。反対に、あらかじめ構造化された主題がそうした〔分割、結合、削除といった〕外科的処置に毅然と抵抗する場合には、われわれは分節化された記号図式を捨てて、アナログなシステムに切り替えるだろう。他の場合と同じく、ここでもまた、記号システムの開発と適用は、分析と組織化からなるダイナミックな過程である。そして、そこで生じる緊張は、当のシステムの統語論的または意味論的な側面のいずれかを調整することで解消できる。結果として、少なくとも一時的に均衡が確立されることになる。

コンピュータが使われる場面を除けば、アナログでもデジタルでもないシステムのほうがふつうである。たとえば、「aとbの中間」、「aと〈aとbの中間〉の中間」、「bと〈aとbの中間〉の中間」、「aと〈aと〈aとbの中間〉の中間〉の中間」といった語が際限なく順序づけられているシステムを考えよう。このシステムは統語論的には差別化されているが、意味論的には稠密である。[17] このシステムの準拠クラスは、線分上の点（の単位クラス）である。このシステムは、例を出すためにでっち上げられたものではなく、日常的な日本語の一部である。もちろん、この例が成り立つのは、符号の組み合わせから新たな複合的符号を無制限に作り出せるという決まりのおかげである。コンピュータを使う場合のように、生み出せるメッセージの長さ——たとえば少数の桁数など——に制限がある場合には、記譜的図式を持った非多義的なシステムの準拠クラスが稠密な集合になることはありえない。[18]

9　帰納的な翻訳

コンピュータがメッセージを処理する仕方にはいろいろあるが、削除と補完もそのうちの一つである。削除は、たとえば曲線をスキャンしたうえで、その曲線上のいくつかの点の位置を述べるといった場合の処理である。補完は、たとえば点がいくつかあったときに、〔それらの点を通る〕曲線またはその曲線上の別の点を作り出す——内挿によってであれ外挿によってであれ——といった場合の処理である。削除は、アナログなメッセージからデジタルなメッセージへの翻訳にしばしば——つねにというわけではないし、それだけしかないというわけでもないが——伴うものである。同様に、補完は、デジタルなメッセージからアナログなメッセージへの翻訳にしばしば伴うものである。記号が持つ重要な機能のいくつかは、この補完の過程のうちに見てとれる。

二個またはそれ以上の点を受容し、それから他の点を補完するよう設計された機械を考えよう。ここで、それぞれの点を選び出す[19]のに、たんにルーレットを回したりサイコロを振ったりするだけの機械は粗悪品だろう。この手の機械による選択は、いかなる意味でもデータにもとづいているとは言えない。利用可能な証拠が一切無視されているのである。これと反対の極にあるのは、直線を引くしか能がない機械だろう。この場合、〔データに含まれる〕任意の二点が一つの直線を決定し、結果としてすべての点が内挿的・外挿的に補完される。ここでは、データが無視されるのとは逆に、どういう線が引かれるべきかをデータが〔一意に〕決定し、それによって残りの点を〔線上の点として〕決定している。第一の機械はルーレットの回転盤以上のものではなく、第二の機械は加算器のような単純な計算機である。

次に、さまざまな種類の曲線を扱うことができるコンピュータを考えよう。データに適合する曲線が複数ある場合、この機械は曲線をどう決定すればいいのか。仮にここでルーレットやサイコロの方法が使われたとしても、第一の機械の場合とはまったく異なる。というのも、この機械は、第二の機械と同様に、点ではなく曲線を選ぶものであり、加えて、証拠に適合しない曲線を排除するものだからである。あるいは、曲線間に一次元的な優先順位が与えられ、かつ、機械がその順位における最高位の曲線を選ぶように強制されている場合は、偶然の要素が入る余地はまったくない。あるいは、選択自体はルーレットやサイコロを使ってなされるものの、そうした順位が重みづけを与えるために使われることで、選択が純粋にランダムではなくなるという場合もありうる。とはいえ、こうしたケースのいずれにおいても、当の機械は、データと相反する曲線を除外することを除けば、それまでに何が起きたかということとは無関係に作動する[20]。

より洗練された機械は、過去をもっと利用するかもしれない。次のような過程を考えよう。データが機械に与えられ、曲線の選択がなされ、追加のデータが与えられ、さらにそれにしたがって新しい選択がなされ――といったことが続く過程である。この場合、それら複数の選択は、単一の問題を扱う過程における諸段階として見なせるだろう。この問題は、そうした過程の全体を通じて与えられるすべてのデータを累積データとして持つものである。ここで、それらの記録《レジスタ》が消去され[*13]、新たなデータが再び与えられ、当の機械が新たな問題に取り組み始めたとしよう。この機械は、このように新しい問題に直面したときにはつねに、以前の問題において出くわしたデータを振り返るようにできているかもしれない。その場合、この機械が、現在のデータに適合しない曲線を除外したあとに、現在のデータセットをまるまる含むデータセットを持つ以前の問題を見つけ出し、それからそれらの〔以前に処理した〕包括的なデータセットのいずれかと相反する曲線を〔現在の選択肢から〕すべて除外するということはありうる。こうした場合には、機械は直接的な証拠だけでなく、過去の関連あるケースの証拠も考慮に入れていることになる。

とはいえ、機械が扱える曲線が十分に多いときには、現在と過去のデータにもとづいて諸々の曲線を除外したとしても、つねに幅広い選択肢が残ることになる。実際、これは、残りの点がどうなるかについてまったく予想がつかないほど幅広いものだ。[21] いかに多くの x の値に対して y の値が〔データとして〕与えられていたとしても、残りの任意の x の値 m と残りの任意の y の値 n について、そのデータと両立可能であり、かつ、点(m, n)を通る曲線が少なくとも一つあるはずである。そして、このことは、過去の問題に関してさらに包括的なデータセットが得られたとしてもまだ成り立つだろう。そういうわけで、機械に制限が少ない〔扱えるものが多い〕ほど、なんらかの固定した強制的な優先順位に訴えるか、偶然的な手続きに訴えるかしなければならないことが多くなる。博識な機械は、豚の頭を持つか鶏の頭を持つかしなければならないのである。[*14]

両者の欠点は、慣れを習得できる機械の場合には是正される。経験から最大限の利益を得るには、適切な惰性が必要なのだ。次のような機械を考えよう。最初の選択以外の任意の選択の際に、現在の問題と過去の関連ある問題において得られたデータを参考にするだけでなく、それ自身が過去に行なった選択の記録をも参考にするよう設計された機械がある。この機械は、すべてのデータにもとづいて〔選択肢の曲線を〕削除したあとに残る曲線の中から、それまでにもっとも頻繁に使った曲線を選択するか、あるいは少なくともその曲線を〔ランダムな処理において〕優先する。また、この機械は、新たなデータによって変更を余儀なくされるまでは、一度選んだ曲線に固執する。こうした実質的な習慣によって、優先順位が確立されたり修正されたりする。結果として、しばしば一意の選択がもたらされる。

　これまで「機械が扱える曲線」と述べてきたものは、当の機械が返すことのできる応答の目録のことである。そこでは、その機械が最初から自由に使える曲線と、それが作り出せる曲線（もしあれば）の区別はしていない。もちろん、はじめは直線を使った応答しかできない機械が、同一直線上にない三つの点を与えられたときに、そうしたデータに適合するようななんらかの新しい曲線を作り出せるということはありうる。とはいえ、この機械は、次のようにも記述できるだろう。すなわち、〈それが扱えるすべての曲線の中から、データによって直線以外を選ばざるをえなくなるまでは、つねに直線を選ぶ機械〉としても記述できるのである。そういうわけで、「最初からある」のはどんな曲線かという問いや、その機械が「生み出す」のはどんな曲線かという問いは、その機械がとにかく扱えるのはどんな曲線であり、かつ、その機械はそれらの曲線をどのように選ぶのかという問いに置き換えられる。

　こうした機械はすべて補完の仕事をこなすものだが、そのやり方はさまざまである。あるものはあてずっぽうによって、あるものは純粋な計算によって、あるものはそれらの混合によって仕事を行なう。あるものは証拠をまったく無視し、あるものは証拠に最低限の注意を払い、あるものはきわめて複雑かつ幅広いかたちで証拠を考慮に入れる。証拠を考慮に入れる機械は、特定の点と残りの点をつなげる曲線を使って仕事をする。そのような機械もさまざまだ。あるものはごく少数の曲線しか扱えない。あるものは多数の曲線を扱える。あるものは当の宇宙において可能な曲線のすべてを扱える。ある種の機械は、証拠にもとづいて選択肢をできるだけ減らしてもまだ選択肢が残る場合には、優先順位を適用することでつねに一意の選択を行なう。そのような完全に自動的な手続きを持たない機械の場合には、しばしば偶然性に訴えなければならない。それらの中には、自身の過去の選択を考慮に入れるものもあれば、そうでないものもある。過去の選択を考慮に入れるものは、一度なされた偶然的な選択をできるかぎり長く維持する習慣を実質的に形作る。

ここで、帰納の本性に関わる諸々の問いがおのずと浮かび上がってくる。(22) 証拠が考慮に入れられる場合の補完は帰納になるのか。あるいは、〈当の証拠によっては選択肢が一つに定まらないおかげで、〔証拠とは〕別の手段による決定が必要になる〉ということがないかぎりは帰納にならないのか。あるいは、補完が帰納になるのは、なんらかのかたちでそうした決定がなされる際に偶然的な手続きが使われる場合にかぎるのか。おそらく、ここで重要なのは、こうした問いに答えることではなく、複数の意義ある線引きがあることに注意を向けることだろう。さらに別の問いもある。〔機械ではなく〕人間が行なう帰納にはどのような特性があるのか。明らかにわれわれ人間は、繊細かつ洗練された仕方で証拠を考慮に入れることができる。また、明らかにわれわれは、あらゆる可能な曲線（つまり仮説）を扱うことができる。さらに、概してわれわれは、証拠が許すかぎり一つの選択に固執する傾向がある。とはいえ、われわれは、そうした曲線間の優先順位を完全に決定的なかたちで持っているのだろうか。あるいは、われわれは、ときおり偶然に訴えなければならないのだろうか。

そういうわけで、メッセージの補完をやり遂げる方法をいくつか概観することは、現在さかんに論じられている認識論上の問題の核心に直結する。とはいえ、われわれの目下の探究により直接に関係するのは、以上の考察がある種の記号の働きが持つ特殊な特徴を明らかにしているということである。これは明白な帰納だけでなく、カテゴリの探知やパターンの知覚といった類縁の過程においても見られる。その特徴は以下のようなものだ。第一に、当のデータをまるまる含む外延を持つ一般記号（ラベル、語、仮説）の適用を通してのみ証拠が効力を持つこと。第二に、基本的にその適用の選択肢になるのは、互いに孤立した個別記号ではなく、外延の点で互いに異なる一般記号であるということ。第三に、手間暇を省くための適切な習慣は、そのような記号を使うことによってのみ発達しうるということ。実際には、これらは、認知的なふるまい一般の特徴であると思われる。

10 図表、地図、モデル

図表 diagram は、記録機器の出力結果としてであれ、解説文の挿図としてであれ、操作ガイドとしてであれ、種類として純粋にアナログだとしばしば考えられている。図表はどちらかと言えば絵に似たものであって、図表と一緒に出てくる数学的な記号や言語的な記号とはちがうというわけである。たしかに、機械の縮尺図のようにアナログな図表はある。しかし、炭水化物の図表〔構造式〕のようにデジタルな図表もある。さらに、ふつうの道路地図のように両方が混ざった図表もある。

このちがいは、たんに文字や図があるかないかによるものではない。機器の外観と同じく、図表にとって重要なのは、われわれがそれをどう読むかということである。気圧記録図または地震記録図を考えよう。この種の図は曲線が通る諸点を指し示すものだが、その曲線上のあらゆる点はそれ自体の指示を持つ符号になっている。この場合、この図表は純粋にアナログまたは図形的graphicである。別の例も考えよう。十年間の年間自動車生産台数を曲線で示す図がある。この曲線は、動向を強調するために、番号がつけられた複数の点をたんにつなげただけのものである。この場合、結節点以外の曲線上の諸点は当の図式の符号ではない。そして、この図表は純粋にデジタルである。アルファベットや算術記号のような符号を使わない図表がつねにアナログであるというわけでもない。たとえば、位相幾何学における多くの図表に必要なのは、適切な数の連結点を線によって適切なパターンでつなぐことだけあって、点の大きさや位置、線の長さや形状は関係がない。この場合、点と線は、明らかに記譜的言語の符号として機能している。これらの図表と同じく、電気回路を示す図表の大半もまた、純粋にデジタルである。われわれは、この種の図表をむしろ図式化された絵と考えているおかげでこの事実に驚くかもしれないが、その驚きが大きいほど、次のことを強く思い起こさざるをえない。すなわち、デジタルまたは記譜的なシステムと、アナログを含む記譜的でないシステムの間にある重要な区別は、類比や類似といったいい加減な概念に関わるのではなく、理論的に基礎づけられた記譜的言語の要件に関わるということである。

　科学者と哲学者は、図表を概して軽く扱ってきた一方で、モデルの本性と機能については少なからず頭を悩ませてきた。[23] 一般的な言説と科学的な言説の両方において、「モデル」以上に見境なく使われている語はなかなかない。モデルは、称賛の対象であり、模倣の対象であり、パターンであり、典型であり、類型であり、プロトタイプであり、お手本であり、実物模型であり、数学的な記述であり——つまり、裸の金髪女性から二次方程式にいたるまでのほとんどありとあらゆるものであり——、そしてそれがモデル化するものとほとんど任意の記号化関係を持ちうるものである。[*15]

多くの場合、モデルは、モデル化の対象の典型例または事例である。たとえば、モデル市民は市民身分の好例であり、彫刻のモデルは人間の身体のサンプルであり、ファッションモデルは服を着る人〔の事例〕であり、モデルハウスは開発業者が売り出すもののサンプルであり、公理系のモデルはそれに準拠する宇宙である。

この役割が逆転する場合もある。つまり、モデルがモデル化の対象を指示する、または、モデル化の対象を自身の事例として持つ場合がある。特定のモデルの車は、特定のクラスに属するものである。数学的モデルは、それによってモデル化される過程や状態や事物に適用される公式である。〔こうした場合、〕モデル化の対象は、記述に適合する個別例である。

以上のケースのすべてにおいて「モデル」という語を使うのをやめて、より多義的でなく、より情報量のある語に代えたほうがよいだろう。そして、「モデル」は、当の記号が事例でもなければ言語的または数学的な記述でもないケースを指すために取っておくのがよいと思われる。つまり、船の模型《モデル》とか、ブルドーザーのミニチュアとか、建築家による構内模型とか、木や粘土を使った車の模型とかそういったものである。これらのいずれもサンプルではない——つまり、船やブルドーザーや構内や車ではない。[*16]またそれらは、日常言語や数学的言語による記述でもない。こうしたモデルは、サンプルとはちがって指示的であり、記述とはちがって非言語的である。(24) この種のモデルは、実質的には図表——たいてい二次元よりも大きい次元を持ち、部分を動かすことができるような図表——である。あるいは別の言い方をすれば、図表は平面的かつ静的なモデルである。他の種類の図表と同様に、モデルはデジタル、アナログ、両者の混合のいずれでもありうる。ピンポン玉と箸で作った分子モデルはデジタルである。風車の動く模型はアナログかもしれない。緑色の張り子紙《パピエマシエ》で草を、ピンクのボール紙でレンガを、プラスチックのフィルムでガラスを、というふうに作られた構内の縮尺模型は、寸法に関してはアナログだが、素材に関してはデジタルである。おそらく、モデルについての大量の混乱した妄想を一掃するための第一歩は、モデルが図表として扱えるものだということを受け入れることだろう。

とはいえ、配線図は言葉による説明書と、道路地図は空中写真と、船の模型は彫刻的再現と、それぞれどのように記号として有意にちがうのか。こうした問いはすべて先送りすることにしよう。というのも、ここでの私の目的は、図表とモデルを余すところなく研究することではなく、たんに先行の節で導入された概念と原理のいくつかを例を使って説明することだったからである。

本章の冒頭で、諸芸術における記譜法に関するいくつかの問いが提起された。それらの問いにはまだ答えていない。そもそも、それらに言及することすらほとんどしていない。記譜法と記号システム一般についての予備的な問題を検討している間は、それらの問いを棚上げしておく必要があったのである。とはいえ、そうした予備的な議論と冒頭の問いは、見かけほどには関係の薄いものではない。というのも、私の考えでは、一つの楽譜は記譜的言語の一つの符号であり、楽譜の準拠物は典型的には演奏であり、その準拠クラスは一つの作品だからである。われわれの成果は、諸芸術についての問いにどのように当てはまるのか。そして、ここでの知見は、他の哲学的問題に対してどのように反映されうるのか。次章で考えたいのは、こうした問いである。

原註

* Roger Sessions, "Problems and Issues Facing the Composer Today", in *Problems of Modern Music*, ed. P. H. Lang, New York, W. W. Norton & Co., Inc., 1962, p. 31.

（1）このことは、一般に楽譜と呼ばれているものすべてに当てはまるわけではない。この章において身近な言葉を体系的な用語として使う場合は、ほぼすべて日常的な用法の特殊化を伴っている。「楽譜」という語をそのように特殊化する理由は、前章からすでに明らかだろう。もちろん、〈一般には楽譜と呼ばれるが、ここで述べた基準では楽譜と見なされないもの〉が、そうした特殊化によって軽んじられているわけではない。たんに分類しなおされているだけである（第五章2をさらに参照）。

（2）論理学や数学や専門的な哲学の背景知識を持たない読者は、この章の残りをざっと読み飛ばしても問題ない。この章で詳しく論じられる原理は、後続の章の応用と実例を使った説明から推測できるだろう。

（3）パースは、ある語の「タイプ」とその「トークン」の区別を強調している。以下を参照。*Collected Papers of Charles Sanders Peirce*, vol. IV, ed. C. Hartshorne and P. Weiss, Cambridge, Mass., Harvard University Press, 1933, p. 423. タイプは、しるしがその事例またはメンバーになるところの普遍またはクラスのことである。本書で私は符号をしるしのクラスとして論じているが、この言い方は私にとって正式のものではない。たんにそれは、より好ましい言語に翻訳しやすいという理由だけで許容されているにすぎない。私の考えでは（*SA*, pp. 354–364を参照）、タイプを全面的に棄却して、いわゆる一つのタイプの諸トークンを、互いにレプリカであるものの集まりとして扱ったほうがよい。

印字は、別の印字のレプリカまたは真なるコピーであるためにその正確な複製である必要はない。実際、一般的に言って、類似の度合いがレプリカであることの必要条件や十分条件になることはない。この節の後半で論じられる実例をさらに参照。

（4）ルドルフ・カルナップの用語法による。以下を参照。Rudolf Carnap, *Der Logische Aufbau der Welt*, Berlin, Weltkreis-Verlag, 1928, p. 102. 英訳は以下の通り。*The Logical Structure of the World and Pseudoproblems in Philosophy*, trans. R. A. George, Berkeley, University of California Press, 1967, p. 119. カルナップによれば、ある関係Rの類似円 similarity-circle は、以下の二つを満たすクラスである。(1)それに属する任意の二つのメンバーは、R対を形作る。(2)あらゆるメンバーとR対を形作る非メンバーが存在しない。本文のケースのようにRが同値関係である場合、Rの類似円は抽象クラスと呼ばれる。ある抽象クラスのあらゆる非メンバーは、そのクラスのどのメンバーともR対を形作らない。というのも、仮にある非メンバーがあるメンバーとR対を形作ることになれば、同値関係が推移関係である以上、その非メンバーは他のメンバーそれぞれともR対を形作ることになり、結果として条件(2)に違反するからである。

（5）ここではたんに記号について述べているだけであって、記号が表わす数やそれ以外の何かについて述べているわけではない。たとえ分数の量が有限差別化されるものでなくても、アラビア数字による分数表記は有限差別化されている。本章5をさらに参照。

（6）稠密性またはコンパクト性と、連続性のちがい——有理数と実数のちがい——は、ここでは必ずしもたいした問題ではない。というのも、稠密な図式は、連続的であるかどうかにかかわらず、究極において差別化されないからである。なお「離散的 discrete」という語は、個別者同士が交差しないことを指すのにとっておきたい。それゆえ、いかなる稠密な下位図式も含まない図式は「完全に非連続な図式」または「全体的に非連続な図式」と呼ぶことにする。もちろん、「稠密な」と「非連続な」は「稠密に順序づけられている」と「非連続に順序づけられている」の省略である。ある特定の集合が、ある順序づけのもとでは稠密だが、別の順序づけのもとでは全体的に非連続である場合もある（註17をさらに参照）。

（7）別の場合には、二つの同時的な文脈によって、一つのしるしが同時に異なる読みを持つこともありうる。たとえば、

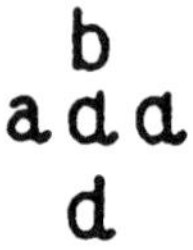

次の図をビルボード広告の文字として読むことを考えよう。中心の文字は、上から下に読むときはある文字の事例に、横に読むときは別の文字の事例になる。さて、この曖昧なしるしは、すべての「a」の印字ともすべての「d」の印字とも符号均等ではない（というのも、すべての「a」や「d」がこの二重性を持つわけではないからだ）。また、このしるしを「a」と「d」の両方であるものと見なそうとすれば、「a」と「d」のそれぞれにおける事例間の統語論的な同値性を犠牲にすると同時に、互いに素という条件に違反することになる。このしるしのタイムスライスを考えたとしても、この曖昧さは解消されない。むしろ、このしるしは——それが一つの印字であるとすれば——アルファベットに通常含まれる文字の印字ではなく、新しく追加された文字の印字なのである。さらに別の例も取り上げておこう。〔読みの〕向きが変化するケースと向きが複数あるケースである。向きの変化が是認されることで、一つのしるしがあるときには「d」であり別のときには「b」であるということがありうる。この場合、当の記譜法において印字と見なされるのは、当の持続するしるし自体ではなく、そのしるしの明確なタイムスライスのそれぞれである。一方、一つのしるしが同時に複数の向きを持つ場合——つまり、それが合法的に、同時に異なる方向からの異なる読みの対象になる場合——、そのしるしは、それと同じ複数の向きと読みを持つすべてのしるしからなる一つの符号に属すと考えてよい。

（8）離散性、重なり、その他についてのテクニカルな議論は、*SA*, pp. 46–61, 117–118を参照。記譜法の要素が離散的でなければならないというよくある考えがいかに見当はずれであるかについて注記しておく。第一に、記譜法の符号——クラスとしての——は、離散的というよりむしろ互いに素でなければならない。離散性は「クラス間ではなく」個体間の関係である。第二に、記譜法の印字が離散的である必要はまったくない。第三に、それぞれ異なる符号に属する原子的印字ですら、たんに当の記譜法に相対的に離散的である必要があるだけである。

（9）これは、ある語の外延に、その語の発音とその語が適用される対象の両方が含まれているということではない。ある記号の外延はつねにシステムに相対的なわけだが、いかなる標準的または日常的なシステムにおいても、ある語がその発音とその適用対象の両方に関係づけられることはないからである。

(10) 所与の自然言語の場合、関係づけの規則をいかに定式化するかは、印字をいかに原子的印字に分解するかと同じく、一意に定まることはほとんどない。むしろ、それは、当の言語がどのように分析・記述されるかに依存する。「ある言語」と言うとき、われわれはしばしば、なんらかのそうした体系的な定式化を経た言語のことを省略的に指している。

(11) 〔多義的なしるしの扱いを〕本章2で示した曖昧なしるしの扱いと比較せよ。非多義性は、印字または符号を特定の仕方で分割することで達成できる。とはいえ、その場合、統語論上の同値性が意味論上の事柄にもとづいて作られることになる。

(12) あるシステムが多義的かどうかは、本文で見たように、まさにどんなしるしがその印字として理解されるかや、それらがまさにどのような仕方で符号として分類されるかに依存するだけでなく、しるしと対象の間のまさにどんな関係が準拠を構成するものとして理解されるかにも依存する。たとえば、オト英語における「c」は多義的であると見なすのが自然である。というのも、「c」の音は軟音の場合も硬音の場合もあるからである。とはいえ、仮にすべての「c」――「ct」における「c」も含む――の準拠物を軟音としてとれば、「c」を多義的でないものとして考えることができる。その場合、「ct」のような符号は〔合成的ではなく〕素と見なされることになる。ここでの〔「c」や「ct」の準拠物をどう理解するかについての〕選択は、オト英語という言語をどう記述するかについての選択である。以下の議論では、当の文脈から明白にわかるかたちでそうした選択がすでに行なわれていることをしばしば暗に前提している。

(13) 冗長性と多義性は対をなす。多義性は、一つの符号に対して複数の準拠クラスがあることからなる。冗長性は、一つの準拠クラスに対して複数の符号があることからなる。とはいえ、多義性がないケースでも、一つの符号が多くの対象に適用されることはもちろんある。また、冗長性がないケースでも、ある対象が多くの印字に準拠することはもちろんある。

(14) 以下では、「有限差別化されている」をしばしばたんに「差別化されている」と呼び、さらにあとになると「分節化されている」と呼ぶことになる。また、引き続き「全体的に稠密である」を「稠密である」にしばしば短縮する。

(15) 五つの要件を唯名論的に受け入れ可能なヴァージョンに定式化する仕方は、問題の述語が——一項述語であるか多項述語であるかにかかわらず——すべて個体についての述語であるかぎりは、きわめて明白である。また、唯名論者は、クラスについての述語を消去不可能なものとして認める必要はない。というのも、唯名論者は、〔そもそも〕許容可能な言語がその手の述語を含むとは考えないだろうからである。

(16) ただし、ジョン・フォン・ノイマンによる議論を参照。John von Neumann, "The General and Logical Theory of Automata", in *Cerebral Mechanisms in Behavior*, ed. Lloyd A. Jeffress, New York, John Wiley & Sons, Inc., 1951, pp. 7ff. 〔「人工頭脳と自己増殖——オートマトンの論理学概論」品川嘉也、品川泰子訳、『世界の名著66 現代の科学2』中央公論社、一九七〇年〕

(17) これらの語の統語論的な順序づけ（アルファベット順に並んだ一文字の語から始まり、アルファベット順に並んだ二文字の語が続き——といった具合の順序づけ）は、全体的に非連続である。さらに、このシステムは統語論的に差別化されている。とはいえ、これらの語を意味論的な性質——それぞれの準拠物である点の線上での前後関係——にしたがって順序づければ稠密であり、このシステムは意味論的には全体的に差別化されていない。先に挙げた中にも同様の例がある。何分の何オンスの重さであるかによって物理的対象を異なる準拠物としてとるアラビア数字の有理数の例である。この場合、統語論的な順序づけは数字の順序から生じており、意味論的な順序づけは重さの順序から生じている。稠密であるか非連続であるかは、順序づけに依存する。それゆえ、同じ符号からなる一つのシステムが、異なる仕方で順序づけられることで、統語論的に全体的に非連続かつ意味論的に稠密になったり、統語論的に稠密かつ意味論的に全体的に非連続になったりすることがある。後者の種類のシステムは、もちろん言語には見られないものだ。言語——自然言語であれ記譜的言語であれ——は、つねに統語論的に差別化されているからである。一方、非言語的システムの中には後者の例がある。先に挙げた（本章7）円周上のあらゆる点がそれぞれ一つの符号を構成する目盛りのない計数器のシステムは、その一例である。また、より重要な例にあとで触れることになる（第六章2）。

(18) 個々のコンピュータはつねにこうしたかたちで制限されている。とはいえ、その点では死すべき運命を持つ個々の人間も同じである。十進法や英語といったシステム自体にそうした制限が課されているわけではない。

(19) 目下の文脈では、「選び出す」や「選択する」や「決定する」は、なんらかの熟慮を含意するものではない。たんに、「代替可能な複数の反応の中から一つを与える」ということである。ランダム要素を持つコンピュータについては、以下を参照。A. M. Turing, “Computing Machinery and Intelligence”, *Mind*, vol. 59 (1950), pp. 430–460.〔「計算する機械と知性」新山祐介訳、オンライン記事、二〇〇一年 http://www.unixuser.org/~euske/doc/turing-ja/〕

(20) この節を通して私が試みているのは、補完の過程についての単純な図式的分析だけである。〔補完のあり方には〕あらゆる種類の多様さと複雑さがありうる。補完の作業は、一つの曲線ではなく曲線の集まりを選ぶことかもしれない。たとえば、求められているのが一つまたはごく少数の横座標上の縦座標だけである場合、それらの横座標において一致する曲線同士のちがいは無視できる。あるいは、当の機械に求められているのは、データに適合しない曲線を除外することではなく、なめらかさのようななんらかの基準を満たす曲線の中から、データの適合にもっとも近づく曲線——たとえそれが〔データとして与えられた〕点の一部または場合によってはすべてを通らないものだとしても——を見つけることかもしれない。あるいは、要求される応答は、曲線を選んだり除外したりすることではなく、相対的な確率にしたがって曲線を格づけすることかもしれない。あるいは、過去の問題についての経験を考慮に入れる仕方は、もっと複雑で繊細かもしれない。あるいは、〔選択肢間の〕優先順位が使われる場合、その順位がある種の簡潔さにもとづいていたり、より多くの、あるいは別の要因にもとづいていたりするかもしれない。また、その順位は固定的な場合も可変的な場合もある。そして最後に、ここで言う「点」と「曲線」は、より一般的に「事例」と「仮説」と読み替えることができるだろう。とはいえ、以上のことはすべて、本文の中心的な議論の妨げになるものではない。

(21) *FFF*, pp. 72–81 と比較せよ。

(22) 以下と比較せよ。Marvin Minsky, “Steps toward Artificial Intelligence”, in *Computers and Thought*, ed. E. A. Feigenbaum and J. Feldman, New York, McGraw-Hill Book Co., Inc., 1963, pp. 448–449.〔『コンピューターと思考』阿部統、横山保監訳、好学社、一九六九年〕この論文は、もともと一九六一年の *Proceedings of the Institute of Radio Engineers* のコンピュータ特

集号に収録されたもの。

（23）こうした図表の扱いの例外は、『ブリタニカ百科事典』第十一版第八巻（*Encyclopedia Britannica*, Cambridge, England, Cambridge University Press, 1910）のクラーク・マクスウェルによる図表についての記事（pp. 146–149）である。こうしたモデルの扱いの実例は、同じ版の第十八巻（1911）のボルツマンによるモデルについての記事（pp. 638–640）である。

（24）第二章4で述べたように、サンプルは、それが例示するラベルを指示する役割を持つ場合があり、結果としてそのラベルと共外延的になる場合がある。たとえば、サンプルの家が、同時に住宅団地の諸々の家――その家自体を含む――の指示的モデルとしても機能することがある。そして、その場合、その家はラベルとしてのそれ自身を例示することになる。このサンプルの家とミニチュア模型のちがいは、「多音節の」という語と「単音節の」という語のちがいと同じ〔つまり、自己例示しているかどうか〕である。同様に、ある図式の文字通りの適用は、隠喩的な適用のモデルになる場合もあるし、そのすべての適用対象のサンプルであると同時にその指示的モデルである場合もある。ついでに言えば、モデルは――ときおりそのように考えられることがあるが――必ずしも隠喩的ではない。あるモデルの適用が隠喩的であるかどうかは、他の種類のラベルの場合と同じく、当の適用があらかじめ確立している文字通りの適用に先導されているかどうかによる。

訳註

＊1　「notation」は、テクニカルな用法（この章で定義されるもの）の場合はすべて「記譜法」と訳す。一方、「notation」が一般的な用語として使われており、かつ「記譜法」と訳すと明らかに不自然なものは、適宜「表記法」や「記数法」などと訳す（たとえば「アルファベット表記法」）。「notational」は一貫して「記譜的」と訳す。

＊2　記号システムは、記号図式（符号の集合）と表示対象の領域（それぞれの符号の表示対象の集合）からなる。つまり、記号図式は記号システムの統語論的側面である（本章4を参照）。ここで述べられているのは、記号図式が

＊3　記譜的であることは記譜的な記号システムの必要条件だが十分条件ではないということである。本文にあるように、このテクニカルな用語法における印字には、文字通りの記された文字だけでなく、音声的な発話などを含む、あらゆる符号の事例が含まれる。原註3にあるように、符号と印字の関係は、おおまかにはタイプとトークンの関係として理解してよい。「しるし」については明確な規定はないものの、特定の符号の事例（印字）であるかどうかにかかわらず、知覚可能または測定可能ななんらかの単位（たとえば紙の上のインクのしみ）を一律に指すものだろう。

＊4　第二章訳註16を参照。

＊5　簡単にまとめておく。記譜的図式の第一の要件（同じ符号に属する印字間での符号均等性）は、ある符号に属する印字はそれ以外の符号に属さないということである。それゆえ、異なる符号は印字を共有しない（符号同士が互いに素）。第二の要件は、〈符号の分節が無限に細かい部分があるおかげで、あるしるしが特定の符号に属すかどうかがわからない〉ということが理論上一切ないということである。つまり、符号の分節の細かさが全体的に有限である。

＊6　原註8にあるように、ここでは、集合としての互いに素（要素を共有しない）と、メレオロジカルな意味での離散的（部分を共有しない）の区別が指摘されている。図7では、「a」の印字と「e」の印字はメレオロジカルな部分を共有している（つまり重なっている）が、だからといって符号「a」と符号「e」が互いに素ではない（つまり「a」と「e」に同時に属するしるしがある）ということにはならない。

＊7　符号がクラスである以上、符号としての「d」が複数個あるという言い方はおかしいということ。複数個ありうるのは印字である。

＊8　「field of reference」は「表示領域」と訳す。実際には、これは当の記号図式に含まれる諸符号の表示対象からなる領域である。第二章6の「領野」についての記述も参照。なお、「correlate」は一貫して「関係づける」と訳す。この語は、基本的に記号図式と表示領域の結びつきを指す場合に使われる。

＊9　「compliance」は「準拠」、「compliant」は「準拠物」と訳す。「compliance」は基本的に準拠するという関係を指すが、

＊10 「compliance-class」は準拠物（何かに準拠するもの）のクラスである。なお、日本語の一般的な用法では、「準拠」が準拠するものではなく、準拠されるものを指すことがある。本書における「準拠」がこの後者の意味で使われることは一切ない。

＊11 補足しておく。合成的印字は、簡単に言えば、それを構成する各印字の準拠物とそれら印字の組み合わせから全体の準拠物が定まるような複合的印字である。つまり、いわゆる合成性の原理に従う印字である。なお、ここでの「prime」と「composite」という言い方は、明らかに「素数 prime number」と「合成数 composite number」から引かれている。訳語上まぎらわしいが、「互いに素 disjoint」と「素 prime」は別概念である。

＊12 集合間の互いに素と個別者間の離散性の区別が、意味論レベルについても言われている。訳註6も参照。

＊13 一九〇五年に南アフリカで発見された史上最大のダイヤモンド原石。巨大さのゆえに、九つの大きな石と多数の小さな石に切り分けられた。ここでは、切り分けられるまえの一個の原石か、切り分けられた石のうちの特定の一つを指していると思われる。

＊14 文脈からして、ここで消去されるとされる記録は実際に提示されてあるデータだけであって、それらを処理した履歴は保持されている。

＊15 「豚の頭を持つ pigheaded」は頑固であることを指す慣用語。「鶏の頭を持つ henheaded」は標準的な言い回しではないが、鶏の頭の動きが無作為に見えることを想定したものだと思われる。

＊16 動詞の「model」は一貫して「モデル化する」と訳す。モデル化は、モデルとそれがモデル化するものの関係である。文章上の煩雑を避けるために、後者は一部「モデル化の対象」と訳す。

＊17 サンプルであるには、例示対象の事例である必要がある。第二章4を参照。

Ecce modus primus
Septimus armoniacus
sic noscitur atq; secundus.
teneat hanc Octa
Accipitur tritus sic
uus ex istam
Quartus et iste
probatur Quintus
adest iste Sextus
sic noscitur esse

11 世紀後半の手稿譜。

Fol. 127 v. from Lat. 7211, Bibliothèque Nationale, Paris.

第五章　譜《スコア》、スケッチ、書《スクリプト》

ご存知のように、どんな実験も正確に繰り返すことはできません。必ずどこかにちがいがあるものです。……一つの実験を繰り返すと言われる場合に実際に行なわれているのは、実験が持つ諸特徴のうち、ある理論が関与的であると定めている特徴のすべてを繰り返すということなのです。言い換えれば、その実験を当の理論の実例として繰り返すということです。

ジョージ・トムソン卿*

1　譜

譜 score[*1]は、記譜的システムにおける符号である。音楽記譜法であっても、あらゆる符号が譜になるわけではない。とはいえ、私は準拠物を持ちうる符号をすべて一つの譜と見なす。この規定は、譜は完成した楽曲でなければならないとか譜は実際に空でない必要があるといったことを要求するものではないが、たとえば純粋に共義的 syncategorematic な符号[*2]は譜から除外される。私は、このように「譜」の適用を広げることで、音楽記譜法だけでなく、任意の記譜的システムで記述される種類の符号を包括する。(1)

同様に、私はそうした符号の準拠物をしばしば上演 performance と呼ぶが、それらの準拠物は、日常的な言葉づかいからすると上演されるものではなかったり、場合によっては出来事ですらないこともある。また、その準拠クラスがいかなる通常の意味でも作品ではないようなもの――たとえば、自然物がたまたま集まってできたもの――である場合でも、それをしばしば作品と呼ぶ。以上の言葉づかいによって、音楽という主要な例と、それによって例証される、より一般的な原理の両方に対する注意を維持しやすくなると思われる。

次の点をはっきりさせておこう。一つの譜は一つの作品を定義するが、[*3]それは競合相手を持たない固有で特権的な定義である。譜によって一つのクラスが一意に決まる。これは、通常の定義によって一つのクラスが決まるのと同じである。しかし、通常の定義の場合とはちがって、譜のほうもまた当のクラスに属するそれぞれのメンバーによって一意に決まる。〔そこで使われている〕記譜的システムと、ある譜の一つの上演があれば、その譜は復元可能なのである。作品の同一性および譜の同一性は、準拠する上演から譜の印字へ、譜の印字から準拠する上演へ、譜の印字から真なるコピーへ、といった一連の移行の任意の段階において維持される。このことを保証するのは、譜を書くための言語が記譜的でなければならない――先述の五つの要件を満たさなければならない――という事実であり、またそれだけである。素材が〔譜として記述される以前に〕もとから分割されているという前提は必要ないし、一つの作品の諸々の上演が互いに多くの点で大きく異なっていてもよい。

先に言及したように、冗長性は記譜性に対するよくある些細な違反である。冗長性の実質的な影響は、いま述べたような一連の移行において〔同じ〕譜の印字が互いに真なるコピーに必ずしもならないということである。しかし、その場合でも、それらはすべて意味論的には同値になる。つまり、〔その譜に準拠する〕すべての上演が同じ作品に属すのは変わらない。〔冗長性によって〕譜の維持は保証されなくなるが、作品の維持は依然として保証される。それゆえ、作品の維持が最重要であり、譜の維持が付随的であるかぎりで、冗長性は許容できる違反である。

われわれがふだん使う自然言語は、どれも記譜的システムではない。そうした談話的言語は、[*4]二つの統語論的要件は満たすが、三つの意味論的要件を満たさない。それゆえ、一つの定義（または互いに共外延的な諸定義の集まり）が、当の定義されるクラスに属する一つのメンバーによって一意に決まることはめったにない。また、すでに見たように、それは必ずしも多義性のせいではない。たとえば、手押し車は、モノ英語の中のさまざまな準拠クラスに属す。それは「wooden object」〔木製のもの〕や「wheeled vehicle」〔車輪のついた乗り物〕などといった、外延的に異なる多くの記述に準拠するのである。こうした言語では、特定の対象が合致する唯一の定義（または互いに同値の諸定義の唯一の集まり）といったものはない。一方、記譜的システムでは——もっと言えば、冗長である以外は記譜性の要件を満たすシステムでも——一つの特定の上演に対する譜はすべて共外延的である。つまり、そのようなシステムでは、それらの譜はすべて、同じ上演群を準拠物として持つ。

2 音楽

ここまでで論じてきたのは、一般理論の問題である。諸芸術においては記譜的システムと思われるものが実際に使われているわけだが、それらについてはまだ何も詳しく検討していない。標準的な音楽記譜法は、身近かつ顕著な実例である。それは、複雑であると同時に使いやすいものであり、またアラビア数字の表記法と同じく、多くの異なる言語の使用者の間で使われているものでもある。それに代わる記譜法として十分に普及したものは、いまのところない。中国やインドといった他の文化が〔西洋音楽の標準的な記譜法と〕同程度の実用性を持った音楽記譜法を発展させるということも、ずっとなかったらしい。標準的な音楽記譜法に対して近年なされている反抗の多様さと活力は、それがいかに権威を持ったものであるかを示している[2]。

通常の音楽記譜法は、鍵盤楽器――互いに分離した鍵を持ち、音程の間に間隔があるもの――の誕生に起源があるとしばしば考えられてきた。しかし、本当の意味での記譜法や鍵盤楽器が正確にいつ誕生したのかという問いは、あまりにつかみどころがない。それゆえ、この〔音楽記譜法が鍵盤楽器の誕生に起源を持つという〕仮説は、なんらかの歴史的な調査によって結論が出るようなものではほとんどない。また、それ以前に、その仮説がそもそもあやしい。アルファベット表記法がタイプライターの発明を待つ必要がないのと同じように、音楽記譜法はクラヴィコードの発明を待つ必要がない。記譜的な図式やシステムの開発は、〔印字や準拠物としてそれに含まれることになる〕しるしや対象のうちに――互いに素かつ差別化された集合に分けられるというかたちで――内在的な分節があるかどうかに左右されない。むしろ、〔しるしと対象の〕いずれの領域も実質的な連続体であるにもかかわらず、記譜的な図式やシステムが成り立つことは頻繁にある。

中世初期の音楽の手稿譜では、歌詞の音節や単語の上部にしるしを置き、その位置がより高いか低いかによって音高を示すことがあった。[3] これに水平の線がつけ加えられるようになったのは、もっとあとになってからだ。はじめ、こうした線は、〔しるしの〕絶対位置を判断するためのたんなる目安として機能していたと思われる。つまり、アナログな計器として読まれる温度計につけられた目盛りと同様である。本物の記譜法の要素が現われるのは、線とその合間がそのシステムの符号になり、音節や音符記号[*5]の位置がたんにそれらの符号のうちの一つを選び出すという働きしか持たなくなるときである。とはいえ、ここでの私の第一の関心は、〔楽譜の〕起源や発展にではなく、楽譜の言語が本当の記譜的システムの資格をどれだけ十分に持つかにある。

記譜法の統語論的要件が〔楽譜に〕一般に当てはまるのは、まったく明らかである。もちろん、音符じるしが、ある音符符号に属すのか別の音符符号に属すのかがはっきりしないようなかたちで置かれることはあるだろう。しかし、どんな場合であれ、音符じるしが二つの音符符号の両方に属すことはない。音符じるしに見えるものは、〈それはある特定の符号に属するものであり、それ以外のいかなる符号にも属するものではない〉ということが確定しないかぎりは、当のシステムの印字とは見なされないのである。楽譜の符号は、それが数字であろうが文字であろうがそれ以外であろうが関係なく、そのほとんどが統語論的に互いに素かつ差別化されている。それゆえ、楽譜の記号図式は十分に記譜的であり、楽譜の言語は本当の意味で一つの言語である。とはいえ、この言語は記譜的システムなのだろうか。つまり、それは意味論的要件も満たすのだろうか。

ピアノ譜だけを単独に考えた場合、その言語はきわめて冗長である。というのも、たとえば、同じ音出来事が複数の符号——Cシャープ、Dフラット、Eトリプルフラット、Bダブルシャープなどを表わす諸々の符号――に準拠するからである。[4] しかし、すでに見たように、冗長性はたいした問題ではない。より重大な問題が生じるのは、他の楽器のための譜と一緒に考えた場合である。ヴァイオリン譜では、Cシャープを表わす符号とDフラットを表わす符号は、いかなる準拠物も共有しない。[5] さて、このように二つの符号が〔ピアノ譜において〕一部の準拠物を共通に持ち、同時に〔ヴァイオリン譜において〕他の準拠物を別々に持っている場合、それらの符号の二つの準拠クラスは真にproperly交差しており、意味論的に互いに素の要件に明白に違反している。とはいえ、この説明には見落としがある。あらゆる演奏はあれやこれやの楽器によるものである以上、この二つの符号は、それぞれ空の原子的符号であると考えることができる。つまり、それらは、〔それ単独では空だが〕異なる楽器指定と組み合わせることで異なる素符号を形作ることのできる符号と見なせるのである。ピアノ譜の場合、〔楽器指定との組み合わせの〕結果としてできる二つの素符号の準拠クラスは、同一である。ヴァイオリン譜の場合、結果としてできる二つの素符号の準拠クラスは、互いに素である。このように考えるかぎりでは、〔ピアノ譜とヴァイオリン譜の〕どちらの対も、〔楽器指定と組み合わせる以前の〕原子的な空符号の対も、それら六つの符号すべての集合も、意味論的に互いに素の規則に――前述の冗長性以外の仕方では――違反しない。*6

全音符、二分音符、四分音符、八分音符……というかたちで〔音の長さの分割が〕際限なく続くと想定しよう。この場合、意味論的な有限差別化という要件に反することになる。というのも、音符記号をタイでつなげることで、音の長さが任意の細かさで異なる音符を表わすための符号を作ることができるからである。結果として、ある音符のいかなる響きについても、それが高々一つの符号に準拠するということが確定できなくなるだろう。もちろん、いまある楽譜や楽譜集では、音符記号の個数もそれぞれの音符記号につけられる符尾の個数も有限である。しかし、〔たんに事実として符尾が有限であるというだけでなく、〕当のシステムにおいて、そもそも何個までの符尾が許容されるのかについての暗黙の――または明示的な――制限がさらになければならない。そのような制限がなければ、演奏から楽譜を復元することは理論的にすら不可能になるだろうし、演奏間での作品の同一性も保証されなくなるだろう。結果的に、記譜的システムの主目的を果たすことができなくなる。理論上はどんな制限でもよい。とはいえ、伝統的には、ひとまず五つの符尾に――つまり百二十八分音符に――〔分割の上限が〕設定されているようである。

そういうわけで、このシステムに固有の音楽符号の主要部分について言えば、記譜法の統語論的要件だけでなく意味論的要件もおおむね満たしているように思われる。一方、数字符号やアルファベット符号もまた楽譜で使われるわけだが、それらについては同じことが言えない。

まず、一部の楽曲は、「数字付き低音」[*7]や「通奏低音」を伴って書かれている。これらは、演奏家に一定範囲の選択肢を与えるものだ。さて、この手の楽譜によって確定される演奏クラスがある程度幅広いものだとしても、それらが依然として互いに素であるかぎりはとくに問題は起こらない。[(6)]〔記譜法の目的にとって〕重要なのは、〔演奏が〕具体的に特定されているかどうかではなく、互いに区別できるかどうかだからである。しかし、あるシステムにおいて、数字付き低音の表記法と〔和音を構成する〕音符を具体的に特定する表記法の一方を選んで使うことが認められており、かつ、いずれを使うべきかがあらゆるケースについて厳密に決められているわけではない場合には、そのシステムは記譜的システムの条件に実質的に違反する。というのも、その場合、そのシステムに属する一部の符号の準拠クラスが、別のより一般的な符号の準拠クラスに真に含まれることになるからである。二つの楽譜印字があり、一方は数字付き低音の表記法で、もう一方は音符を具体的に特定する表記法で書かれているとしよう。このとき、たとえ両者に準拠する演奏がある程度共通であったとしても、両者はそのことによって意味論に同値になるわけではない。前者の楽譜に準拠する二つの演奏が、互いに共通する準拠物を一切持たない二つの〔後者の種類の〕具体的に特定された楽譜にそれぞれ別々に準拠することもある。そういうわけで、全体として見た場合の楽譜の言語は、それが数字付き低音の表記法と音符を具体的に特定する表記法のどちらを使うかを自由に選べるものであるかぎりにおいて、本当の意味で記譜的ではない。むしろ、それは二つの下位の記譜的システムから成り立っている。演奏間での作品の同一性を保証しようとするなら、使用するシステムとして〔二つのうちの〕一方を指定し、それを固持しなければならない。

おおよそ同じことが自由なカデンツァについても言える。この場合もまた、演奏家は十分な自由を許されている。そして、自由なカデンツァのための楽譜の準拠クラスは、他の楽譜——独奏楽節が一音ずつすべて具体的に特定された楽譜——の準拠クラスを真に含んでいる。独奏楽節が完全に特定されているのか、あるいは自由なカデンツァとして指定されているのかをあらゆるケースについて確定する方法がないかぎり、ここでもまた、楽譜の言語が純粋に記譜的なものではなく、下位の記譜的システムに分割されるものであることを認めなければならない。

楽章のテンポを表わすのに言語的な表記法を使うことからは、別の種類の難点が生じる。そこで使われる言葉が日常的なモノ言語からとられているということ自体は問題ではない。「記譜的」は「非言語的」を含意しないし、談話的言語から符号とその準拠クラスを選びとることがつねに記譜性の条件の違反になるわけでもないのである。問題は、借用された語彙が意味論的要件を満たすかどうかである。ここで、テンポを表わす語彙が実際にどんなものかを見よう。テンポの語彙に含まれるのは、「アレグロ」、「アンダンテ」、「アダージョ」といったよくある語だけではない。いくつかの室内楽のプログラムから引いてみれば、他にも以下のような大量の語がある——プレスト、アレグロ・ヴィヴァーチェ、アレグロ・アッサイ、アレグロ・スピリトーソ、アレグロ・モルト、アレグロ・ノン・トロッポ、アレグロ・モデラート、ポコ・アレグレット、アレグロ・クワジ＝メヌエット、メヌエット・ウン・ポコ・ディ・モート、ロンド・アラ・ポラッカ、アンダンティーノ・モッソ、アンダンティーノ・グラツィオーソ、ファンタジア、アフェットゥオーソ・エ・ソステヌート、モデラート・エ・アマビーレ——。おそらくこれらの語のほとんどは、速度とムードを指し示すために使われるものだと思われる。たとえ多義的でないことが奇跡的に維持されたとしても、意味論的に互いに素であることは維持されないだろう。また、テンポは、速い、遅い、速いと遅いの間、〈速い〉と〈速いと遅いの間〉の間……といったように際限なく細かく指定することができる。それゆえ、意味論的な差別化の要件もまた満たされない。[7]

このように、テンポを言語的に表わす仕方は記譜的ではない。テンポを表わす言葉は、当の楽譜が演奏間で作品を同定する機能を果たすものであるかぎりは、その楽譜に不可欠な部分ではありえない。ある演奏が指定されたテンポから逸脱したところで、それが当の楽譜によって定義される作品の事例——いかに悲惨な事例であれ——としての資格を失うことはない。というのも、こうしたテンポ指定は、作品を定義する楽譜の不可欠な部分と見なされることはなく、むしろ補助的な方向づけだからである。その方向づけに従ったり従わなかったりすることは、演奏の質には影響するが、作品の同一性には影響しない。一方で、テンポのメトロノーム指定は、明白な制約が課され、かつその制約を普遍的に要求するシステムのもとにある場合は、たしかに記譜法の資格を持ち、楽譜そのものに属するものとして解釈できる。

ここでは、標準的な楽譜の言語に関連する問題のうち、ごく少数の目につく例をかなり大まかに論じたにすぎない。とはいえ、その議論の結果として次のことが示唆される。まず、さすがに実際に定常的に使われてきた伝統的なシステムだけあって、標準的な楽譜の言語は記譜性の理論的な要件をおおむね満たす。また、〔記譜法の要件に対する〕違反を正すために必要な削除と修正は、かなり単純かつ局所的なものである。どのみち、実験室の外では化学的な純粋さをほとんど期待できない。

ある作品の楽譜に完全に準拠することが、その作品の本当の事例であるための唯一の要件である。それゆえ、いかに悲惨な演奏であっても実際のミスがないかぎりは本当の事例と見なされる一方で、いかに見事な演奏であっても音符のまちがいが一つでもあれば本当の事例とは見なされない。作品の事例として認められる演奏に対して、ある程度の制限された〔当の楽譜からの〕逸脱を許容することで、こうした理論的な語彙を、通常の実践や常識によりよく一致させることができるという考えがあるかもしれない。一音まちがえただけで当の作品の演奏ではなくなるなどという考えは、実際に活動している音楽家や作曲家からすればふつう腹立たしいものだろう。また、日常的な言葉づかいでは、多少の音符のまちがいに目をつぶることがたしかに認められている。しかし、これは日常的な言葉づかいがすぐに面倒を引き起こすということの一例である。仮に、互いに一音だけ異なる演奏は同じ作品の事例であるとしよう。この一見無害な原理は——同一性の推移性を踏まえると——どんなものであれすべての演奏は同じ作品の事例であるという帰結をもたらすおそれがある。最低限の逸脱を認めただけで、作品および譜〔の同一性〕の維持を保証するものがまったく失われてしまう。というのも、一音削除、一音追加、一音変更といった誤差を積み重ねることで、はるばるベートーヴェンの《交響曲第五番》から《三匹の盲目ネズミ》まで行き着くことができるからである。たしかに、楽譜は演奏の特徴の多くを不特定のままに残すだろうし、その他の特徴についても指定された制約の範囲内であればかなりの多様さを許容するだろう。しかしそれでも、正しい演奏であるためには、楽譜に特定されているものに完全に準拠することが必要である。もちろんこれは、こうしたテクニカルな言説にとっての切迫した問題が、われわれのふだんの言葉づかいをも左右すべきだという話ではない。私は、日常的な言説について、ピアニストが一音まちがえた場合には「そのピアニストはショパンのポロネーズを演奏した」と言うのをやめたほうがよいなどと言いたいわけではない。それはちょうど、クジラを魚と呼ぶとか、地球を球体と呼ぶとか、灰色がかったピンク色の〔肌の〕人間を白人と呼ぶとかいった日常的な物言いをやめたほうがよいなどと言わないのと同じである。

標準的な音楽記譜法は、長らく圧倒的な独占状態にある。このことはまた、それに対する反発やそれに代わるシステムの提案を不可避に引き起こしてきた。作曲家たちの不満はさまざまである。たとえば、標準的な音楽記譜法で書かれた楽譜が指定する特徴は少なすぎるとか、逆に多すぎるとか、まちがっているとか、あるいは正しい特徴を指定する場合でも指定が厳密すぎるとか、十分に厳密でないとか、そういった不満である。どの分野でも同様だが、音楽記譜法の変革者が目指すのは、音楽制作の手段をより制御できるものにする、より制御できないものにする、別の仕方で制御できるものにする、といった

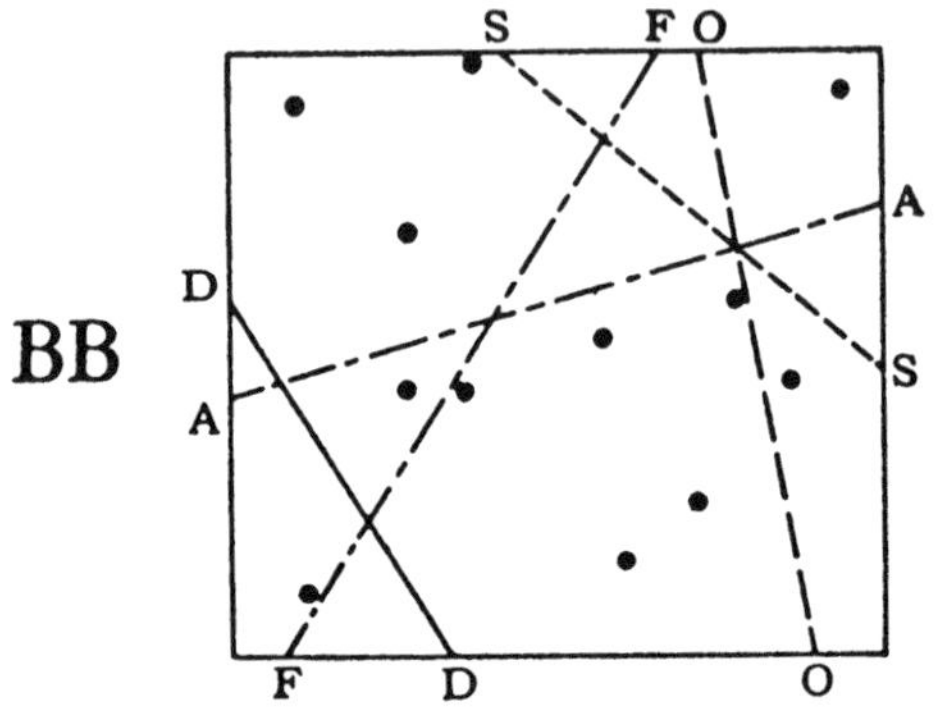

図11

ことだろう。

ジョン・ケージは一つの単純なシステムを考案した。これはおおよそ次のようなものである（図11）。長方形の内側に置かれた点は、それぞれが一つの音を表わしている。五つの直線が、いろいろな角度で、場合によっては互いに交差するように、長方形を横切るかたちで引かれている。これらの直線は（それぞれ別個に）周波数 frequency、持続時間 duration、音色 timbre、振幅 amplitude、音の並び succession を表わしている。ある点がどのような音を示すかを決める有意な要素は、その点から各直線までの垂直距離である。[8] このシステムは記譜的ではない。というのも、意味を持つ最小の角度単位と距離単位が定められておらず、統語論的な有限差別化が欠けているからである。このシステムでは位置のちがいが符号のちがいを形作るわけだが、そのちがいの細かさに関してなんらかの制限が設定されないかぎりは、どんな測定をしても、任意のしるしについて、それが他のどの符号でもなくこの一つの符号に属すということを確定できない。同じように、このシステムのもとでは、どんな測定をしても、ある演奏が他のどのしるしでもなくこの一つのしるしに準拠するということを確定できない。さらに、それらの記号の解釈次第では、統語論的および意味論的に互いに素の要件もまた満たされなくなる。[*8] ここでの論点は、標準的な楽譜の場合に比べて、作品が厳格に定められないということではない。というのも、記譜的システムにおける符号クラスおよび準拠クラスは、互いに素かつ差別化されているかぎりは、どんな大きさであってもよい〔つまり厳格に定められなくてもよい〕からである。一方、ケージが提案したシステムのもとでは、互いに素かつ差別化された符号も準拠クラスもない。そこには、記譜法も言語も譜もないのである。

次のような反論があるかもしれない。われわれが〔このシステムで描かれた〕オリジナルの図面を持っており、かつ、写真的な手段を使って、必要な度合いの、またはかなりの度合いの正確さの範囲内でその図面を複製できる場合には、このシステムが統語論的な差別化を欠いていることはほとんど問題にならないだろう――このような反論である。しかし、複製の不正確さがいかに小さいものであっても、複製の複製の……というかたちで複製を続けていけば、結果的にオリジナルから任意の程度で逸脱したものになりうる。もちろん、オリジナル（それが利用できるのであれば）との直接的な比較によって、有意な逸脱を見つけ〔て除外す〕ることはできる。しかしそれでもまだ、有意に異なる二つのオリジナルについて、いずれとも有意に異ならない第三のオリジナル（またはいずれかのコピー）がありうる。この方法で記譜法の要件を満たすには、有意な逸脱についての制限だけでなく、符号同士が互いに素であることを保証する手段も必要である。

ここで私は、いま述べたようなシステムを採用することがそれでもなお良い考えなのかどうかについて判決を下したいわけではない。私はそのような判断をするのに適任ではないし、それを求められてもいないだろう。私は、一つの記譜的システムから別の記譜的システムへのたんなる移行では済まない多くのものが〔ケージのシステムに〕含まれているということを指摘しているだけである。また、「記譜法」、

「譜」、「作品」といった言葉の正しい使い方について理屈をこねたいわけでもない。それはフォークの正しい使い方以上にどうでもよい問題である。重要なのは、ケージのシステムが、複数の演奏を一つの作品として同定する手段や、さらには複数のしるしを一つの符号として同定する手段すら備えていないという点である。このケージの自筆の図表の真なるコピーとして、またはその図表の演奏として、確定できるものは何もない。あるのはただ、その唯一の対象にならったコピーとそれにならった演奏だけである。それはちょうど、スケッチにならったドローイングや絵画があるのと同様である。もちろん、これと同じことは、本章の口絵に示した中世の手稿譜にも言えるだろう。変革はときとして逆行なのである。

〔演奏解釈の〕自由放任主義という極端な考え方のおかげで、ある種の作曲家は、演奏家がなんでも好きなように演奏する自由をわずかにしか制限しないシステムを使ってきた。このように演奏家に自由裁量を認めることは、記譜性と相反しない。符号が二つしかないシステムを考えよう。一方の符号は〈中央のCから始まるすべてのピアノの演奏〉を準拠物として持ち、もう一方の符号は〈それ以外のすべての演奏〉を準拠物として持つ。このようなシステムですら記譜的である――このシステムには二つの作品しかありえないが。とはいえ、当然のことながら、適用の幅が広い符号を持つシステムは、意味論的に互いに素ではないことが多い。

これと正反対の考え方もある。ある種の電子音楽の作曲家は、持続的な音源とその駆動手段を使い、人間の演奏家の代わりに機械装置に任せることで、演奏における自由裁量を完全に排除して「正確な制御」を達成することを目指している。(9) しかし、たんに拍子をとることだけが問題になっている場合を除けば、いかなる記譜的システムでも絶対的に正確な指定を達成することはできない。差別化には、連続性を壊す断絶が必要なのである。十進法を例にしよう。このシステムを使って絶対的な正確さを追求しようとすると、それぞれの桁の数字をかぎりなく細かく書き出していかなければならないだろう。どこであれ有限の桁数で止めれば、いくらかの不正確さが残ることになる。そして、その不正確さがいかに小さいものであっても、〔同じ作業を〕十分に多く繰り返せば、任意の量の不正確さになりうる。そういうわけで、正確な制御のためには、記号システムは統語論的にも意味論的にも稠密――つまり、アナログまたは図形的なシステム――でなければならないはずである。この場合、あらゆる不正確さは、その記号システムからではなく、機械や人間の誤りや限界から生じることになる。しかし、このシステムにもまた〔先のケージの例と同じように〕記譜法も譜もない。皮肉なことに、絶対的で不動の制御を求めると、純粋にオートグラフィックな作品に帰着するのである。

現代の作曲家によって作り出された記号システムの多くは、エアハルト・カルコシュカによって記述・図示・分類されている。[10] われわれとは異なる動機からではあるが、カルコシュカはそれらのシステムを四つの基本的な種類に分類している。

(1) 精密な記譜法（*Präzise Notation*）――たとえば、すべての音符が指示されているもの。
(2) 範囲記譜法（*Rahmenotation*）――たとえば、音符の許容範囲だけが定められているもの。
(3) 示唆的記譜法（*Hinweisende Notation*）――せいぜい音符間の関係やおおよその許容範囲だけが指定されているもの。

(4) 図形楽譜

明らかに、第一と第二の種類のシステムは、われわれの用語法における記譜的システムになることもならないこともある。第三の種類のシステムは、一般に記譜的でないと思われる。そうしたシステムには、たとえば日常的な言語によるテンポ指定が含まれる。とはいえ、音符間の関係——たとえば、ある音符は前の音符の二倍の音量であるとか一オクターブ下であるとか——だけを指定するシステムは第三の種類に属すように思われるが、それでも記譜的でありうるだろう。グレゴリオ聖歌に使われたシステムは、この種のものだったかもしれない。カルコシュカは、第一から第三の種類について次のように述べている（p. 80）。「ある作品は、通常の時空間の座標系を基底として持ち、スケッチよりも記号であり、本質的に直線的であるとき、精密な記譜法、範囲記譜法、示唆的記譜法の三つの領域に属す」。第四の種類である図形楽譜は、明らかに主にアナログのシステムからなっており、統語論的な分節化も意味論的な分節化も欠いている。つまり、それは非記譜的で非言語的なシステムである。こうしたシステムは、譜や記述というよりは図表やスケッチを生み出すものである。

3 スケッチ

画家のスケッチは、作曲家の楽譜と同じように、作業の指針として使うことができる。楽譜とスケッチに決定的な身分のちがいがあることが見過ごされてきたのは、これが理由かもしれない。スケッチは、楽譜とはちがって、言語や記譜法によるものではなく、統語論的な差別化も意味論的な差別化も欠いたシステムによるものである。先に挙げたケージのシステムでは、点と線の間の特定の関係だけが関与的だった。一方、スケッチが持つ絵画的性質には、関与的でないとして無視できるものは一切ない。しかし、いずれの場合も、いかなるものについても高々一つの符号に属す（または準拠する）ということが確定できない。このように、本当の意味での楽譜が、一つの音楽作品の諸演奏――つまり、その作品の固有で互いに同値な事例群――のクラスを選び出すものであるのに対して、スケッチは、一つの絵画作品の固有で互いに同値な事例群になる諸対象のクラスを確定させるものではない。楽譜とはちがって、スケッチは――先に〔第四章1で〕説明したような「定義」の強い意味では――作品を定義するものではない。むしろ、スケッチはそれ自体が一つの作品である。

もちろん以上のことは、スケッチが符号に属すような記譜的システムを確立することが不可能だということではない。明らかに、スケッチも絵画も、互いに素かつ差別化されたクラスにさまざまな仕方で分類できる。また、〔そうして作った符号クラスと対象クラスの〕関係づけも無数に設定できる。とはいえ、このような分類と関係づけが可能な二つの領域があるだけではシステムにはならない。慣行または明確な取り決めによって、それぞれの領域における分類と両者の関係づけが実際に機能するか、またはそれらを採用することが選択されたときにはじめて、システムが成立する。標準的な音楽記譜法の場合には、そうした選択がすでになされている。一方、スケッチの場合はそうではない。いかなる絵画的な特徴も、〈あるスケッチが別のスケッチと同値であるためには、その特徴の点で一致しなければならない〉とか

〈あるスケッチにその特徴の点で一致する絵画は、そのスケッチが定義するものの事例である〉といったものとして識別されることはない。またいかなる特徴についても、その点でのちがいがどれだけ大きいかが有意さの閾値として設定されることはない。実際に測定可能であろうがなかろうが、あらゆる種類のあらゆる度合いでのちがいが〔意味を持つ単位として〕対等である。したがって、いかなるスケッチのクラスも記譜的システムの符号として取り出されることはないし、いかなる絵のクラスも記譜的システムの準拠クラスとして取り出されることはない。[*9]

ようするに、スケッチ——スケッチとしてのスケッチ——が楽譜と異なるのは、互いに別の種類の言語の符号として機能しているという点においてではなく、そもそもスケッチが言語の符号として機能していないという点においてである。[11] スケッチの言語〔記譜的であろうがなかろうが〕には、楽譜の記譜的言語に相当するものはない。[*10]

4　絵画

絵画のための記譜的システムは、さしあたりわれわれの手元にはない。とはいえ、その事実によって、そうしたシステムが可能かどうかという問いに決着がつくわけではない。その問いを文字通りにとれば、ためらいなく——つまらない答えではあるが——可能だと答えることができる。というのも、そのような記譜的言語の実例は簡単に作り出せるからである。たとえば、図書館のように、それぞれの絵画に一つの数字を割り当てる十進法のシステムを考えよう。数字は、当の絵画が作られた時点と場所に応じて決められる。このシステムは、記譜法の五つの要件を満たすことになるだろう。〈特定の絵画が特定の数字に準拠するかどうかは、その絵画を観察する以上の情報がないかぎりは誰も判別できない〉という反論があるかもしれないが、これは的外れである。特定の演奏が特定の楽譜に準拠するかどうかもまた同様に、その演奏を観察する以上の情報がないかぎりは誰も判別できないからである。楽譜が解釈を必要とするのと同じく、このシステムの数字も解釈を必要とする。そして、ある符号を解釈する仕方がわかるということは、何がその符号に準拠するかがわかるということにほかならない。

いま述べた言語の準拠クラスは、〔個々の符号の準拠物が一枚の絵画であるという点で〕たしかに単位クラスではある。結果として、事例間での作品の同定は、つねに〔当の作品の〕唯一の事例と、それと同じ唯一の事例の間でなされることになる。とはいえ、記譜的システムの準拠クラスの大きさには、いかなる制限もない。また、絵画作品の事例が単一であることは、ここでは無関係である。というのも、記譜的システムが可能かどうかについてのまったく同じ問いが、〔複数的芸術である〕エッチングについても言える——そして同じ仕方で答えることができる——からである。たとえば、どの版から刷られたかに応じて、刷りに数を割り当てるとしよう。この場合、一つの数の準拠クラスには、ふつう多くのメンバーが属すことになる。もっと言えば、個々の版それ自体を、その刷りを準拠物として持つ一個の符号の唯一の印字と見なすことも問題なくできる。このように、絵画についてもエッチングについても記譜的言語を考え出すのは簡単である。

しかし、問いを文字通りにとったうえでこのように真顔で答えることは、明らかに要点を外している。

というのも、ここでわれわれが本当に関心を持っている問題は、次のようなものだからである。絵画作品やエッチング作品〔の同一性〕は、記譜的システムを使うことで、特定の作者や制作の場所・日時・手段といったものへの依存から自由になりうるのか。絵画作品やエッチング作品を定義する譜を書くことは理論的に可能なのか。つまり、通常オリジナルとされるものよりも以前または以後に〔オリジナルの作者とは〕別の人によって〔オリジナルの制作手段とは〕別の手段で（たとえば「オリジナルの」版以外の手段で）作られた諸対象が、その譜に準拠することで、等しくその作品の事例として認められることはありうるのか。一言で言えば、記譜的システムの制度によって、絵画やエッチングがオートグラフィックな芸術からアログラフィックな芸術に変わることはありうるのか。

否定的な答えが考えられる。しかし、その理由としてこれまで示されてきたもののいくつかは、端的に的外れである。たとえば、視覚作品が音楽の演奏よりも複雑かつ繊細であるといった考えは――仮にそれが真だとしても――この問題には関係がない。というのも、譜は、その準拠物のあらゆる側面を具体的に特定することも、さらにそれぞれの側面におけるちがいの程度をすべて具体的に特定することも必要ない――そして実際にできない――からである。数字付き低音や自由なカデンツァの記譜法の場合のように、譜はきわめて省略的なことがあるのだ。また、絵画作品の完全な複製を作るのが難しいという事実も、絵画作品が唯一のオリジナルにかぎられるということにまったく関係がない。[12] 最大限に具体的に特定する楽譜であっても、その諸演奏は互いの正確な複製では決してなく、多くの点でかなりの程度異なっている。ピアティゴルスキーによるバッハの組曲の演奏とカザルスによる同じ曲の演奏よりも、ある絵画のオリジナルとそれなりによくできたコピーのほうが互いに似ているだろう。

しかし、〔何が作品と見なされるかについては〕制約もある。記譜的システムは、互いに素かつ有限差別化されたクラスの任意の集まりを任意の領域から取り出して準拠クラスにすることができるが、あらゆる記譜的システムのあらゆる準拠クラスが作品と見なされるわけではない。標準的な音楽記譜法〔で書かれた譜〕が解釈しなおされた結果、その準拠クラスが標準的に当の作品と見なされるクラスからかけ離れたものになったり、さらにはそもそも音楽の演奏のクラスですらなくなったりするかもしれない。あるいは、記譜法が大きさや形状に応じて絵を分類することもあるかもしれない。これらの場合のいずれでも、〔ある譜の〕準拠クラスが一つの作品を構成するわけではない。それは、一つの動物園にいる諸々の動物が一つの種を形作ったり、一つの楽曲の諸々の演奏が一つの社会を作り上げたりしないのと同じである。あるシステムの準拠クラスが作品（や社会）であるかどうかは、そのクラスと、それに先立つ慣例の中で作品（や社会）と見なされているクラスとの関係に部分的に依存する。

ここで特別に注意しておくべき点がある。〈あるクラスは、それが記譜的システムにおける符号を割り当てられることで作品になる〉という想定はまったくの誤りだが、〈いかなるクラスも、それが以前に作品と見なされていなかったかぎりは作品ではない〉という想定もまたまったくの誤りである。一方では、先立つ分類は、記譜的システムにとっての認可証や試金石として機能する。この先立つ分類と照らし合わせることではじめて、実質的な誤りを訴えたり、実質的な正しさを主張したりできるのである。[*11] 他方で、先立つ分類はふつう部分的かつ暫定的なものである。それが提示するのはサンプルクラスだけであり、そしてそれぞれのサンプルクラスの提示はサンプルによってなされる。それゆえ、記譜的言語を採用すると二重の投射[*12]が生じることになる。いくつかのクラスに属するサンプルから完全なサンプルクラスへの投射と、サンプルクラスから表示領域の完全な分類への投射である。いかに投射するかには、複数の選択肢からの選択が含まれる。また、よりよい体系化のために、先立つ分類からの逸脱が実際になされることもある。ようするに、音楽のような芸術について記譜的システムを作るという課題は、つきつめれば音楽作品という概念の実在的定義に到達するという課題なのである。

関連する先立つ分類がなかったり無視されていたりする場合、記譜的言語がもたらすのは、「作品」の恣意的な名目的定義だけである。それはほとんど造語のようなものである。プロトタイプがなかったりプロトタイプを見分けられない場合は、他の体系化ではなくまさにその体系化を選択すべきいかなる実質的な根拠もない。とはいえ、絵画の場合、作品は一個の絵（の単位クラス）として〔先立つ分類において〕あらかじめ同定されている。また、エッチングの場合も、作品は一個の版から刷られた諸々の刷りのクラスとしてあらかじめ同定されている。さて問題は、絵画作品やエッチング作品が、記譜的システムを適用することで、まったく異なる複数のクラスとして正当に同定されうるのかどうかである。それをするには、たんに任意の体系化において生じるささいな調整ではなく、これまでは互いに異なるとされてきた多くの作品をそれぞれの準拠クラスのうちに一括してまとめるという全面的な改良が必要になる。もちろん、そうした再分類をもたらす記譜的システムは自由に適用してよい。しかし、そのようなシステムにおける譜は、絵画作品の実在的定義を構成しないだろう。先立つ分類を拒否することは、必要な許可証を交付することのできる唯一の権威を無効にすることにほかならない。

そういうわけで、〔先に示したような〕絵画の記譜的システムについての重要な問いに対する答えは「ノー」である。絵画作品やエッチング作品について、制作の歴史に依存する実在的定義を提供する記譜的システムを作ることはできる。また、制作の歴史に依存しない純粋に恣意的な名目的定義を提供する記譜的システムを作ることもできる。しかし、絵画作品やエッチング作品について、実在的であり（つまり先立つ慣例に一致し）かつ制作の歴史に依存しない定義を提供する記譜的システムを作ることはできない。

まとめよう。確立した芸術がアログラフィックになるのは、諸々の対象や出来事をどの作品に分類するかが、それに先立つ分類から正当に投射されたものであり、かつ、制作の歴史から独立したかたちで記譜的システムによって完全に定義されるときにかぎる。ここでは、権威と手段の両方が必要である。適切な先立つ分類が権威を与え、適切な記譜的システムが手段を与える。手段がなければ権威は機能しないし、権威がなければ手段は力を持たないのである。

5　書

書 script[*13]は、スケッチとはちがって、記譜的図式の符号であり、言語の符号である。しかし、書は譜とはちがって、記譜的システムの符号ではない。それは記譜法の統語論的要件を満たしてはいるものの、意味論的要件をすべて満たしているわけではないのである。ここでの「書」は、筆記体で書かれたものとか、劇作家や映画脚本家が書くものに限定されるわけではない。一般に、自然言語や大半の専門的言語の符号は書である。というのも、仮に多義性を回避したとしても、そのような言語の準拠クラスは、互いに素であることも有限差別化されていることもほとんどないからである。

ほとんどの書は言語的verbalだが、明らかに記譜性はしるしの見た目で決まるわけではない。英語の単語のそれぞれを数字に置き換えたところで、記譜的システムにはならない[13]。同様に、標準的な音楽記譜法を英単語を使って翻訳したとしても、そこで使用される語彙が記譜法の五つの要件を満たすかぎりは——実用性はともかく——記譜性がなくなることはない。

書は主張や指示ができるが、譜はそれらができないという考えがあるかもしれない。しかし、すでに見たように、主張（あるいは問いや命令）を発効させる手段は、記譜性に影響を与えることなく、システムにつけ加えたりそこから取り除いたりできる。また、譜が指示を行なわないという考えには根拠がないように思われる。たしかに一見したところでは、語とそれが指示するものの関係は、譜とその上演の関係や、文字とその発話の関係とはまったくちがうものに見える。しかし、この区別の根底には、いかなる明確な原則もないように思われる。記譜的システムをその他の言語から区別する基準は、準拠クラス間の相互関係にある。そして、この基準は、記譜的言語における符号はそれに準拠するものを指示しないという考えにいかなる根拠も与えない[14]。

次のような考えもあるかもしれない。楽譜の演奏や音声記号の発話はそれを見分ける仕方を知っていれば十分だが、書はそれを理解しなければならないという考えである。この考えの不適切さは取り立てて言うまでもないだろう。いずれの場合も、何が当の符号に準拠するのかを確定する仕方を知っていなければならない。ある言語が素符号をほとんど持たず、かつ、きわめて単純な準拠原理を持っており、それゆえその符号の使い方が確実かつほとんど自動的なかたちできわめて容易に得られる場合、われわれはその言語を自身が操作する道具と見なす傾向にある。一方、素符号が多く、準拠原理が複雑であり、それゆえ符号の解釈にいくらかの熟慮がしばしば必要である場合には、われわれはその言語を理解することが必要だと考える傾向にある。しかし、この複雑さの点でのちがいは——程度の問題であることをさておいても——記譜的システムとその他の言語の区別とはまったく一致しない。というのも、記譜的システムが可算無限個の素符号と複雑な準拠関係を持つこともありうるし、談話的言語が二つの符号しか持たない——たとえば、「赤」と「四角」だけを符号として持ち、赤いものと四角いものをそれぞれの準拠物にする——こともありうるからである。

このように、書と譜のちがいは、書が言語的だとか主張をするとか指示をするとかいう点にあるわけではないし、書が特別な理解を必要とするという点にあるわけでもない。ちがいは端的に次の点にある。書は、多義的であるか、意味論的に互いに素でないか、意味論的に有限差別化されていないか、このいずれかである言語における符号である。この一見面白みのない区別は、見た目以上に重大な帰結を持つ。それは、すでに見てきた論点だけでなく、いまのところ扱いが難しいいくつかの哲学的問題に関わるものである。

6　投射可能性、同義性、分析性

なんであれ言語を習得して使うことは、投射の課題を解決することである。われわれは、ある符号のサンプル印字をもとにして、何か別のしるしが出てきたときにそれが当の符号に属すかどうかを決めなければならない。また同じように、ある符号のサンプル準拠物をもとにして、別の対象が当の符号に準拠するかどうかを判断しなければならない。記譜的言語と談話的言語は、この点では同じである。

談話的言語では、それに加えて大きな投射的決定をしなければならない。どのしるしがどの符号に属し、どの対象がどの準拠クラスに属すかという問いにすべて答えが出たとしても、なおもまだ一つの対象が複数の符号に準拠することがしばしばある。たとえば、モノ日本語[*14]では、いかなる対象や対象の集合も、一つの述語だけに準拠することはない。これまでに観測された緑色の対象はすべて「緑色の対象」という符号に準拠する。しかし、それらはすべて「これまでに観測された緑色の対象またはカンガルー」にも同じく準拠するし、さらにその他の無数の述語にも準拠する。〈これまでに観測されたすべての緑色の対象〉を含むクラスは、実質的にすべて、モノ日本語にあるなんらかの表現の準拠クラスである。より一般化すれば、なんらかの特定のかたちで選び出された諸対象について、それらを準拠物として持つと同時に、それ以外の準拠物として任意の諸対象を持つようななんらかの日本語の記述がある。そういうわけで、与えられた実例から投射を行なうには、〔それが準拠する記述の〕無数の選択肢の中から一つを選択することが求められる。そして、そうした選択をすることは、どんな習得〔の過程〕にも広く見られるものである。[15]

しかし、記譜的システムを使うときには、こうした問題は生じない。記譜的システムでは、あるものが二つ以上の準拠クラスのサンプルになることはないし、あるものが共外延的でない二つの符号に準拠することもない。結果として、記譜的システムでは——冗長性が許容されている場合に、共外延的なラベルのいずれかを選択する必要があることを除けば――いま述べたような選択をする必要がない。一個のサンプルから準拠クラスへの投射ですら、一意に確定する。実際のところを言えば、当のシステムを採用した時点で、すでにその決定が行なわれているのである。先に見たように、記譜的システムの選択と適用は、投射の課題を二つのレベルで解決する。第一に、部分的な準拠クラスから完全な準拠クラスへの投射、第二に、準拠クラスの不完全な集合からその完全な集合への投射である。それゆえ、記譜的システムを使うかぎりは、投射可能性は問題にならない。

もちろん、ある演奏の一部分がそれ以外の部分を確定することはない。これは、ある対象の一部分がそれ以外の部分を確定しないのと同じである。ある対象の一部分を見たからといって、視界の外に何があるかがわかるわけではない。それと同じように、ある楽曲の最初の音符を聞いたからといって、そのあとにどんな音符が続くかがわかるわけではない。〔それゆえ、この点で談話的言語と記譜的システムが異なるわけではない。〕ちがいは次の点にある。記譜的システムのもとでは、完全な演奏(一個の素符号の演奏であれ、ある交響曲全体の楽譜の演奏であれ)は、符号と準拠クラスを一意に確定する。一方、談話的言語のもとでは、一つの符号に準拠する完全な対象または出来事は、符号や準拠クラスを一意に確定しない。

さらにその結果として、談話的言語とはちがって、記譜的システムには対象を分類する仕方に優劣の区別がない。記譜的システムでは、一つの対象に対して、ある符号は自然または本物の種類を割り当て、別の符号はでたらめまたはでっち上げの集まりを割り当てるといったことはありえない。記譜的システムでは、一つの対象を表わすラベルは、すべて同じ準拠クラスを持つ。たとえば、標準的な音楽記譜法では、ある音符について、音の高さを特定せずに四分音符であることだけを特定することはできないし、音の長さを特定せずに中央のCであることだけを特定することもできない。〔音の高さにかかわらず〕すべての四分音符を表わすラベルや、〔音の長さにかかわらず〕すべての中央のCを表わすラベルはない。〔譜線から〕分離した音符記号や〔音符記号が置かれていない〕空の譜線は、記譜性を維持しようとするかぎりは、空符号として解釈する必要がある。そういうわけで、一つの記譜的システムにおいて、ある一つの対象について特定可能な諸性質は、すべて互いに共外延的である。[*15]

実在的定義と名目的定義の区別は、記譜的システムについても有効である。演奏としてすでに存在している作品の楽譜を書くことと、新しい作品を作曲することのちがいは、この区別の一例である。いったん〔楽譜を書くための記譜的〕言語が与えられれば、前者の場合には、一つの演奏によって楽譜――または互いに共外延的な楽譜のクラス――が一意に確定し、後者の場合には、一つの楽譜によって演奏のクラスが一意に確定する。とはいえ、いずれの場合も、ある演奏を表わす楽譜はすべて、その演奏を同じ準拠クラスに割り当てる。つまり、〔それらの楽譜に準拠する演奏は〕すべて同じ一つの作品の演奏になるのである。二つの作品が続けて演奏される場合、結果として生じる出来事〔の全体〕は、それら二つの作品それぞれの演奏を〔部分として〕含んではいるものの、それ自体としてはいずれの楽譜の演奏でもなく、両者を結合した楽譜の演奏である。

一つの演奏を表わす楽譜がすべて互いに共外延的であるということは、それらがすべて同義であることを含意しない。共外延的な二つの符号c_1とc_2を考えよう。両者は、それぞれを同じかたちで含む[*16]二つの複合的符号もまたすべて共外延的になるのでないかぎりは、同義ではない。逆に言えば、c_1またはc_2

がなんらかの複合的符号k_1を構成しているとき、c_1とc_2を入れ替えることでk_1とは異なる外延を持つ符号k_2が生まれるならば、c_1とc_2は意味が異なると十分な根拠を持って言えるだろう。[16] さらに、c_1とc_2を入れ替えただけの二つの複合的符号がたとえ共外延的であっても、c_1とc_2の意味がいま述べたような仕方で異なる場合には、派生的にそれらの複合的符号もまた意味が異なると見なすことができる。先に見たように、ピアノ譜におけるCシャープ記号とDフラット記号（指定された音の長さなどは同じとする）は、同じ音の準拠クラスを持つ。しかし、それらの符号にナチュラル記号をつけ足すと、シャープ記号もフラット記号も無効化されることになり、結果として両者の準拠クラスは互いに素になる。つまり、Cシャープナチュラル記号[17]の準拠クラスはC音からなるものになり、Dフラットナチュラル記号の準拠クラスはD音からなるものになる。したがって、Cシャープ記号とDフラット記号は、共外延的であったとしても、同義ではない。また、それらの符号を入れ替えただけの二つの楽譜は、たとえ共外延的であったとしても、同義ではない。[18]

共外延的かつ非同義的な符号がある場合には、任意の文脈においてどれを優先すべきかという原理的な問いが生じるだろう。「理性的な動物」と「羽のない二足歩行の生き物」は共外延的かもしれないが、それでも「すべての人間は理性的な動物である」は――かなりあやふやな根拠にもとづくものではあるが――分析的と言われ、「すべての人間は羽のない二本足である」は総合的と言われる。共外延的な符号を含む点を除いて記譜性を満たすシステムでは、この問題はどうなるのか。音楽家が言うところによると、伝統的なピアノ譜では、通常の作曲規則によって、Cシャープ記号とDフラット記号のどちらを使うべきかが明確に決まっている。演奏上のちがいは一切ないにもかかわらず、「楽譜上の」まちがった選択は文法的な作法に違反するものと見なされる。その作法は、たとえば日本語の接頭辞として「非」を使うべきか「不」を使うべきかといった規則に近いものである。実際、Dフラット記号があるべきところでCシャープ記号を使うことは、そのような選択は非適切である(あるいは不合法である)と言うのと似たようなことだと言えるかもしれない。*17

ある作品と、それとそっくりだが別の楽器のための作品の関係には、より実質的な問題があるかもしれない。すでに見たように、標準的な記譜法で書かれた本当の譜にとって、楽器の指定は不可欠の部分である。それゆえ、たとえば、あるピアノ作品とそのヴァイオリンヴァージョンは、厳密には異なる作品と見なされる。ところで、そのピアノ作品のヴァイオリンヴァージョンの演奏として認められるのは、特定のヴァイオリン演奏だけである。次の例を考えよう。一つのピアノ作品がある。この作品のヴァイオリンヴァージョンとして認められるヴァイオリン演奏には、特定の箇所にDフラットではなくCシャープの音がある。この場合、このピアノ作品のヴァイオリンヴァージョンのための楽譜には、当該の箇所にDフラット記号ではなくCシャープ記号がなければならない。このことは、もとのピアノ譜自体においてもCシャープ記号を選ぶべき根拠になりうるだろう。そういうわけで、このピアノ作品は、その作品の別の楽器のヴァージョン——Cシャープ記号とDフラット記号が共外延的でないヴァージョン——においてCシャープが指定されているという点で、分析的に当のCシャープを持つと言えるかもしれない。

この手の基準がふつうの意味での分析性にどれだけ近いものであるかは、はっきりしない。というのも、分析性という概念自体がどうしようもなく不明確だからである。とはいえ、分析性に惑わされる機会は、英語に比べれば音楽記譜法のほうがはるかに少ないだろう。それゆえ、ある種の哲学者は文章を書くのをやめて作曲を始めたほうがよいように思われる。

7　文学

詩や小説や伝記のテキストは、記譜的図式の符号である。テキストは、発話を準拠物として持つ音声符号としては、近似的に記譜的なシステムに属す。[19]一方、対象を準拠物として持つ符号としては、テキストは談話的言語に属す。

後者としてとれば、テキストの準拠クラスは互いに素ではないし有限差別化されてもいない。それゆえ、テキストは譜ではなく書になる。ここで仮に、テキストの準拠クラスが〔文学〕作品を構成するとしよう。その場合、ある対象が特定の作品に属すかどうかが理論的に確定できなくなったり、ある対象が複数の作品の事例になったりすることになる。とはいえ、文学作品がテキストの準拠クラスでないことは明らかである。たとえば、南北戦争は文学ではない。また、その戦争を描く二つの歴史記述は、互いに異なる作品である。

文学作品は、音声符号としてとった場合のテキストに準拠する発話のクラスとしても同定できない。というのも、たとえ当のテキストが〔音声符号として〕たしかに譜であり、互いに素かつ差別化された準拠クラスを一意に持っている場合であっても、そのテキストの印字とはちがって、発話にはその作品の事例と見なされる資格はないからである。発話は、音楽の演奏を最終的な制作物と呼ぶような意味では、最終的な制作物ではない。さらに、そもそも発話をテキストの準拠物と考えなくてもよい。発話それ自体を、テキストの印字と共外延的な記号と考えることもできるし、逆音声表記言語[*18]に属する記号――印字を準拠物として持つもの――と考えることもできる。あるいは、準拠関係はつねに非対称であるわけではないので、発話と印字をそれぞれ互いを準拠物として持つものと考えることもできる。あるいは、たとえば英語の書き言葉と話し言葉を、並列される別々の言語としてとることもできるだろう。つまり、英語の書き言葉の符号は諸々の印字からなり、英語の話し言葉の符号は諸々の発話からなるが、「英語の符号」と言う場合は、文脈による制約がとくにないかぎりは、いずれとしてもとることができるということである。とはいえ、おそらくもっとも単純なのは、英語の符号を、発話と印字の両方をメンバーとして持つものと考えることである。これはたんに、さまざまに異なる複数のしるしを単一の符号のメンバーと見なす慣例を、適切かつ都合のよいかたちで拡張するというだけのことである。統語論的に互いに素であること――記譜的図式の要件であり、それゆえ記譜的システムだけでなくあらゆる言語の要件でもあるもの――を維持するには、どの発話についても、それを異なる二つの符号に属するものと見なすことはできない。アルファベットでは、複数の文字印字が特定の点で互いに一致している場合でも、そのうちのあるものは最初の文字に属し、あるものは四番目の文字に属す。[*19] それとまったく同じように、硬音のg音、長音のa音、t音という並びからなる諸々の発話がある場合、そのうちのあるものは「gate」という文字印字と同じ符号に属し、あるものは「gait」という文字印字と同じ符号に属することになるだろう。

以上のように考えれば、文学作品は、テキストの準拠クラスではなく、当のテキストまたは書それ自体である。当のテキストの印字と発話はすべて、またそれだけが、その作品の事例である。そして、事例間の作品の同一性は、そのテキストが記譜的図式における――つまり、統語論的に互いに素かつ差別化された記号の集まりにおける――符号であるという事実によって保証される。あるテキストのある符号を別の同義的な符号（仮に談話的言語にそのような同義的な符号があるとして）に置き換えるだけで、別の作品が生まれる。しかし、作品は、〔言語とは別に〕それ単独で切り出されたしるしと発話のクラスとしてのテキストではなく、ある言語における符号としてのテキストである。同一のクラスでも、互いに異なる言語の符号であるかぎりは、異なる作品である。また、ある作品の翻訳は、その作品の事例ではない。言語の同一性とその言語内でのテキストの統語論的な同一性は、ともに文学作品の同一性の必要条件である。

言うまでもないが、私の関心は、ある種の書を「真に文学的な」作品として区別するものは何かという点にはない。とはいえ、詩をそのテキストと同一視することについて、いくらかの異論が考えられる。つまり、印字と発話のクラスが直接的または内在的に持つ性質が、詩の美的に重要な性質と一致することはほとんどない、それゆえ詩とテキストは同一視できないという主張だ。しかし、第一に、文学作品を定義するのに、その作品の有意な美的性質のすべてを説明する必要はまったくない。それは、ある金属を定義するのに、それが持つ有意な化学的性質のすべてを説明する必要がないのと同じである。第二に、直接性は疑わしい概念であり、美的関与性は繊細な概念である。[20] そして、両者を結びつけることから、際限のない混乱が生じてきた。文学作品を書として同定することは、それを〔美的に重要な性質から〕隔離して生気を失わせることではない。むしろ、それを指示的かつ表現的な記号として――あらゆる種類の長短さまざまな表示の道筋を通ってそれ自身を越えていく記号として――認めることである。

すでに見てきたように、楽譜は記譜法に則ったものであり、かつ作品を定義するものである。スケッチや絵は、記譜法に則ったものではなく、かつそれ自体が作品である。文学の書は、記譜法に則ったものであり、かつそれ自体が作品である。そういうわけで、作品は、異なる芸術ごとに異なる居場所を与えられることになる。絵画では、作品は一つの個別的な対象である。エッチングでは、作品は諸対象のクラスである。音楽では、作品はある符号に準拠する諸演奏のクラスである。文学では、作品は当の符号それ自体である。ついでに言えば、カリグラフィでは、作品は一つの個別的な印字である。[20]

演劇では、音楽と同じく、作品は諸々の上演からなる準拠クラスである。しかし〔楽譜とはちがって〕、戯曲のテキストは、譜と書の合成である。せりふは、発話を準拠物として持つ記譜的システムにほぼ則っている。それゆえ、テキストのせりふ部分は譜である。そして、それに準拠する上演が作品を構成する。一方、ト書き、つまり舞台道具などについての記述は、記譜性の意味論的要件のいずれも満たさない言語に則った書である。そして、上演は、そのような書――またはそれと共外延的な書のクラス――を一意に確定しない。ある上演があれば、そのせりふを一義的に文字に起こすことができる。つまり、せりふを書くための正しい方法はいろいろあるにせよ、〔せりふを文字に起こしたものは〕いずれも正確に同じ上演群を準拠物として持つことになる。しかし、テキストのせりふ以外の部分については、これが成り立たない。たとえば、ある一つの舞台道具が外延的に異なる複数の記述に準拠することはあるだろうし、その舞台道具がどの記述と準拠関係を持つかも理論的に決まらないだろう。テキストのせりふ以外の部分は、作品を定義する譜に不可欠の部分とは見なされず、補足的な指図と見なされる。部分的またはも全体的にせりふからなるテキストがあるとしよう。このテキストを小説としてとれば、そのテキスト自体が作品である。しかし、同じテキストが戯曲のテキストとしてとられると、それは部分的または全体的に作品の譜になることになる。無声映画の脚本は、映画作品でも映画作品の譜でもない。それは映画作品の制作に使われるものではあるが、〔作品自体であるとか作品の譜であるとかいうのとは〕別の仕方で、作品にゆるやかに関係するものである。その関係のあり方は、絵画作品についての言語的な記述とその作品自体の関係と同様である。

8　ダンス

ダンスの記譜法は可能か。この問いは、記譜的システムについての考察を始めたそもそものきっかけの一つだった。ダンスは、一方では絵画——記譜法を持たないもの——のように視覚的だが、もう一方では音楽——高度に発達した標準的な記譜法を持つもの——のように一時的で時間的である。それゆえ、この問いに対する答えはまるではっきりしない。そして、無根拠な否定と無責任な肯定がいずれも繰り返し提示されてきた。

無根拠な否定は、以下のような議論にもとづくものである。ダンスは視覚的かつ流動的な芸術である。そこには、一個またはそれ以上のきわめて複雑な有機体による、かぎりなく繊細かつ多様な表現と三次元的な運動が含まれる。それゆえ、ダンスは記譜法でとらえるにはあまりにも複雑すぎる——。しかし、当然ながら、譜は上演が持つ繊細さや複雑さをすべてとらえる必要はない。それは音楽という相対的に単純な芸術についてすら不可能だろうし、そもそも意味がないだろう。譜の機能は、ある上演が当の作品に属するために持たなければならない本質的な諸性質を指定することである。そして、その指定は、特定の側面についてのみ、かつ一定の〔具体性の〕度合いでのみ行なわれる。指定されている部分以外については、あらゆる変化が許容される。結果として、同じ作品の上演間のちがいは、音楽の場合ですら膨大にある。

無責任な肯定は、ほとんどあらゆるものについて記譜法を作ることができるという事実を持ち出すものである。もちろん、その事実はここでは関係がない。考えるべき問題は、記譜的言語によって、いかなる個別的な制作の歴史にも依存しないかたちで、複数の上演のうちに一つのダンスを同定するような実在的定義を与えることができるかどうかである。

すでに見たように、そのような実在的定義が可能であるためには、同じく制作の歴史から独立したかたちで上演を作品としてまとめる分類が先立ってなければならない。この先立つ分類は、それ自体としては整っている必要も完成している必要もないが、十全かつ体系的な分類の引き立て役・足場・踏み台としての役割を果たす必要がある。ダンスについて、こうした記譜法に必要な先立つ分類があることは明らかだと思われる。われわれは、ダンスの記譜法ができるよりもまえに、異なる人々による異なる上演が同じダンスの事例であるかどうかについて合理的に一貫性のある判断を行なっている。そういうわけで、ダンスに適した記譜的システムを作ることに理論的な障害はない。

それが実践的に実現可能かどうかはまた別の話だが、それはここで直接に問題になっていることではない。ダンスについての先立つ分類は、かなり大雑把であやふやである。それゆえ、記譜法を作るためになすべき決定は、大量で複雑で重大なものになる。記譜法の統語論的・意味論的な要件の一つにうっかり違反すれば、記譜的でない言語や、そもそも言語ですらないシステムが簡単に出来上がってしまう。実践的に求められるのは、十分な慎重さを伴った大胆かつ知的な体系化である。

　ダンスの記譜法として提案されたシステムを一つ取り上げよう。考案者のルドルフ・ラバンにちなんでラバン式記譜法 Labanotation と呼ばれるものである。[21] これは分析・記述の見事な図式であり、それにふさわしく広く知られているようである。ラバン式記譜法は、〈連続的で複雑な運動は、記譜法による分節化の素材として扱えるようなものではない〉という通念を否定し、〈体系的な記述がうまくいくかどうかは、記述される対象がある種の従順さを内在的に持つかどうか――もとからなんらかのかたちで構造的に整っているかどうか――にふつう依存する〉という定説に疑問を投げかけるものである。さらに言えば、このラバンの言語の開発は、「概念形成」と呼ばれている過程についての入念で興味深い実例を提供している。

　とはいえ、ラバン式記譜法は、記譜的言語の理論的要件をどれくらい満たすのか。このシステムについての私の知識が不十分であるおかげで、ここではとりあえずの答えを出すことしかできない。このシステムの符号が統語論的に互いに素であるのは明らかだと思われる。有限差別化の要件が満たされているかどうかは、それほど確かではない。とはいえ、ラバンは、この要件に関わる多数の落とし穴を回避している。一例を示そう。このシステムに含まれる方向指定が有限差別化の要件に違反しているのではないかという考えは自然だろう。〔譜面上の〕線のすべての異なる角度が〔運動の〕異なる方向を表わす

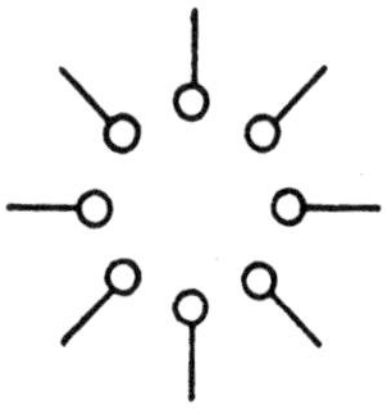

図12

図13

のだとすれば、統語論的な差別化の要件も意味論的な差別化の要件も満たされないだろうというわけである。しかし、実際にはそうではない。ラバン式記譜法では、顔の向きの方向指定は、平面上に円形に等間隔で配置された八つの位置のいずれかに置かれる「方向ピン」によってなされる（図12）。そして、これら八つのうちのとなり合う二つの方向の中間の方向を指定する場合は、それら二つの方向をそれぞれ表わす記号を組み合わせる（たとえば、図13のように）。しかし、〔もともとの八つの方向にすべての中間の方向を合わせた〕十六個のうちのとなり合う二つの方向のさらに中間の方向を指定するという仕方で同様の操作を繰り返すことは認められていない。このシステムでは、方向指定以外の部分でも、これと同じような仕方で確定的に差別化が実現されている。たしかに、「方向記号の相対的な長さは〔それが指定する動きの〕時間上の長さを示す」といった言明を聞けば、差別化の要件に違反しているのではないかという懸念が生まれるだろう。しかし、このシステムでは、音楽と同様に、時間は拍に分割されている。そして、この言語において規定されている時間の長さのちがいの最小単位は、標準的な音楽記譜法のそれとおそらく同じである。[22]

　ラバン式記譜法では、標準的な音楽記譜法と同じく、より具体的に特定する採譜とそうでない採譜をともに使うことができる。それゆえ、ラバン式記譜法は、意味論的に互いに素の条件に違反している。たとえばアドリブ記号を使う場合、動きの特定の側面について、詳細に記述してもよいし、決めずにおいてもよい。どちらも明示的に認められている。[23]このことは、音楽における自由なカデンツァや数字付き低音とほぼ同じ結果をもたらす。つまり、譜から上演へ、上演から譜へ、というかたちで交互に進んでいく連鎖において、作品の同一性が必ずしも維持されなくなるのである。そうした柔軟性を認めることは、振付師や作曲家には歓迎されるだろうし、また譜から上演への移行には影響しない。しかし、それは、上演から譜への移行には影響する。〔どこまで詳細に譜に書くかという〕採譜の具体性の度合いが取り決められないかぎりは、上演から譜への移行は、十分に確定されないままである。ラバン式記譜法は、全体として見れば、複数の下位の記譜的システムからなる談話的言語である。そして、場合によっては、ある上演群のクラスが、そうした下位の記譜的システムの一つからすれば一つの作品だが、その他の下位の記譜的システムからすればそうではないということもある。

　これまで取り上げてきたのは、ラバン式記譜法の基本的な語彙だけである。そこで導入されているその他の記号使用の中には、記譜的システムとはまったく言えないものもある。わかりやすい例は、当のダンスで使われる物理的な事物を指すのに、言葉や絵を使うものである。[24] ふつうのモノ言葉の使用を認めると、意味論的な互いに素と差別化が犠牲になり、結果として談話的言語になる。ふつうのモノスケッチ[*21]の使用を認めると、さらに統語論的な差別化も失われ、結果として言語ですらなくなる。〔ラバン式記譜法が本当に記譜的であるための〕改善策はいくつか考えられる。一つの改善策は、どんな言葉や絵の使用が認められるかを、〔記譜法の要件にとって〕適切な仕方できわめて厳格に制限することである。別の改善策は、先に述べた音楽におけるテンポ語や演劇におけるト書きの場合と同じように、そうした〔言葉や絵による〕符号を譜に不可欠の部分として扱うのではなく、作品の定義に関わらない補助的な部分として扱うというものである。二つ目の改善策が適切かどうかは、異なる事物を使う上演や、さらには一切の事物を使わない上演も、同じ一つのダンスの事例になるのかどうか――つまり、演劇において、一切の舞台装置や舞台道具ぬきに現代の服装で上演したとしても『ハムレット』という戯曲の事例になるというのとちょうど同じことが、ダンスにも言えるのかどうか――にかかっている（その見込みは十分にあるように思われるが）。

大まかに言えば、ラバン式記譜法は、通常の音楽記譜法と同程度に、記譜法の理論的なテストに十分に合格している。また、それは、おそらく通常の音楽記譜法と同様に、実用性とも両立する。私は、ラバン式記譜法がダンスのための優れた記譜法だとか実効的な記譜法だとか言っているわけではないし、その記譜法のうちに盛り込まれている決定が妥当だとか好ましいとか一貫しているとか言っているわけでもない。素人によるその手の評価は、無用で場ちがいなものでしかない。ラバン式記譜法は、さらに広く使われていくことで、不十分であることが判明するかもしれないし、伝統的なものになって権威を獲得するかもしれない。ラバン式記譜法であれ別の言語であれ、それが十分に標準的なものになれば、その言語の根本にある、動きを要因や要素に分析する仕方が普及することになる。恣意的な決定は絶対的な真理として花開き、言説にとって都合のよい単位は現実の究極の構成要素として実を結ぶ。そしてまた季節のめぐり《レボリューション》がやってくるのである。

ラバンは、自身のシステムをたんなるダンスの記譜法としてではなく、人間の動き一般の記譜法として考えていた。それゆえ、ラバンは、人間のあらゆる身体的動作を分析・分類する手段としてそのシステムを発展させ補完する試みを続けた。その種のシステムに需要があるのは明白である。たとえば、とりわけ生産工学や心理学実験にとって必要だろう。実験者や被験者が二度目の実験で同じ行動を繰り返していることかどうかは、行動の同一性としてどんな基準が適用されるかに依存する。そして、そうした基準を定式化するという課題は、一つの記譜的システムを作り上げるという課題にほかならない。人間以外のものの動きに関する研究もある。近年、ある動物学者は、馬の歩き方をコード化する愉快で示唆に富む方法を提案している。[25]

9　建築

面白いことに、建築家が使う用紙には、いろいろなものが混ざっている。仕様書は、通常の談話的言語と数字言語で書かれている。建物の最終的な外観を伝えるために作られた完成予想図は、スケッチである。では、設計図はどうか。

設計図は、連続的な変化量を許容する線と角からなる図面である。それゆえ、設計図はテクニカルな意味でスケッチであるという考えが最初に浮かぶかもしれない。しかし、設計図には、言葉と数字による寸法指定もある。ということは、設計図はスケッチと書の組み合わせなのか。しかし、これもまた誤りであるように思われる。第一に、設計図の図面は、要素の相対的な位置関係と寸法を示すためだけに使われるものである。正確な縮尺で丁寧に図面を引くのは、たんに便利さと上品さのためにすぎない。同じ文字と数字を持った〔縮尺的に〕雑で歪んだ図面ときわめて正確に描かれた青図は、互いに真なるコピーになる。つまり、いずれも〔当の建築作品の〕本質的な性質を厳密に規定し、同じ建物を準拠物として持つのである。第二に、分数表記の無制限の集合の符号としての数字は書だが、建築の設計図においては認められている数字は暗に制限されている。たとえば、寸法指定は三十二分の一インチを単位とするといった制限である。なんであれそうした制限が有効であるかぎり、そこで許容される数字言語の部分は、数字言語の全体とはちがって、有限差別化の条件に違反することはない。その部分だけ取り出せば、むしろ記譜的である。たしかに、図面はしばしばスケッチと見なされ、数字による寸法はしばしば書と見なされる。しかし、以上のようなわけで、建築の設計図に特有の仕方で選び出される図面と数字は、デジタルな図表および譜と見なされる。

建築の設計図は、場合によっては、楽譜と同じように、われわれがふつう考えているよりもゆるやかに〔建築〕作品を定義することがある。というのも、建築家による建材と建設[*22]の具体的な指定は〔設計図に書かれていようが、それとは別に〔仕様書に〕書かれていようが〕、作曲家の言語によるテンポ指定と同じく、譜の不可欠な部分とは見なせないからである。建築家は、建物の基礎の材料を任意の具体性の程度で指定してよい。たとえば、石と指定してもよいし、花崗岩と指定してもよいし、ロックポート産の筋模様の花崗岩と指定してもよい。ある建物があったときに、われわれは、こうした入れ子関係にある語のうちのどれが当の建物の指定に含まれているのかを見分けることができない。設計図＋仕様書によって選び出される建物のクラスは、設計図単独によって定義される建物のクラスよりも狭い。しかし、設計図＋仕様書は、全体としては書であって譜ではない。それゆえ、二つの建物が同じ作品の事例かどうかという問いは、建築家が使う言語の全体からすれば、答えが確定しない。設計図の記譜的言語からすればその答えは確定するが、その場合、作品は慣習的にそれと同定されているものよりももっと包括的なクラスとして同定されることになる。とはいえ、定義と日常的な実践の正確な一致は、要求されるものでも期待できるものでもない。

設計図の準拠物クラスは、ただ一つの建物からなることがなぜか非常に多い。また、ある建築作品の特定の事例が、卓越した興味深さや価値を持つことがある。さらに、建設の過程で建築家が直接に現場指揮することがしばしば強調される。しかし、こうした事実に惑わされてはいけない。〔音楽にもこれと同じことが言えるからである。〕一度きりしか演奏されない楽曲は数多くある。何度も演奏される楽曲であっても、非常に重要な価値を持つのはそのうちの特定の演奏だけである。そして、設計者に指揮される建物も、作曲家に指揮される演奏も――同じ設計図や楽譜にもとづく他の建物や演奏よりも個性的な制作物だろうし、それゆえ場合によってはずっと良いもの（もしくはずっと悪いもの）になるかもしれないが――そうであるおかげでその作品の事例としてより真正であるとかよりオリジナルであるとかいうことはない。

とはいえ、音楽作品が個々の演奏から分離しているようなかたちでは、建築作品は必ずしも個々の建物から明確に分離しているわけではない。音楽の最終的な制作物とはちがって、建築の最終的な制作物は一時的なものではない。また、建築の記譜的言語は、〔作品とその事例を分離させるためではなく〕むしろ建設に多くの人手が必要であることに応えるかたちで発展したものである。そういうわけで、この言語は、芸術の原初的なオートグラフィックの段階を乗り越えることをたいして保証しておらず、それを乗り越えようとすれば大きな抵抗が生じることになる。スミス＝ジョーンズのスキップフロア式住宅十七番[*23]の設計図に準拠する家が、すべて等しく当の建築作品の事例であるのは端的に明らかである。しかし一方で、特定の女性に捧げられた昔の建築作品――タージ・マハル――のような場合、われわれは、たとえ同じ設計図から別の建物が建てられたとしても――それが同じ場所に建てられた場合ですら――その新しい建物を〔オリジナルの建物の〕模造[*24]ではなく同じ作品の事例として考えることに抵抗を覚えるだろう。われわれは、一つの音楽作品を一つの演奏としてではなく一つの楽曲構成として同定することに納得する。しかし、それと同じようなかたちで、一つの建築作品を一つの建物としてではなく一つのデザインとして同定することには納得しない。建築は、それなりに適切な記譜的システムを持つ。また、建築作品のいくつかは、まぎれもなくアログラフィックである。こうした点では、建築という芸術はアログラフィックである。しかし、建築の記譜的言語は、あらゆる場合において作品の同一性を個々の制作物から分離させるほどの十分な権威をいまだ獲得していない。そのかぎりで、建築は、〔オートグラフィックとアログラフィックが〕混ざり合った過渡的な芸術の例である。

この章では、第三章で提起した問いに答えるかたちで、第四章で作り上げた諸原理を主に諸芸術の記号システムに適用してきた。すでに読者は、これらの原理が第一章と第二章で未解決のまま残された諸問題にいくらか関係していることに気づかれたかと思われる。次章では、それらの問題に再び立ち戻るとともに、その他のやり残した課題に取り組むことにしよう。

原註

* George Thomson, "Some Thoughts on Scientific Method", Lecture of May 2, 1963, printed in *Boston Studies in the Philosophy of*

Science, vol. II, New York, Humanities Press, 1965, p. 85.

(1) お気づきの通り、「任意の記譜的図式」ではない。本書で採用されている言葉づかいでは、記譜的システムの符号だけが譜と見なされる。

(2) 私はここで、標準的な音楽記譜法の美的な――あるいはそれ以外の――長所について述べているわけではない。この点についての議論は、この節の後半を参照。

(3) 本章の口絵を参照。カール・パリッシュ (Carl Parrish, *The Notation of Medieval Music*, New York, W. W. Norton & Co., Inc., 1957, p. 9) によれば、「このシステムは、「隙間」を指すギリシア語からダイアステマティック diastematic と呼ばれている。この書法では、ネウマは注意深く「高さ決め」される。つまり、ネウマは、特定の音高を表わす想像上の線からさまざまな距離をとるかたちで――その線との関係に従って――置かれる。ネウマ記譜法のある一派は、その最初期の手稿譜においてすでにこの特徴を示している。……おおよそ十世紀末に、ダイアステマティックなシステムにおけるネウマがそれに沿って置かれていた想像上の線が現実のものになった。はじめ、それは羊皮紙上に引っかいてつけられた乾いた線だった。その発想はおそらく、文章を書く際に補助線を使うことに示唆されたものだろう」。

(4) ここでは、音高以外の要素を無視することで話をかなり単純化しているが、主要な論点に影響はない。ここで触れている冗長性もまた、別の話題との関連でさらなる考察を必要とするものだろう。

(5) これには異論があるだろう。聞くところによると、たとえば一秒間に三百三十三回の振動数の音は、いずれの符号としても認められるらしい。とはいえ、われわれは、そうした音を、両方の符号に実際に準拠するものと見なすこともできるし、(一音符だけ欠落している場合のように) たんに実践上許容可能な逸脱の範囲内のものと見なすこともできる。一般的な論点を示すという目的のために、ここでは後者の解釈をとる。さらにより関係的な記譜法であっても、記譜性と両立可能である。

(6) これらの準拠クラスが実際に互いに素であるかどうかという問いは、そこで使われている記譜法と、その解釈に関する細心の決定のいくつかを注意深く調べることではじめて答えられることである。

（7）一九六一年の夏の六週間にバーモント州マールボロで開催されたマールボロ音楽フェスティヴァルで演奏された作品のプログラムから適当に選んだ。

（8）John Cage, *Concert for Piano and Orchestra, Solo for Piano*, New York, Henmar Press, Inc., 1960, p. 53, figure BB を参照。本書の図は、出版社の許可を得て、描きなおして転載したもの。

（9）ロジャー・セッションズは、第四章の冒頭で引用した段落の直前の箇所で、以下のように述べている。電子媒体は「すべての音楽的要素の正確な制御」を可能にする。「音楽のあらゆる瞬間は、きわめて緻密な計算の結果でありうるだけでなく、そうでなければならない。そうしてはじめて、作曲家は音の世界全体を意のままにできるようになる」。そう言ったうえで、彼はこのアプローチの音楽的な意義に疑問を投げかけるのである。一方、ピーター・イェイツはこう指摘する。「電子的な手段による演奏であっても、機材や音響次第でちがったものになるだろう」。Peter Yates, "The Proof of the Notation", *Arts and Architecture*, vol. 82 (1966), p. 36.

（10）*Das Schriftsbild der Neuen Musik*, Celle, Herman Moeck, 1966, pp. 19ff.〔『現代音楽の記譜』入野義朗訳、全音楽譜出版社、一九七八年〕この綿密な研究についての私の議論は概略的で不十分である。

（11）もちろん、ある一つのしるしは、一つの記譜法（または異なる複数の記譜法）における印字として機能しつつ、同時に一つの非言語的なシステム（または複数の非言語的なシステム）におけるスケッチとしても機能することがある。これを妨げるものはない。

（12）この〔絵画作品の完全な複製が難しいことと絵画作品が唯一の事例しか持たないことを結びつける〕安易で不適切な説明が広く受け入れられているおかげで、この問題の本当の理解に向けた取り組みが阻害されてきた。芸術哲学者もこのまちがいと無縁ではない。たとえば、Joseph Margolis, "The Identity of a Work of Art", *Mind*, vol. 68 (1959), p. 50〔「藝術作品の同一性」森匡史訳、新田博衛編『藝術哲学の根本問題』所収、晃洋書房、一九七八年〕を参照。

（13）単語に数字を割り当てるための基礎として、辞書的な順序が考えられるかもしれない。もちろん、あらゆる文字列にそれぞれ一つの数字を割り当てることを目指し、かつ、文字列の長さに制限がない場合には、辞書的な順序づけは驚くほど複雑になってしまう。とはいえ、別の非常に単純な順序づけにもとづけば、そのような文字列のすべてに数字を割り当てることができる。つまり、すべての一文字の文字列を辞書的に順序づけることから始めて、次に二文字の文字列を辞書的に順序づけて……というかたちで続けていく方法である。

（14）これは、ある記号が表示するものはなんであれその記号に準拠するということではない。例示は表示の一方式だが、準拠関係を構成しない。また一方では、以下で見るように（本章7）、言語の発話と印字は、同じ視聴覚的な符号に属する互いに等しい事例としてふつうは問題なく解釈できる。第四章註17を参照。

（15）何がその選択の根拠になるのか。これは一つの争点である。科学者と形而上学者は、「自然種」とそれ以外のクラスの間に存在論的なちがいを措定するのがつねである。哲学者がしばしば主張するところによれば、何か特別なクラスのメンバーはなんらかの実在的な属性つまり本質を共有している、あるいは、それらの間にはなんらかの絶対的な類似性がある。私の考えでは、この区別は、むしろ言語的な習慣に依存するものである。この投射可能性の問題についての詳しい議論は、*FFF*を参照。

（16）ここで採用している意味のちがいについての基準は、私が以下の論文で提示したものである。"On Likeness of Meaning" および "On Some Differences about Meaning" を参照（書誌情報は第一章註19）。ある符号の一次的外延は、その符号が指示するものからなる。ある符号の二次的外延は、その符号を含む複合的符号が指示するものからなる。二つの符号の一次的外延が異なるとき、または、両者の平行的な二次的外延のうちのどれかが互いに異なるとき、それらの符号は意味が異なる。この基準が自然言語——複合語の生成がかなり自由になるもの——に適用される場合には、あらゆる二つの語は意味が異なるという結果になることが多い。より制限のある言語では、こうした結果にはならない。もっと言えば、そのような言語の場合は、〈二つの符号は、一次的外延または平行的な二次的外延のいずれかが異なる語からなる平行的な複合語であるとき、意味が異なる〉というかたちで、意味のちがいの基準がさらに強められる必要がある場合もある。

（17）ここで問題になっている符号は、音符記号と、シャープ記号またはフラット記号（場合によっては調号）と、ナチュラル記号（シャープ記号やフラット記号を無効化するもの）からなるものである。音符記号とシャープ記号またはフラット記号［の組］は、どういう順番で並んでいても、とくに［意味の］ちがいはない。一方、ナチュラル記号は、それに先行し、かつ音符記号と結合したシャープ記号またはフラット記号（当の音符記号のとなりにある場合も離れている場合もある）をすべて、またそれだけを無効化する。Cダブルシャープを C シャープに変更するには、ナチュラル記号を末尾につけたうえで、別のシャープ記号をつけ加える必要がある。その結果できるのは、省略せずに書けば、Cシャープシャープナチュラルシャープ記号である。

（18）なんであれ演奏されない楽譜は、すべてその準拠物として同じ（つまり空の）演奏を持つ。それらが「異なる作品」の楽譜であると言えるのは、ユニコーンの絵とケンタウロスの絵が異なるものであると言うのと同じく、間接的な意味においてである。いずれの場合も、一次的外延にはちがいがない。ジョーンズの演奏されない交響曲第九番の楽譜と、同じく演奏されないピアノ協奏曲第三番の楽譜は、厳密に言えば、ジョーンズの交響曲第九番−譜と、ジョーンズのピアノ協奏曲第三番−譜でしかない。ジョーンズの交響曲第九番−譜の符号を一つ〔何か別の符号に〕入れ替えた結果が〔同じ〕ジョーンズの交響曲第九番−譜になるのは、置換される符号と置換する符号が共外延的であり、かつ、本文で説明した意味で同義であるときにかぎる。

（19）〔異形〕同音異義語や発音の非一貫性などが豊富にある英語の場合には、記譜的システムとの近似はそれほどでもないだろう。一方、スペイン語のような言語の音声符号は、記譜的システムにかなり近いものになる。

（20）そういうわけで、芸術作品は記号かどうかというよく論じられる問いは、私にはまったく無益なものに思える。どの芸術であるかによって、作品が対象であることも対象のクラスであることも言語の符号であることも印字であることもあるわけだが、さらにそれだけでなく、どの芸術であっても、作品は他のものをさまざまな仕方で記号化することがある。

（21）ラバンは、一九二〇年代にすでにウィーンでこの問題に取り組んでいた。ラバンは以下の著作を出版している。Rudolf Laban, *Choreographie*, Jena, Eugen Diederichs, 1926; Laban and F. C. Lawrence, *Effort*, London, MacDonald & Evans, Ltd., 1947; Laban, *Principles of Dance and Movement Notation*, London, MacDonald & Evans, Ltd., 1956. アン・ハッチンソンによる豊富な図解つきの便利な解説書がペーパーバックで手に入る。Ann Hutchinson, *Labanotation*, Norfolk, Conn., New Directions, 1961. この解説書は、以下の三つの註でも引いている。ラバン式記譜法に並ぶシステムとして、ルドル

フ・ベネッシュとジョーン・ベネッシュによって提案されたものがある。Rudolf Benesh and Joan Benesh, *An Introduction to Dance Notation*, London, Adam & Charles Black, Ltd., 1956. 本書で提示した諸原理の観点からラバンシステムとベネッシュシステムを比較するという課題は、練習問題として読者に残しておく。

(22) あるいは、標準的な音楽記譜法よりも細かいかもしれない。*Labanotation*, p. 52で実際に提示または言及されているところによると、ラバン式記譜法において符号が指定する時間の長さの最小単位は、一拍の十六分の一である。そのわけはおそらく、標準的なテンポのうちのもっとも遅いテンポにおいてすら、一拍の十六分の一の長さが、明確に見分けられるかたちでダンサーが実行することが期待できる運動の単位の最短時間だからだろう。とはいえ、〔時間の分節の細かさに〕なんらかの限界が設定されているかぎりは、それがどれくらいの細かさであるかは重要ではない。

(23) アドリブ記号の使い方については、*Labanotation*, pp. 88, 187を参照。複数の具体性の度合いの採譜が認められることについては、たとえば同書pp. 59, 262を参照。私の考えでは、次のような文に〔当の記号システムの規則の〕導入言明の重要さを見いだすことができる。「ラバン式記譜法は、いかなる具体性の度合いも許容する」(p. 6)。この言明を〈このシステムは、特定の度合いの正確さの範囲内であれば任意の具体性を許容する〉を意味するものとして読めば、この言明は差別化の欠如を含意するだろう。

ついでに言えば、ラバン式記譜法は冗長であるように思われる——互いに置換可能な記号が実際に共外延的であるかどうかは、解説を見るかぎりは必ずしも明らかではないが（たとえば、p. 144を参照）。すでに見たように、音楽における共外延的な符号は、しばしば意味が異なる。つまり、それぞれを同じかたちで含む複合的符号の外延が互いに異なることがしばしばある。一方、ラバン式記譜法においてこれに相当するものは、いまのところ見つけられない。

(24) *Labanotation*, pp. 179–181.

(25) Milton Hildebrand, "Symmetrical Gaits of Horses", *Science*, vol. 150 (1965), pp. 701–708を参照。

訳註

＊1　本章での「score」は楽譜にかぎられないため、原則的に「譜」と訳す。同様に「performance」も演奏にかぎられないため、原則的に「上演」と訳す。ただし、文脈上明らかに音楽の譜や上演を指す場合は、「楽譜」や「演奏」とした。

＊2　共義的な語は、それ単独では意味を持たず、他の語との組み合わせによってはじめて意味を持つ語のこと。

＊3　前の段落で述べられているように、記譜的システムにおいて準拠物を持つ符号はすべて譜である。この規定にしたがえば、一個の音符符号も一つの譜である。一方、第四章で論じられたように、複数の符号が組み合わさって一つの複合的な符号を作ることがある。それゆえ、一定の音符符号の集まり——たとえば一つの音楽作品の楽譜の全体——もまた、一つの譜と見なせる。

＊4　この章では「談話的言語 discursive language」という表現が頻出するが、これは〈厳密な構造を持たない言語〉程度の意味であり、「日常言語」とおおよそ交換可能である。

＊5　この章では、「音符記号 note-sign」、「音符符号 note-character」、「音符じるし note-mark」といった語が統語論的要素を明示的に指すために使われている。一方、「音符 note」は一貫して意味論的要素（つまり音符符号に準拠する音）を指すものとして使われている。

＊6　「六つの符号」は、ピアノ指定されたCシャープ符号およびDフラット符号、ヴァイオリン指定されたCシャープ符号およびDフラット符号、楽器指定以前のCシャープ符号およびDフラット符号の六つとしてとる。

＊7　音符に数字をつけることで、その音符を含む和音を指定する表記法のこと。特定の和音を指定するものだが、具体的にどのオクターブの音を使用するかは演奏者に任される。ジャズなどにおけるコードネームに近い。

＊8　補足しておく。ここでは次のことが言われている。統語論的な有限差別化の要件が満たされていない場合、あるしるし（または演奏）がどの符号に属す（または準拠する）かを確定できない。それゆえ、それは解釈に左右される。そして、その解釈次第では、一つのしるしが複数の符号に属したり、一つの演奏が複数の準拠クラスに属

したりすることがある。

＊9 この段落では、冒頭でスケッチが記譜的システムの符号になりうることを認めつつも、結局それは記譜的システムに属するものではないという議論がなされている。ここには論点が二つある。第一に、スケッチが持つ任意の性質を問題にすればそれは記譜的システムに属するものになりうるが、絵画的性質に観点を限定すれば記譜的システムに属するものにはならないということ、第二に、スケッチは可能的には記譜的システムに属しうるが、既存の慣行や取り決めの中ではそうではないということである。これらの論点については、次節も参照。

＊10 整合的に読めば、前後の文で「言語」が両義的に使われているととるのが適当だと思われる。前の文の強調つきの「言語」は狭義の言語（文字通りの言語）を指し、後の文の「言語」は記号システム一般を指す。「記譜的であろうがなかろうが」は以下のように解釈する。スケッチを記譜的システムに属するものとしてとる場合には、スケッチ（絵画の指針になりうるもの）としての取り扱いではない。それゆえ、そこには演奏の指針になりうるものとしての楽譜に相当するものはない。スケッチを記譜的システムに属するものとしてとらない場合には、スケッチは楽譜のように記譜性によって作品を定義するものにはならない。

＊11 ここでの「実質的 material」は、なんらかの形式的な判断ではなく、対象が実際に持つ特徴にもとづいて判断するという限定だろう。

＊12 投射 projection は、既知の事柄のあり方から同種の未知の事柄のあり方を予測・推測すること。グッドマンは、これを述語の適用の観点からとらえる。つまり投射とは、既知のものに適用されていた述語を新たに現われるものにも適用することである。グッドマンによれば、そうした投射が可能な述語とそうでない述語とをわれわれは区別する。

＊13 本文にもあるように、「script」は〈脚本〉や〈草書体〉といった意味も持つが、ここではほぼ言語記号一般のことなので、原則的に「書」と訳す。

＊14 原文は「object-English」だが、便宜上日本語としてとる。

＊15 「性質が共外延的」という言い方は不自然に思えるが、グッドマンにとって「性質」は「ラベル」と交換可能であ

る。ここでは、記譜的システムでは、ある特定の対象に適用される諸ラベルはすべて同じ外延を持つということが言われている。当然ながら、談話的言語では、これは成り立たない（「赤いもの」と「ポスト」は同一の対象に適用されうるが、同じ外延を持たない）。

＊16 原語は「parallel」（平行的）だが、以下ではわかりやすさを重視して「それぞれを同じかたちで含む」「両者を入れ替えただけの」などと訳す。

＊17 「非」「不」の例は、原文では英語の接頭辞の「un」「in」である。この箇所の「untolerable」と「inbearable」は、明らかに意図的な文法違反である（正しくは「intolerable」と「unbearable」）。

＊18 「逆音声表記言語 converse-phonetic language」は、音声表記言語（文字記号によって発音を表わす）における準拠関係を逆転させたものを指していると思われる。つまり、音声表記言語では印字が発話を指示する（発話が印字に準拠する）のに対して、逆音声表記言語では発話が印字を指示する（印字が発話に準拠する）。

＊19 第四章の「a」と「d」の例を参照。

＊20 「美的関与性 aesthetic relevance」は、ある作品のある特徴が、その作品の美的に重要な性質の構成にとって関与的であること。

＊21 「object-sketch」という言い方は初出だが、「object-English」などと同様に、物理的な事物を指示するスケッチを指す。

＊22 「construction」は建物を建てる手続きを指すものととって「建設」と訳す。

＊23 なんらかの実例なのか仮想例なのか不明。いずれにせよ、量産型の住宅を想定していると思われる。

＊24 原語は「copy」だが、事例と対置されているので、「コピー」ではなく「模造」と訳す。

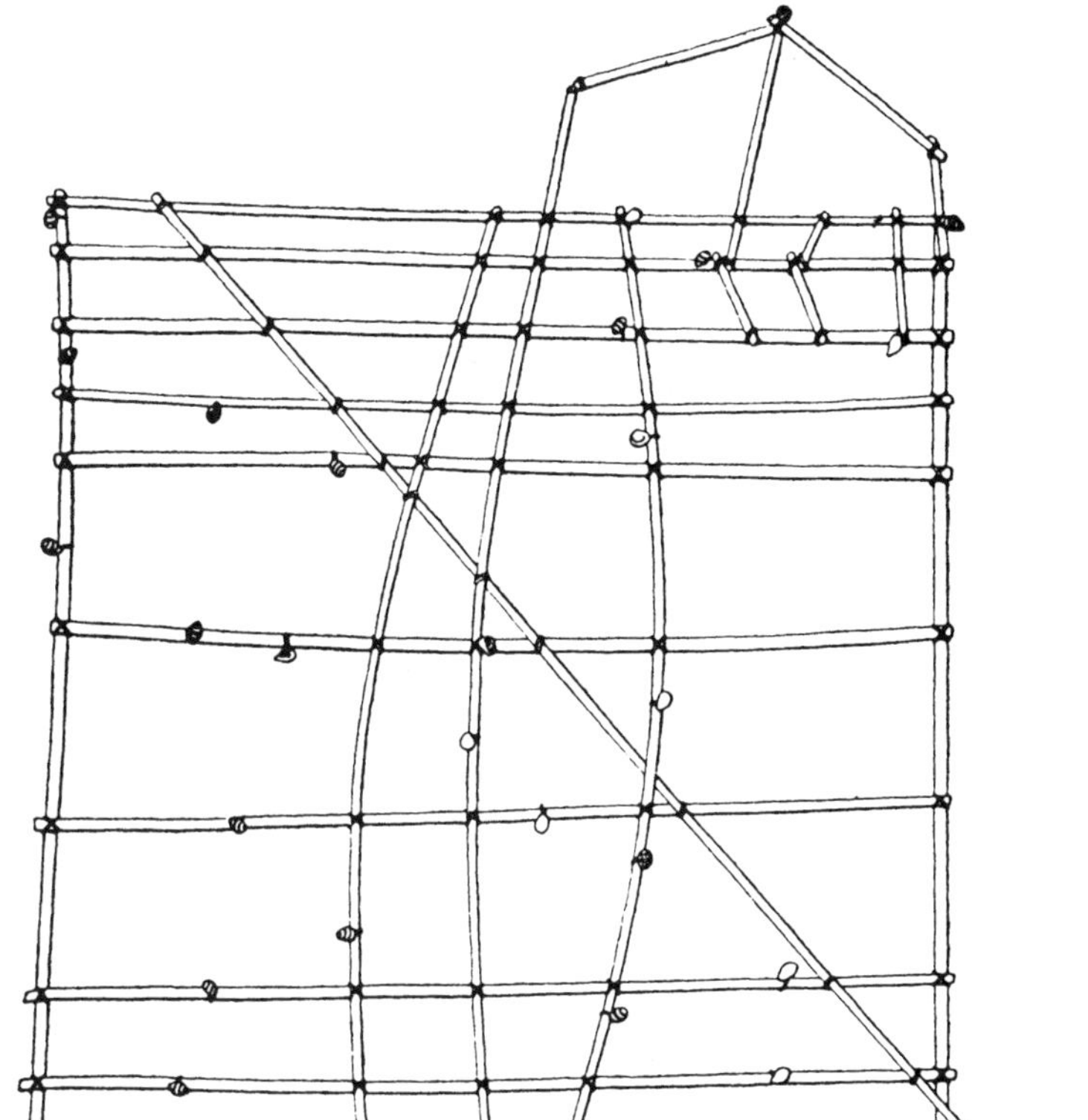

マーシャル諸島民が作る海図。
貝殻は島を、竹の棒は風と海流を表わす。
ハーヴァード大学ピーボディ博物館の厚意により掲載。
ドローイングはシム・バースタインによる。

第六章　芸術と理解

科学は……その明証的な根拠をはるかに超える理論を喜んで受け入れる。それまでは雑多でばらばらの諸事実のかたまりだったもののうちに、一つの根底的な秩序を――なんらかの深くて単純な体系的つながりを持った一つのシステムを――見いだす見込みが、その理論にあるかぎりは。

C・G・ヘンペル＊

1　絵と文

探究の結果、思いもよらない道筋を通って、第一章で未解決のまま残していた問題に再び戻ってくることになった。第一章で見たように、再現は模倣ではないし、その他のよくある仕方で定義できるものでもない。また、絵画的性質に依存する指示として再現を特徴づけることは端的にアドホックであり、最終的な答えとして受け入れられるものではない。そのような特徴づけは、指示の他の方式から再現を区別する決定的な特徴についてなんの洞察も与えないのである。しかしいまや、アログラフィックな芸術というまったく別の問題に応答する中で得られた記号システムの分析がある。この分析は、再現の本性を明らかにするための手段を提供してくれるだろう。

すでに見たように、記譜的システムは五つの要件を満たす。言語は、記譜的なものであれそうでないものであれ、少なくとも最初の二つの要件、つまり統語論的に互いに素の要件と統語論的な差別化の要件を満たす。日常言語は、残り三つの要件、つまり意味論的要件にふつう違反する。さて、非言語的なシステムは言語とは異なり、描写は記述とは異なり、再現的なものは言語的なものとは異なり、絵画は詩とは異なる。このちがいは、まずもって前者の記号システムに差別化が欠けている――もっと言えば、前者の記号システムが稠密である（そしてその結果として分節化が全面的に欠けている）――という点にある。内在的に再現であるものはない。再現としての身分は、記号システムに相対的である。あるシステムにおける絵が、別のシステムでは記述になることもある。また、ある指示的記号が再現的かどうかは、それがその指示対象に似ているかどうかで決まるのではなく、ある特定のシステムにおいて、それが他の記号とどういう関係を持つかで決まる。あるシステムが再現的であるのは、それが稠密であるときにかぎる。そして、ある記号が再現であるのは、それが全体的に稠密なシステムに属すか、または、部分的に稠密なシステムの稠密な部分に属すときにかぎる。このような記号は、たとえそれが何も指示しない場合でも、再現になることがある。

次のような例を考えよう。伝統的な西洋の再現的システムで描かれた絵がいくつかある。第一の絵は、特定の距離から見た直立する人間の絵である。第二の絵は、同じ縮尺で、同じ距離から見た、より背の低い人間の絵である。第二の画像は、第一の画像よりも丈が短くなるだろう。[*1] 続く第三の画像は、第一と第二の中間の背丈の人間の絵である。そして、第四の画像は、第二と第三の中間の……というかたちで続く。伝統的な西洋の再現的システムにしたがえば、それらの画像間のいかなる長さのちがいも、それらによって再現される人間同士の背丈のちがいを構成する。描かれている人間が実際に存在するかどうかは問題ではない。ここで問題になるのは、それら複数の画像がどのように符号に分類されるか、つまり、それらがどのように特定の符号に属するしるしになるかということだけである。そして、その分類のあり方は、われわれの識別能力がどれだけ細かいかにかかわらず、一つの特定の符号にすでに属しているる絵のそれぞれについて、その絵がその他のどの符号にも属さないということが確定できないというものである。つまり、その分類には、統語論的な差別化が全面的に欠けているのである。以上の例では、話を単純にするために一つの側面〔画表面上の画像の長さ〕しか考慮に入れていないが、実際には、このなじみの再現的システムにおいては、さらに〔長さだけでなく〕あらゆる絵画的特徴におけるあらゆるちがいが〔意味上の〕ちがいを作り出す。

当の図式が符号の稠密な集合を持つものであるかぎりは、長さの点で互いに区別のつかない画像が実際に存在する必要はない。ここで再現的図式に要求されるのは、それが諸符号の稠密な順序づけを規定しなければならない——つまり、その図式における符号指定が〔諸々のしるしを〕稠密に順序づけるものでなければならない——ということだけである。[1] それゆえ、〔ある図式に属する〕画像が二つだけあり、かつ、それらが長さの点で明白に異なる場合ですら——さらに言えば、画像が一つしかない場合ですら——その図式は統語論的に稠密になりうる。

同じことは意味論的な特徴についても言える。先の人間の絵の例は、もちろん〔指示対象が存在しない〕ケンタウロス‐絵であってもよい。また、指示対象が実際に存在する場合でも、それらは必ずしも稠密な表示領域を構成していなくてもよい。再現的システムの統語論的要件が〈符号の稠密な集合がなければならない〉というものであったのと同様に、再現的システムの意味論的要件は〈準拠クラスの稠密な集合がなければならない〉というものである。しかし、やはりこの場合も、求められるのは〔互いに区別がつかない諸対象ではなく、諸対象を〕稠密に順序づける指定だけである。

そういうわけで、再現は、記号と指示対象の関係（たとえば類似のような）に依存するのではなく、記号間の統語論的・意味論的な関係に依存する。とはいえ、同時にそれは、それが指示的記号の身分を持つということにも依存している。諸要素の稠密な集合が再現的であるのは、それが〔実際はともかく〕見かけの上で ostensibly 指示対象を与えられているときにかぎる。記号を指示対象に関係づける規則が、どの記号にも実際に存在する指示対象を割り当てず、結果として表示領域が空になることはあってもよい。しかし、諸要素が再現になるためには、そうしたなんらかの関係づけ——実際に存在するものとの関係づけであれ、たんに原則しかないものであれ——と組み合わせられる必要がある。

記述を再現から区別するのは分節化である。この分節化は、記述〔として働くしるし〕の内的な構造の問題ではないということを強調しておきたい。次のように主張する論者たちがいる。言語的（あるいは「談話的」）な記号が再現的（あるいは「現示的」）[*2]な記号と異なるのは、記述が語や文字といった諸要素に一意に還元可能であるのに対して、絵は分割不可能な全体であるという点にある——このような主張である。しかし、実際には、一文字からなる語のような原子的符号は〔分割不可能な全体であるにもかかわらず〕それでもまだ記述であるし、群像画のような複合的な絵はそれでもまだ再現である。記述と再現の有意なちがいは、指示的システムにおける記号間の関係のあり方にある。

さて、以上の仕方で再現と記述を区別した結果として、われわれがふだん使う絵画的再現のシステムは、地震計や目盛りのない温度計と同じ種類に分類されることになる。それゆえ、さらなる区別が必要だろう。統語論的に分節化されたシステム同士の——とくに談話的言語と記譜的な言語の間にある——非常に重要なちがいについては、すでに詳しく論じた。しかし、統語論的に稠密なシステム同士のちがいについては、まだ論じていない。先に、図表、地図、モデルについて簡単に触れた際に、次の問いを後回しにした。純粋に図形的な図表と画家のスケッチはどうちがうのか。地形図と航空写真はどうちがうのか。船の模型と彫刻はどうちがうのか。

ある瞬間の心電図と、富士山を描いた北斎のドローイングを比較しよう。両者における白地の背景上の黒い波線が正確に同じであることはありうるだろう。しかし、その場合でも、一方は図表であり、もう一方は絵である。何がこのちがいを生み出すのか。それぞれが記号として機能するための図式が持つなんらかの特徴が、このちがいを生み出しているのは明白である。しかし、両者の図式はいずれも稠密(そしておそらくいずれも互いに素)である。だとすれば、どの特徴がそのちがいを生んでいるのか。答えは記号化の対象にあるわけではない。山を図表に描くことも、心臓の鼓動を絵に描くこともできるからである。むしろ、ちがいは統語論的なものである。絵画的符号と比べた場合、図表的符号の構成的な側面は[*3]、明らかにより狭く制限されている。心電図が持つ特徴のうち〔その符号にとって〕関与的なのは、線の中央部分が通る各点の縦座標および横座標だけである。線の太さ、色、明度、図表の絶対的な大きさなどは重要ではない。その記号の複製らしきものが実際に当の図表的図式の同じ符号に属すかどうかは、これらの特徴に一切左右されない。一方、北斎のドローイングの場合は、これが当てはまらない。線のあらゆる太さと細さ、色、線と背景のコントラスト、絵の大きさ、さらには紙の質——こうした特徴のすべてが重要であり、いずれも無視できない。絵画的図式と図表的図式は、分節化されていないという点では同じである。しかし、絵画的図式において構成的な特徴のいくつかは、図表的図式においては付随的な特徴として片づけられる。絵画的図式の記号は、相対的に充満している replete のである[2]。

稠密な図式と分節化された図式の間には、少なくとも理論的には明確な線引きがある。それに対して、稠密な図式の中での再現的図式と図表的図式のちがいは、程度の問題である。たとえば、ある再現的絵画について、そのいかなる側面も付随的でないとは言えない。というのも、十ポンドの重さがあるとか、特定の日にボストンからニューヨークに運ばれたとかいう性質は、その再現的図式における絵画という身分に対して、ほとんどなんの影響もないからである。むしろ、次のように考えるべきだろう。ある稠密な図式は、そのもとでの符号構成的な側面が、別の第二の図式のもとでの符号構成的な側面のうちに真に properly 含まれているとき、その第二の図式に比べて、より図表的である。われわれになじみの分類において図形的とされる諸々の身近な図式がある。そのうちのある図式の符号構成的な側面が、それ以外のすべての図形的図式の符号構成的な側面を含んでいるならば、その図式は純粋に再現的なものと言ってよいだろう。もちろん、この定義にしたがえば、このお手本になる再現的図式もまた、それにさらになんらかの構成的な側面を追加した標準的でない図式と比較すれば、より図表的ということになる。

以上の議論から帰結するのは、寛容な異端の考えである。記述が描写と異なるのは、それがより恣意的だからではない。むしろ、それが稠密な図式ではなく分節化された図式に属しているからである。言葉が絵よりも慣習的であると言えるのは、慣習性を人工性ではなく差別化として解釈した場合だけである。ここには、記号の内的な構造に左右されるものは何もない。実際、あるシステムでは記述として機能するものが、別のシステムでは描写として機能することもある。類似はもはや再現の基準ではなく、構造的な相似はもはや記譜的言語やその他の言語の要件ではない。しばしば強調されてきた図像的《アイコニック》な記号とその他の種類の記号の区別は、一過的で取るに足らないものになる。このようにして、異端の考えが因習の打破《アイコノクラズム》にいたるのである。

とはいえ、こうしたきわめて過激な変革は不可避のものだ。この変革は、再現の完全な相対性と、絵以外の事物による再現を許容する。対象と出来事は、それが見えるものであれ見えないものであれ、視覚的記号と非視覚的記号のいずれによっても再現できる。あるいは、絵が、われわれがたまたまふつうだと考えている再現的システムとはまったく異なるシステムの中で再現として機能することもありうる。たとえば、絵の色がその補色や大きさを表わすとか、遠近法が逆転したりそれ以外の仕方で変換されたりするといった場合である。また一方で、絵が再現として機能しないこともある。たとえば、戦術の概要を説明するときにたんなる目印として使う場合や、何か別の分節化された図式の記号として使う場合である。第一章で見たように、再現的システムの内側における「自然さ」は習慣の問題である。[*4] 一方、慣れによって記述と再現の境界を乗り越えられるということはない。身近さがどれだけ増したところで文が絵に変わることはないし、目新しさがどの程度あったところで絵が文になることはない。簡素な図形的図表と本格的な肖像画のちがいは、程度の問題である。しかし、それらはいずれも、記述や、さらには純粋な配線図とも明確に区別される。

これまで、諸々の種類の記号図式と記号システムを分析してきた。この分析を使って、再現と記述に関係する厄介な問題に取り組むことができる。同時に、この分析は、一方では絵、地震計、目盛りのない円盤上の針の間にある意外な共通点を明らかにし、もう一方では象形文字、回路図、言葉の間にある意外な共通点を明らかにする。この分析によって、旧来の曖昧な国境が無効になるとともに、有意な同盟と独立が新たに有効になる。

〔この分析の〕まったく偶然的な帰結を一つ挙げておこう。音楽における再現に関するものである。絵画における再現と同じく、音楽における再現には模倣は必要ない。とはいえ、標準的な楽譜によって定義された楽譜の演奏がなんらかの指示機能を持つだけで、その演奏が再現になるというわけではない。というのも、譜によって定義された作品の演奏としては、それは分節化された集合に属すからである。しかし、その演奏と同じ音出来事が、聴覚的記号の稠密な集合に属するものとしてとられた場合には、その出来事は再現を行なうだろう。それゆえ、適切な意味での記譜法や言語を一切持たない電子音楽は、再現的でありうる。その一方で、標準的な記譜法のもとにある音楽は、たとえなんらかのかたちで指示的であったとしても、〔再現的ではなく〕記述的である。これはたいして面白い話ではないが、それは音楽において指示が果たす役割が非常に小さいからだろう。

2　調べることと見せること

〔符号構成的な側面が〕充実したおなじみの絵画的図式には、われわれが絵と考えるものがすべて含まれている。さらに、その図式は、彫刻やある種の自然物を含むようなかたちで広げてもよいかもしれない。この図式の符号には、実際の存在者を再現するものもあれば、虚構的に再現するものもあるし、まったく再現的でないものもある。再現的な符号であれ、再現的でない符号であれ、そのうちの多くは表現的である。つまり、この図式の符号は、たんに再現的であるか、たんに表現的であるか、その両者であるか、そのどちらでもないか、このいずれでもありうる。

すでに見たように、再現と記述が指示的であるのに対して、例示と表現は指示とは逆の方向に向かうものである。絵画的符号は、再現的システムと表現的システムとで同じもののままである。それゆえ、絵画的表現は、絵画的再現と同じく、稠密な図式の記号によるものである。しかし、稠密であることは、再現には必要だが、表現には（言語による表現の例が示すように）必要ではない。先ほど確認したように、通常の写実的な再現は、稠密かつ相対的に充満した指示的システムという種類のうちの、あるなじみ深いシステムのことである。一方、すでに確認していたように、通常の絵画的表現は、例示的システムという種類のうちの、ある種のなじみ深いシステムの隠喩的な部分のことである。再現を十全かつ一般的に特徴づけるには、第四章と第五章で論じられたテクニカルな諸概念を導入する必要があった。それに対して、同様に表現を一般的に特徴づけることは、すでに第二章で別の観点から済ませてある。

とはいえ、諸芸術における表現と例示もまた、指示的システムを分類するのに使ったような統語論的・意味論的な諸特徴の組み合わせの点で多様である。もちろん、表現や例示を扱う場合には、多義性、互いに素、差別化、稠密性、非連続性といった意味論的な諸性質は、準拠（または指示）と準拠クラス（または外延）という観点ではなく、より一般的に表示と表示クラス[*5]という観点から定義する必要がある。とはいえ、一般化の仕方は明白だろう。たとえば、あるシステムがこの広い意味で意味論的に差別化されているのは、任意の二つの符号K、K′と、同時に両者によって表示されない任意の要素hについて、Kがhを表示しないことか、またはK′がhを表示しないことを確定することが理論的に可能であるとき、かつそのときにかぎる。先に狭い意味での定義を使ったのは、われわれの関心がもっぱら指示的システムにしかなかったからである。例示的システムは、その統語論的・意味論的な性質がどうであるかにかかわらず、記譜法や言語の資格を持たない。

絵画や彫刻では、例示は統語論的にも意味論的にも稠密である。その絵画的符号も、それによって例示される性質も、差別化されていない。また、例示される述語は、談話的かつ無制限の自然言語からとられたものである。再現の場合と同じように、ここでも目盛りのない温度計と比較してみるのが適切だろう。とはいえ、絵画的例示の場合、絵と対照させるべきものは、水銀柱の高さではなく、〔温度計によって測られる〕温度を持つ事態である。というのも、例示的システムのもとでは、絵は、温度を持つ事態と同じく、指示するものではなく指示されるものだからである。

再現がそうであるのと同様に、絵画的例示は、〔符号構成的な側面が〕相対的に制限されていないという点で、温度計の例示的システムとは異なる。絵は、色、形状、音、感情などを例示できる。それゆえ、より近いものを探せば、〔温度計ではなく〕多目的で複雑な測定機器や、そうした機器の集まりということになるだろう。より狭い例示的システム——たとえば、色の例示に制限されているもの——と充実した例示的システムの関係は、図表的システムと再現の関係に相当する。しかし、再現的システムから図表的システムへの縮減が記号の統語論的な構成的側面に対する制限によるものであるのに対して、充実した絵画的例示からより狭い絵画的例示への縮減は、記号化の対象の〔意味論的な〕構成的側面に対する制限によるものである。例示する記号は変わらずそのままなのである。たとえば、ある絵が色を例示したり音を表現したりする場合でも、その絵が持つあらゆる絵画的な側面が関与しうる。そういうわけで、こうした狭い例示的システムは、図表的システムとはちがって、絵画的なままである。狭い例示的システムにおける記号は、充実した絵画的例示のシステムや再現的システムにおける記号とまったく同程度に充満しているのである。

ある絵がどんな性質を例示または表現しているかを見てとることは、目盛りのない計測器を適用するのと似たようなことである。一方、その絵が何を例示しているかを述べることは、統語論的に無制限かつ意味論的に稠密な言語から〔当の例示されている性質に対して〕正しい語を適合させるという問題である。われわれが語をどれだけ厳密に適用したとしても、当の絵によって実際に例示されているのが、その語なのか、それとも別の語なのかを確定することがつねにできない。[*7] この記述に使われる言語は〔意味論的に稠密であるだけでなく〕談話的でもあり、他の語を外延的に含む語[*8]を持つ。それゆえ、より包括的な語を使うことで、〔例示対象を述べることにおいて〕誤る危険を減らすことができる。とはいえ、そのように安全をとると、精度が犠牲になる。対象を〔数字で〕測定する過程と対比するとわかりやすい。先に述べたように、少数の位の数を増やせば増やすほど測定の精度は上がるが、逆に正解を出す能力は下がる。絵が何を例示しているかを述べることは、許容誤差を設定せずに測定するのと似たようなことなのである。

そういうわけで、絵画的例示は、実質的に、測定や計量のシステムを逆転させたシステムである。(3) また、絵画的表現は、ある種の隠喩的な例示のシステムである。こうしたシステム――稠密な記号図式と、表示クラスの稠密または無制限の集合を持つシステム――の場合、記号と記号化の対象が正確に一致しているかどうかを調べるには最大限の感度が必要であり、またどれだけ調べても終わりがない。さらに、絵画的符号が例示または表現するものがなんであるかは、その符号がどんな性質を持つかだけでなく、そうした性質のうちのどれをその符号が記号化しているか――つまり、その符号がどの性質のサンプルとして機能するか――にも依存する。そして、たいていそれは、仕立て屋の生地見本の場合よりもはるかにはっきりしない。絵画的例示のシステムは、見本や測定や計量といったわれわれが実用的に使うシステムの大半に比べれば、まったく標準化されていないのである。私は〔以上の議論によって、〕絵画的例示のシステムの詳細はすぐに見つかると主張したいわけではない。また、特定の絵が特定の性質を例示しているかどうかや特定の感情を表現しているかどうかを確定する方法を提供したわけでもない。たんに、絵画的例示や絵画的表現における諸々の記号関係――それがどういう場合に生じるかにかかわらず――を分析しただけである。

ふつう、音楽作品の演奏は、当の作品や楽譜に属したり準拠したりするだけでなく、それを例示する。[4]そして、音楽作品と楽譜は記譜的システムに属すわけなので、その場合の演奏は――あらゆる点で絵画的例示の場合と対照的だが――分節化され、互いに素の、制限されたものを例示していることになる。

演奏はまた、たいてい、当の作品や楽譜の中にはない数多くのものを例示したり表現したりする。省略的には次のように言える。ある性質は、それがある作品のすべての演奏によって例示されているならば、その作品によって例示されている。[5]とはいえ、こうしたことは実際にはめったにないだろう。というのも、例示されてはいるが楽譜には指定されていない性質は〔当の作品にとって〕本質的ではなく、それゆえ当の作品の本当の事例としての身分に一切影響を与えることなく（良し悪しには影響があるかもしれないが）演奏間で自由に変えられるものだからである。たとえば、勇ましい作品の軟弱な演奏がありうるのは、まったく明白である。しかし、ここで「その作品は勇ましい」と述べることでいったい何が意味されているのか。〈「その作品は勇ましい」と述べることは、「その作品のすべてのまっとうな proper 演奏は勇ましい」を省略的に述べることである〉と答えるとしよう。この場合の「まっとうな」は、たんに「その楽譜に準拠する」を意味するものではありえない。むしろ、このまっとうさは、〔楽譜ではなく〕補足的な指図――言語的な場合もそうでない場合もあるだろうし、楽譜とともに印刷されている場合もあれば、伝統や口伝えなどによって暗黙のうちに与えられる場合もあるだろう――に準拠しているかどうかの問題である。すでに見たように（第五章2）、いずれの場合でも、こうした指図は、当の楽譜の不可欠な部分とは見なせない。というのも、そうした指図は、統語論的に無制限かつ意味論的に稠密なシステムに属するものであって、記譜的言語に属するものではないからである。また、作品の事例としてではなく音出来事としてとられた演奏は、十分に差別化されていない。それゆえ、なんであれ楽譜に指定されていないものの例示は、絵画的例示と同様に、測定や計量を逆転させたものである。ダンスや演劇の上演についても同じことが言える。こうした場合のすべてにおいて、作品が譜によって定義されているにもかかわらず、その上演が当の譜を超えるかたちで何かを例示または表現することは、意味論的に稠密なシステムにおける表示であり、それゆえ無限に細かい調節が重要になる事柄である。

書き言葉による文学の場合、例示[6]・表現される感情やその他の性質は〔絵画や音楽の場合と〕同様に稠密な集合に属すが、例示・表現する記号は分節化されている。詩が何を表現しているかを確定する場合を考えよう。まずわれわれの手元にあるのは、統語論的に差別化された記号である。それから、特定の稠密な〔性質の〕集合の中から、当の記号がそれによって指示されると同時に表示する性質を突きとめようとすることになる。この過程は、測定や計量と対照的である。というのも、測定または計量されるものは、決して分節化されていないからである。

ある文章によって例示される性質は、当の文章それ自体を構成する語と同じ語彙（たとえば英語）からとった名前を与えることができるし、また実際にしばしばそうされる。そして、絵画と同じように、文章や詩は、それが例示する性質の名前を例示するものとして考えることができる。それゆえ、そうした述語や記述の文学的な例示は、複数の語彙を——あるいは異なる複数のレベルで機能する同じ一つの語彙を——関係づけるものである。そして、その記号図式と表示領域は、いずれも分節化され、かつ無制限である。ここで成立している関係づけは、結果としてかなり独特の特徴を持つ。指示する語または例示される語から、指示される作品または例示する作品へ下向きに読むシステムは、当然ながら、統語論的には分節化されているが意味論的には稠密である。ということは、それを逆向きに読むシステム、つまり例示する文章や作品から例示される語に向かって読むシステムの場合、統語論的な特徴と意味論的な特徴は逆になるだろう——こう考えたくなるかもしれない。しかし、実際には、このシステムもまた、統語論的に分節化され、かつ意味論的に稠密である。このようなことはいかにして可能なのか。これを見るために、次の例を考えよう。αは英語のすべての語からなる。βはその無制限の部分集合であり、英語の温度‐語からなる。これら二つの語彙のそれぞれの統語論的な順序づけは、アルファベットの順序にもとづいたものであり（第四章註17）、それゆえ分節化されている。しかし、βの語を、暖かさに応じてαの語を指示するものとしてとると、βの語は〔意味論的に〕稠密に順序づけられることになる。それゆえ、βからαに向かう指示的システムは、統語論的に分節化されているが意味論的に稠密である。一方、今度は、αの語を、暖かさに応じてβの語を例示するものとしてとろう。この場合、αの語もまた〔意味論的に〕稠密に順序づけられることになる。そして、αからβに向かう例示的システムは、同じように統語論的に分節化されているが意味論的に稠密である。そういうわけで、文学には、次のような二つの（場合によっては同一の）統語論的に分節化された語彙がある。すなわち、それぞれの語彙の語がもう一方の語彙の語を表示対象として持ち、結果としてできる二つのシステム——一方は指示のシステムであり、もう一方は例示のシステムである——がいずれも統語論的に分節化され、かつ意味論的に稠密であるような、二つの語彙である。(7) したがって、文学作品が分節化されており、かつ分節化された対象を例示または表現できるとしても、他の諸芸術と同じく、例示または表現されている対象を正確に確定するには、終わりのない調査がつねに必要になる。

仮に文学作品の音読を譜の上演と見なせるなら、先に音楽の演奏に関して述べたのと同じことがそのまま当てはまるだろう。しかし、すでに見たように（第五章7）、この解釈を否定して、発話と印字を〔上演と譜ではなく〕むしろ〔符号の事例として〕同類のものと見なしたほうがよい理由がある。明らかに、同じ符号に属する異なる発話と印字は、それぞれ異なる性質を例示・表現できる。ある一つの作品のすべての発話と印字によって例示または表現されている性質は、その作品によって例示または表現されているとと省略的に言える。*9 また、ある種の他の性質——確立した基準によって当の作品の「まっとうな」

発話・印字と見なされるすべての事例によって例示または表現されている性質——も同じく、その作品によって例示または表現されていると省略的に言える。諸々の発話と印字の間には、何が例示または表現されるかという点で多様性がある。この多様性は、（すでに見たような）指示における一つの多義的な語や計器‐語[*10]に属する諸事例の間にある多様性と同様である。

以上のテクニカルな分析は、どれも美的経験からまったくかけ離れたものに見えるだろう。しかし、私の考えでは、美的なものと諸芸術の本性についての一つの考え方がここに顔を出している。

3　行為と態度

美的態度についての一つの根強い伝統的な考えがある。それによれば、美的態度とは、直接的な所与に対する受動的な観照であり、現前しているものの直接の把握であり、いかなる概念化にも毒されておらず、過去の残響と未来の脅威や期待とは一切無縁であり、あらゆる能動性を免れている、そのような態度である。われわれは、能動的な関わりと解釈から離れるための清めの儀式を通して、世界に対する汚れなき清純な見方を追い求めなければならない——。この手の考えの哲学的な誤りと美学的なばかばかしさをわざわざ数え上げる必要はないだろう。詩に対する適切な美的態度とは、当の印刷されたページを読むことなくただ見つめることである、などといったことを大真面目に主張する人がいなければの話だが。

私の考えはむしろ逆である。われわれは詩と同じように絵画を読む必要がある。そして、美的経験は静的というより動的である。繊細に識別すること、微妙な関係に気づくこと、記号システムとその符号を同定し、それらが何を指示したり例示したりしているのかを特定すること、作品を解釈すること、作品の観点から世界を、また世界の観点から作品を再組織化すること——美的経験にはこういったことが含まれる。われわれの経験と技能の多くは、出会いによってもたらされ、そしてしばしば変容させられる。美的な「態度」はやむことのない探索であり調査であり、態度というより行為である。それは創造であり再創造《レクリエーション》なのである。

とはいえ、こうした美的な活動を、知覚や日常的な行ないや科学的な探究といった他の知的な行動と区別するものはなんなのか。すぐに出てくる一つの答えは次のようなものだ。美的なものは、いかなる実践的な目的にも差し向けられていない。それは、自己防衛や征服、必需品や贅沢品の獲得、自然の予測と制御といったものに関心を払うものではない——。しかし、たとえ美的態度が実践的な目的に関わりのないものだとしても、目的のなさだけでは十分とは言えない。たしかに、美的態度は、欲張りで自己保存的な態度とは対照的に、探究心に満ちたものである。しかし、すべての非実践的な探究が美的なわけではない。科学はつきつめれば実践的な目標に動機づけられたものである——つまり橋や爆弾や自然の制御によって評価または正当化されるものである——という考えは、科学と技術を混同している。科学は、実践的な帰結とは関わりなく知識を追い求めるものである。それが関心を持つのは、行動の指針としての予測ではなく、真理のテストとしての予測である。科学的経験と美的経験は、ともに無関心の探究に包括される。

直接的な快 pleasure という観点から美的なものを区別しようとする試みもまたよくある。しかし、この場合、難点はさらに増える。明らかに、快の純粋な量や強さは、美的なものの基準にはなりえない。絵や詩が証明よりも多くの快をもたらすなどということは、まるで確かではない。また、これらのいずれにも関係しない人間の活動の中には、さまざまな種類の探究間での快の量や度合いの差がどうでもよくなるほど大きな快をもたらすものがある。美的な快は他の種類の快とは異なる高次の質を持つものだという主張は、いいかげん薄っぺらい言い逃れであって、まともに相手にすべきものではない。

これに続くお決まりの考えは次のようなものだ。たしかに、美的経験は、快の点では他のものからまったく区別できない。それを区別するのはむしろ、特別な美的情動である――。この考えもまた「催眠力」式説明[*11]のごみの山に直行する。

こうした露払いに続くのは、より洗練された説である。この説によれば、問題なのは生み出される快ではなく、「対象化された objectified」快、つまり、それが持つ性質として対象のうちに読み込まれる快である。〔快の〕注入というグロテスクな過程のイメージはさておき、これはどのような事態として考えることができるのか。対象化された快を対象が引き起こすものではなくそれが所有するものとして考えること――実質的にこれはその対象が喜んでいる pleased と述べることである――は、その対象が当の快を表現すると述べることに等しいだろう。しかし、ある種の美的対象は悲しい――快というより悲しさを表現する――ものである。それゆえ、この説は、美的な対象や経験と非美的な対象や経験を一般的に区別しているとはまったく言えない。

こうした難点の一部は、快の代わりに満足 satisfaction を持ち出すことで、軽減したり目立たなくなったりする。「満足」は、「快」がばかばかしく聞こえる文脈でも通用する程度に無色であり、反例をうやむやにする程度に漠然としており、都合のよい解釈の揺れを許容する程度に柔軟である。そういうわけで、それによって、特別な質や種類の感情を召喚したり、対象化についてのあやしげな虚言を弄したりする誘惑を弱めることができそうに思えるかもしれない。しかし、満足の観点から美的な対象・経験と非美的な経験・対象を区別することができないのはきわめて明白である。科学的な探究が多くの満足を生むこともあるし、美的な対象や経験がまったく満足を生まないこともある。音楽もそれを聴くことも、絵もそれを見ることも、当の演奏や絵画が意気揚々としたものから痛々しいものに変われば美的なものから非美的なものに変わるといったものではない。美的であることは、不満足であることや美的に悪いことを排除しないのである。

　次のような考えもある。美的なものを他から区別する特徴は、手に入る満足ではなく、追い求められる満足である。科学では、満足は探究のたんなる副産物でしかない。一方、芸術では、探究は満足を得るためのたんなる手段でしかない。このちがいは、探究の実際の過程やそれによって得られる満足にあるのではなく、探究において保持される態度にある。この考えによれば、科学的な目的は知識であり、美的な目的は満足である――。

　とはいえ、これらの目的はどれだけはっきりと区分できるものなのか。学者が追い求めているのは、知識なのか、それとも知ることの満足なのか。知識を得ることと好奇心を満足させることは、一方を目指さずにもう一方を目指すには相当の無理をしなければならないという意味で、ほとんど表裏一体である。そして、仮になんとかして知識を追求せずに満足を追求することができたとしても、ほぼ確実にどちらも得られないだろう。一方で、満足の追求を控えたところで、研究が促されるとは思えない。もちろん、〔研究上の〕問題に取り組むのに没頭しているおかげで、それを解決することで得られるであろう満足について一切考えないという場合はありうる。また、解決を見つけたときの喜びに思いを巡らせすぎているせいで、解決に向けて歩を進めることがまったくないという場合もありうる。しかし、仮に後者の態度が美的であるとすれば、何かを美的に理解することは、そもそも満たされない運命にあることになる。そして、こうした薄弱で一過的で個々人に特有の心の状態が、美的なものと科学的なものの間にある何か重要なちがいを示しているとは私には思えない。

4　感情の機能

このように、快や満足——生じたものであれ、期待されるものであれ——の観点から美的なものをとらえようとする説は、受け入れ可能な定式化を提示することにことごとく失敗している。とはいえ、それでもまだ、〈科学的なものと美的なものの間にある区別は、知ることと感じることのちがい、認知的なものと情動的なもののちがいに、なんらかのかたちで根ざしている〉という確信が揺らぐことはほとんどないだろう。この認知と情動というきわめて根が深い二分法は、多くの理由でそれ自体としてすでに疑わしいものだが、美的な経験と科学的な経験がともに認知的な性格を根本的に持つことを考えあわせれば、とりわけ不可解なものになる。とはいえ、芸術はなんらかの意味で科学よりも情動的であるという考えと決別するのは、それほど容易ではない。

快や満足から情動一般に観点を移すことで、快楽主義的な定式が持つ下品さはいくらか緩和されるが、それでもまだ難点は十分に残る。絵画であれ演奏会であれ、それらを見たり聴いたりする経験であれ、それらが美的であるためには、満足を与える必要がないのと同様に、情動を喚起する必要はない。また、期待される満足がそうであるのと同様に、期待される情動もまた美的なものの基準にはならない。そういうわけで、美的なものを〈なんらかの仕方で情動的であるもの〉として特徴づけようとするなら、どのような仕方でそうなのかを述べなければならない。

美的経験をある種の過剰な情動として考えることは、なんであれ端的にばかげている。美的経験に含まれる情動は、たとえば実際の戦争や死別や挫折や勝利から生じる恐怖や悲哀や憂鬱や歓喜に比べれば、たいてい迂遠で落ち着いたものである。また、それはふつう、科学的な探求や発見に伴う興奮や落胆や高揚感と比べて強烈であるわけでもない。〔演劇を〕じっと座って見る観客が感じる情動は、舞台上で演じられている人物が感じているものにも、さらには観客自身が実生活上で目撃する出来事に対して感じるものにすら、はるかに及ばない。また、観客が〔興奮のあまり〕演劇に参加しようと舞台に飛び乗るような場合、もはやその反応は美的とは呼べない。あるいは芸術はシミュレートされた情動に関わるという考えは、再現のコピー説と同じく、芸術は現実の貧弱な代替物だという考えを暗に示している。つまり、芸術とは模倣であり、美的経験とは、本当の現実との直接的な面識や接触の欠如を部分的に埋め合わせるためのおもちゃにすぎないというわけである。

美的経験に含まれる情動は、〔実生活上の情動と比べて〕いくらか和らげられているだけでなく、しばしば〔価値の〕方向が逆転している。われわれは、ふだんなら避けるはずの情動を喚起する作品を喜んで受容する。恐怖や憎悪や嫌悪といった否定的な情動が、演劇や絵画によって引き起こされたときに肯定的になることもある。悲劇の問題と醜のパラドックスは、今も昔もフロイト主義者におあつらえ向きの話題だったし、彼らがその好機を見逃すこともなかった。彼らは次のように言う。悲劇には、われわれの抑圧され隠蔽された否定的情動を洗い流すとか、不活性のワクチンを適量投与することで実際の〔情動的な〕発作の被害を抑えたり軽減したりするとかいった効果がある。芸術は、症状を緩和するだけでなく治療にもなる。それはまた、良い現実の代替物を提供すると同時に、悪い現実に対する免疫をも与えてくれる。そういうわけで、劇場や美術館は保健省の付属施設として機能する――。

さらに、明らかに卓越した芸術作品や美的経験の間ですら、情動的な要素〔の有無〕は大きく異なる。たとえば、レンブラントの後期作品とモンドリアンの後期作品、ブラームスの作品とヴェーベルンの四重奏曲をそれぞれ比較すればよい。モンドリアン作品やヴェーベルン作品が、ニュートンの法則やアインシュタインの法則に比べて、より情動を喚起するものであるかどうかははっきりしない。そして、情動的なものと認知的なものの間の線引きは、それがある美的な対象・経験を別の美的な対象・経験から区別する以上に、美的なものを科学的なものから明確に区別するとは思えない。

こうした諸々の難点の結果として、再び何か特別な美的情動を――あるいは美的経験において生じる情動には何か特別な色づけがなされるということを――措定したくなる誘惑がよみがえってくる。この特別な情動または色づけは、別の種類の情動が弱い場合に強かったり、他の種類の情動が否定的である場合に肯定的であったりするものなのではないか。それは、きわめて知的な芸術の経験においても生じるが、一方きわめて刺激的な科学研究には欠けているものなのではないか。この考えによって難点はすべて解決される――。しかし、もちろんこれはただの論点先取である。当然ながら、美的な情動はそれを美的にする性質を持つ。同じく、燃えるものは可燃性を持つ。美的なフロギストン[*12]があるという説は、すべてを説明するように見えて、何も説明しないのである。

そういうわけで、われわれの前にはまだ二つの頑固な問題がある。第一の問題は次の通りである。われわれは、美的経験はなんらかの仕方で認知的というより情動的であるという確信を持っている。しかし、生じる情動と期待される情動のいずれの観点からも、美的なものを定式化することに失敗した。結果として、われわれには、どのような仕方でそうなのかを述べる手立てがいまだにない。第二の問題は次の通りである。われわれは、美的経験における情動は変性したり場合によっては反転したりすることを認める。しかし、美的な器官から何か特別な分泌液が出るといったたぐいの説明は、明らかに不毛である。結果として、われわれには、なぜそうなのかを述べる手立てがいまだにない。おそらく、第二の問いへの答えは、第一の問いへの答えのうちに見つかるだろう。つまり、美的経験における情動がそうしたあり方をしているわけは、それが果たす役割のうちにおそらくあるということである。

暗に示してきたように、われわれを悩ませている難点の大半は、認知的なものと情動的なものという乱暴な二分法のせいである。われわれは、一方の側に、感覚、知覚、推論、推測、あらゆる無神経な検査と探究、事実、真理を置き、もう一方の側に、快、苦痛、興味、満足、失望、あらゆる頭を使わない感情的な反応、好き嫌いを置く。この二分法がうまい具合に妨げになるおかげで、われわれは美的経験において情動が認知的に機能するということに気づきづらい。芸術作品は、感情と感覚の両方を通して把握されるものである。情動が働かないことは、芸術作品の把握を完全にではないとしても決定的に阻害する。それは、目が見えないことや耳が聞こえないことがそうであるのと同様である。作品の情動的な内容を探る場合でも、感情だけが使われるわけではない。われわれは、ある程度まで、絵画がどのように見えるかを感じることができるのと同様に、絵画がどのように感じられるかを見ることができる。俳優やダンサー――あるいは観客――は、しばしば動きのパターンよりも動きの感情――両者が区別できるものだとして――に注意を払い、それを記憶する。美的経験における情動は、作品が所有し表現する性質を見分けるための一つの手段なのである。

以上の主張は、それが冷たい過度の知性化であるとする熱い非難を呼ぶかもしれない。しかし、ここでは、美的経験から情動を奪っているというよりも、理解に情動を与えているのである。情動が認知に寄与するという事実は、情動が感じられるものではないということを含意しない。それは、視覚が対象の性質を発見するのに寄与するという事実が、色覚が生起するものではないということを含意しないのと同じである。実際のところは、情動は、認知的に使うことができるものであるかぎりは、感じられるものでなければならない。つまりそれは、感覚がそうであるのと同じく、生起するものでなければならない。情動の認知的な使用は、諸々の感覚を見分け、互いに関係づけることで、作品を測定・把握することに寄与し、さらには、作品〔の経験〕をそれ以外のわれわれの経験や世界のうちに統合することに寄与する。情動を認知的に使うことは、感覚や情動に受動的に浸ることとは真逆の方向を持つものかもしれない。だとしても、それは感覚や情動を打ち消すわけではない。むしろそれは、情動が美的経験のうちでこうむる諸々の変化を説明するものである。

まず、耽溺や刺激の文脈の代わりに探究の文脈の中に置かれているおかげで、情動がその特性の点で変化する場合がある。〔文脈ごとに〕心理的・生理的・物理的な環境は異なる。たしかに、稼いだ一ドルも、倹約した一ドルも、使った一ドルも、一ドルであることに変わりはない。同じように、愛情が隷属に帰着しようが、挫折に帰着しようが、啓発に帰着しようが、愛情であることに変わりはない。しかし、いずれの場合も、三つの例は互いにまったく同じというわけではない。情動は、環境からの影響を受けつけないような自己完結的なものではない。そして、その認知的な使用は、新しい情動を作り出しているわけでもなければ、通常の情動になんらかの魔法の付加効果を与えているわけでもない。

次に、実際に感じられる情動と、それを通じて対象のうちに見いだされる情動的な内容との間には、しばしば食いちがいがある。これはいまや容易に説明できるだろう。舞台上のあわれみが観客のあわれみを誘うこともある。しかし、強欲さが嫌悪を引き出すこともあれば、勇気が称賛を引き起こすこともある。これは、白い家が真昼には白く見えるが日暮れには赤く見えるとか、球体はどの角度から見ても円に見えるとかいうのと同じである。(8) 感覚的な経験と情動的な経験は、ともに対象の性質に複雑な仕方で関係している。さらに、個々の情動がそれぞれ単独で認知的に機能するのではなく、他の情動や、知識を得る他の手段と組み合わさって機能することもある。知覚と概念作用と感情は混ざり合い、相互に作用する。そして、そうした合成物の中には、情動的な構成要素と非情動的な構成要素に分析することに抵抗するものもしばしばある。同じ痛みが氷を示すことも火を示すこともある（あるいはそれはそもそも同じ痛みなのか）。怒りと憤りは別の感情なのか、あるいは別の状況のもとにある同じ感情なのか。全体としての〔感情間の〕ちがいを自覚することは、状況間のちがいを自覚することから生じるのか、それとも逆にそれを引き起こすのか。これらの問いに答えることは重要ではない。というのも、私は、情動とその他の知的な要素の区別にまったく依拠しておらず、むしろ情動がそうした知的な要素に属するものであると主張しているからである。ここで重要なのは、認知的な過程に含まれる比較・対照・組織化が、そこに参加している情動にしばしば影響を与えるということである。情動は、色が補色の地を背景にする場合のように〔対照によって〕強められることもあれば、絶妙なリズムで配置されることで際立つこともある。あるいは、騒々しい環境での音のように、〔文脈次第で〕情動が弱められることもある。また、組織化された全体が持つ性質として創発する情動もある。この全体的な性質は、卵の殻の形と同じく、そのいかなる下位の部分にも属さないものである。

さらに、肯定的な情動と同様に、否定的な情動が認知的に機能することも明白である。われわれが『マクベス』に対して感じる恐怖と嫌悪は、われわれが『ピグマリオン』のうちに見いだす楽しさと喜びと同じく、理解のための手段である。なんらかの仕方で――たとえばカタルシスによって――嫌悪が喜びに変容すると想定する必要もないし、きわめて不愉快な肖像画がきわめて好ましい肖像画と同じく正当に美的であるのはなぜかを説明する必要もない。というのも、情動における快さは、色覚における赤さがそうであるのと同様に、それが認知的な機能を果たすための条件ではないからである。美的経験における情動は――肯定的なものであれ、否定的なものであれ――作品に対する感受性の一方式である。こうして、悲劇の問題と醜のパラドックスは霧散する。

情動の量や強さがその認知的な効能の基準にならないこともまた端的に明らかである。おぼろげな情動が圧倒的な情動と同じくらいの情報量を持つことがある。また、作品が情動をほとんどあるいはまったく表現していないことを見てとることは、作品が多くの情動を表現していることを見てとるのと同じく、美的に重要になりうる。情動の量や度合いの観点から美的なものを区別しようとする試みは、すべてこの点を見落としている。

このように多くの謎が解決され、美的経験における情動の役割が明確になった。とはいえ、美的経験をその他のすべての経験から区別する手立てはまだ与えられてない。情動の認知的な使用は、あらゆる美的経験に見られるものでも、あらゆる非美的経験に見られないものでもない。すでに述べたように、ある種の芸術作品は、情動的な内容をほとんどまたは一切持たない。また、たとえ情動的な内容が目に見えてある場合でも、情動的でない手段によってその内容が把握されることがある。逆に、日常生活において、感情による事物の分類が、それ以外の性質による分類に比べてより重大であることもしばしばある。たとえば、目の前にある事物——生物であれ無生物であれ——の形状、大きさ、重さなどをたんに知覚するだけというよりも、それを怖がったり、望んだり、恐れず立ち向かったり、怪しんだりするのに長けているほうがより良いことが多いだろう。さらに、感情によって物事を見分けることの重要さは、当の分類の動機が実践的ではなく理論的である場合も変わらない。動物学者や心理学者や社会学者は、たとえ自身の目的が純粋に理論的なものであっても、研究上で正当に情動を用いる。もちろん、どの科学分野でも、客観性を保つ必要上、希望的観測をするとか、先入見をもって証拠を解釈するとか、不都合な結果を排除するとか、縁起の悪い研究の方向性を避けるとかいったことは禁じられる。しかし、探求や発見において感情を使ったり、ひらめきや好奇心によって刺激されたり、興味深い問題や見込みある仮説に対する興奮をきっかけにしたりすることは禁じられていない。そして、こうした問題について論じれば論じるほど、情動が認知におけるその他の要素からそれほど明確に区別も分離もできないことがわかるだろう。そういうわけで、この区別は、いかなる未解決問題に対しても、それに答えるための堅固な基盤を提供することはない。

5 美的なものの徴候

われわれは、経験を美的なものと非美的なものに大雑把に分類する。しかし、この分類に大まかに一致するような整然とした定式を見つけようとする試みは、失敗の繰り返しだった。このことが示唆するのは、もう少し利口なやり方が必要だということである。おそらくここですべきは、経験に含まれるいくつかの記号過程の主要な特性のうちのどれが美的に関与的であるのかをまず吟味し、そのうえで、美的なものの一個のかっちりした基準ではなく、美的なものの諸側面または諸徴候を示すことである。徴候 **symptom** は、必要条件でも十分条件でもない。それは、他の同種の徴候とともに美的経験のうちに現われることが多いものである。

まず、統語論的稠密性、意味論的稠密性、統語論的充満の三つは、それぞれ美的なものの徴候と言えるだろう。これまで見てきたように、統語論的稠密性は、非言語的なシステムの特性であり、譜と書からスケッチを区別する特徴の一つである。意味論的稠密性は、諸芸術における再現・記述・表現の特性であり、譜からスケッチと書を区別する特徴の一つである。相対的な統語論的充満は、意味論的に稠密なシステムの中で、より図表的なものからより再現的なものを――つまり、より「図式的」なシステムからより「図式的」でないシステムを――区別する特徴である。これら三つの特徴はすべて、識別の感度を最大限に必要とするものである。あるシステムが統語論的に稠密かつ意味論的に稠密である場合、当のシステムのいかなるしるしについても、それが属す符号とその表示対象がなんであるかを確定することに際限なく注意を向け続ける必要がある。また、統語論的に稠密なシステムが相対的に統語論的に充満している場合、そうした際限のない識別の努力をより多くの側面に対して行なう必要がある。有限な仕方で〔符号や表示対象を〕確定するのが不可能であるということは、〈いわく言い難さ〉――美的なものの特徴としてきわめて頻繁に主張されたり非難されたりするもの――をある程度は示しているだろう。とはいえ、稠密性は、謎めいたものでも曖昧なものでもなく、明確に定義される特徴である。そしてそれは、絶対的な正確さに対する満たしえない要求から生じるものであると同時に、その要求を維持するものでもある。

美的なものの第四の――そして最後の――徴候は、指示的システムから例示的システムを区別する特徴であり、また稠密と組み合わさることで〈述べること〉から〈見せること〉を区別する特徴である。[*13] ある経験が例示的であるのは、たんに記号が指示する事物が重要であるというのではなく、記号が例示または表現する性質――つまり記号が所有し、かつ表示する性質――が重要である場合である。美的なものを直接性や不透明性に結びつける伝統的な考えがある。その考えによれば、美的対象は、それとは別の何かを表わすものではなく、むしろそれ自体でそのようにあるものとして理解すべきだということになる。例示的であることを美的なものの徴候の一つに数えることは、この伝統に対する譲歩に見えるかもしれない。しかし、指示と同じく、例示は記号を表示対象に関係づける働きである。そして、記号とそれに適用されるもの——つまりその記号が例示するもの——の距離は、記号とそれが適用されるもの——つまりその記号が指示するもの——の距離より近いということはない。分析を経た結果、「いわく言い難さ」が謎ではなく稠密性になったように、「直接性」は近さの問題ではなく例示の問題に——距離の関数から方向の関数に——なる。ここには、〈再現は例示の反対であり、それゆえ美的ではない〉といったことを含意するものは何もない。例示が対照をなすのは再現ではなく指示である。すでに見たように、フィクションの再現や、さらにはトシテ再現もまた、例示の問題である。実際、諸芸術における再現は、明示的に事実的であることも、あるいはそれ以外の仕方で純粋に指示的であることもほとんどない。さらに言えば、美的経験は、これら四つの徴候をすべて示している必要は必ずしもない。

　おそらく、四つの徴候は、美的経験において、ない場合よりもある場合のほうが多いだろうし、際立っている場合も多いだろう。しかし、これらの徴候のいずれかが美的経験のうちに見られないこともあれば、美的でない経験のうちに見られることもある。たとえば、文学の記号媒体が統語論的に稠密でない一方で、重さや温度の計器が統語論的にも意味論的にも稠密であることがある。美的な徴候のどれかがなかったり、なんらかの非美的な徴候があったとしても、そのことによって全体がより美的に純粋でなくなるということはない。また逆に、美的な徴候の濃度を上げれば上げるほど、経験がより美的になるということもない。そういうわけで、ここで挙げた四つの徴候は、それぞれを別個に見れば、美的経験の必要条件でも十分条件でもない。しかし、だとしても、それらは美的経験の連言的に十分かつ選言的に必要な条件であるとは言えるだろう。言い換えれば、おそらく、ある経験は、これらの属性のすべてを持つならば美的であり、また、ある経験が美的であるためには、これらの属性のうちの少なくとも一つを持たなければならない。

私は、以上の案が日常的な言葉づかいに正確に一致すると主張したいわけではない。「美的」と「非美的」という語の体系化以前の用法は、他の大半の語と比べて、実践による確立がより不明確であり、的外れな理論化による汚染がより深刻である。そういうわけで、むしろ私が提案したいのは、ひどく乱用されてきた一対の語に、ここで適切な用法を与えてみてはどうかということである。稠密性、充満、例示は美的なものの目印になり、分節化、希薄、指示は非美的なものの目印になる。これによって、曖昧かつ粗雑な仕方で経験を二分する方法に代わって、諸々の特徴、要素、過程を分類する方法が得られる。一つの全体を美的なものまたは非美的なものとして分類するよりも、それが持つ美的または非美的な諸側面を同定するほうがより重要になる。明らかに美的な複合体であるにもかかわらず、その諸局面がまったく美的でないということもある。たとえば、譜それ自体やそれをたんに読み上げることは、美的な側面を一切欠いている。一方で、ある種の科学的な仮説をテストする際に要求される繊細な質的・量的な識別において、美的な特徴が重要になることもある。芸術と科学は、互いにまったく異質なものというわけではないのである。

以上の美的なものと非美的なものの区別は、美的価値の問題からは完全に独立である。これはなるべくしてそうなっている。《ロンドン交響曲》のお粗末な演奏は、見事な演奏と同じく美的である。ピエロ・デッラ・フランチェスカの《キリストの復活》は、三文画家の絵よりも優れているが、美的であるという点では変わらない。ここで示した美的なものの徴候は、価値の目印ではない。そして、なんであれ美的なものの特徴づけは、美的な卓越性の定義を必要とするものでも、それを与えるものでもない。

6　価値の問題

俗なレベルでは、良い絵とはきれいなpretty絵のことだと言われる。もう少し〔理論化の〕レベルを高くすれば、「きれい」は「美しいbeautiful」に置き換えられる。というのも、最上の絵であっても、明らかにきれいとは言えないことがよくあるからである。しかし、これでも不十分である。最上の絵の多くは、きわめて明白な意味で醜い。それゆえ、美しいものと醜いものが互いに排他的であるとすれば、美しさは美的価値[*14]の基準にはならない。一方、美しいものが醜いものでありうるとすれば、今度は「美しさ」という語が美的価値を表わすためのたんなる一つのまぎらわしい選択肢でしかなくなる。

〈科学がその真理によって判断されるのに対して、芸術はそれが与える満足によって判断される〉というよくある考えを持ち出したところで、たいして問題解決の手助けにならない。満足――生じたものであれ、期待されるものであれ――を美的なものの弁別的な特徴として考えることに対する反論はすでに示した。この反論の多くは、美的価値の基準としての満足という考えにも当てはまる。つまり、満足は快とは同一視できないし、〔美的な満足を説明するものとして〕何か特別な美的感情を措定することは論点先取である。そこから得られるのは、美的に良いものは美的に満足のいくものであるという役立たずの定式だけである。問題は、何がある作品を良いものに――あるいは満足のいくものに――するのかということである。

一般に、満足のいくものであることは、機能と目的に相対的である。良い暖房炉《ファーネス》とは、むらなく、経済的に、静かに、安全に、必要な温度まで家の中を暖めるものである。良い科学理論とは、関連する事実を明確かつ単純に説明するものである。これまで見てきたように、芸術作品やその事例は、特定の表示機能――再現、記述、例示、表現――のうちの一つ以上の機能を果たす。これらの種類の記号化の実効性を構成するものはなんなのか。この問いは、今度は、そうした記号化はどんな目的のためになされるのかという問いを生じさせる。

たまに見かける答えは以下のようなものだ。直接の必要性を超えるかたちで記号化の能力を働かせることには、技能と技術を向上させることで未来の不測の事態に対処するという、より離れた実践的な目的がある。美的経験は体育館でのトレーニングであり、絵や交響曲はわれわれが自身の知的な筋肉を鍛えるために使うバーベルでありサンドバッグである。芸術は、生存、征服、獲得のための能力を身につけさせてくれるのである。また、芸術は過剰なエネルギーを誘導して、それが破壊的なはけ口に向かわないようにする。芸術によって、科学者はより鋭敏になり、商売人はより抜け目がなくなり、不良少年があふれる通りはきれいに片づく。芸術は、罪深い有閑階級の無駄な娯楽として長らく嘲笑されてきたが、むしろ人類にとって普遍的に役立つものとして称賛されることになる――。以上の考えは、あらゆる価値は実践的な効用に還元されるという確信と〔人間の〕美的な性向を調停しないと気が済まない人々を安心させるものである。

これとほとんど真逆の、よりのんきで、おそらくはより短絡的な答えがある。それによれば、記号化は人間のどうにもならない性向である。人間が直接の必要性を超えた記号化をし続ける理由は、たんにそれが楽しいからとかやめられないからとかいうだけのことである。美的経験における人間は、はしゃぎ回る子犬や、水が十分に出たあとも黙々と掘り続ける井戸掘りと変わらない。芸術は、実践的なものではなく、たんなるお遊びかまたは衝動的なものである。犬が吠えるのはイヌ科の動物だからであり、人間が記号化を行なうのはヒトだからである。そして、いかなる実践的な必要性もないにもかかわらず、犬が吠え続け、人間が記号化をし続けるのは、たんにそうするのをやめられないからであり、そしてやめられないほど楽しいからである——。

第三の答えは、実用性か楽しみかという論点を回避して、記号化の目的をコミュニケーションとして考えるものである。それによれば、人間は社会的な動物であり、コミュニケーションは社会的な交わりにとって必須であり、そして記号はコミュニケーションの媒体である。芸術作品は、事実や思考や感情を伝えるメッセージである。それゆえ、芸術研究は、「コミュニケーション理論」と呼ばれる雑食性の新興分野に属することになる。芸術は社会に依存するとともに、社会の維持に寄与する。人は独りでは生きられない。芸術はそれゆえに存在し、また同時にそれを裏づけるものにもなっているのである——。

これら三つの説明——訓練、遊び、社交からの説明——は、それぞれ部分的な真理を誇張したり歪曲したりしている。記号化の技能を鍛えることが実践的な能力をいくらか向上させることはあるにはある。記号を使った創意とその解釈が持つ暗号解読的な性格が、それらにある種のゲームとしての魅力を与えるのも事実ではある。そしてたしかに、コミュニケーションに記号は不可欠ではある。しかし、美術館で数時間過ごすことで自身の職務上の能力を向上させる弁護士や提督も、はしゃぎ回る子犬も、神経症の井戸掘りも、電話中の女性も——別々に考えようが一緒にして考えようが——事柄の全体像を与えるものではない。三つの説明はすべて、〔芸術の〕原動力が好奇心であり、その向かう先が啓蒙であることを見逃している。直接の必要性を超えて記号を使うのは、実践ではなく理解のためである。われわれを駆り立てるのは知りたいという衝動であり、われわれを喜ばせるのは発見である。そして、コミュニケーションそれ自体は、それを通して伝達されるべき内容を把握したり練り上げたりすることに対して副次的でしかない。記号化の第一目的は、それ自体における、それ自体のための認知である。[*15] そして、実用性、快、衝動、コミュニケーション上の効用はすべて、この認知に依存している。

だとすれば、記号化は、基本的には、それがいかにうまくその認知的な目的を果たしているかによって評価されるべきものである。たとえば、その記号化による〔事柄の〕識別がどれだけ繊細か、引喩がどれだけしっくりくるか、世界の把握・探索・形成において、その記号化がどのような仕方で働いているか、それによって、事柄がどのように分析・分類・秩序づけ・組織化されているか、それは知識の活用・操作・保持・変形にどのように関わっているか——こうしたことが評価基準になる。単純さと微細さ、力強さと精密さ、範囲の設定と対象の選別、なじみやすさと新鮮さといった点での評価はすべて関与的であり、しばしば互いに対立する。そして、それらのうちのどれが重視されるかは、われわれが持つ関心や情報や疑問に相対的である。

しかし、記号化の認知的な効能一般についてはこれでよいとしても、より特殊な〔認知的な効能としての〕美的な卓越性についてはどうなのか。〔前節でしたように〕美的なものと価値あるものを区別することには裏の顔がある。美的なものであるために卓越性が必要ないのだとすれば、美的対象にふさわしい卓越性も美的対象に限定されないことになるのである。〔美的対象にしか当てはまらない卓越性があるというよりは〕むしろ、いま簡単に示した〔記号化の〕一般的な卓越性を美的対象が示す場合に、それが美的な卓越性になると考えたほうがよい。つまり、美的価値とは、諸属性の特別な組み合わせによって美的なものとしての身分を得た記号的な働きにおける卓越性にほかならない。このように、美的な卓越性は認知的な卓越性のもとに包摂される。ここで、あらためて次の点を注記しておこう。認知的なものは、実践的なものと受動的なもののいずれとも対照をなす一方で、感覚的なものも情動的なものも排除するわけではない。われわれが芸術を通して知るのは、心によって把握されるものであると同時に、骨と神経と筋肉によって感じられるものでもある。有機体が持つ感受性と反応性のすべてが、記号の創意と解釈に参加するのである。

以上から〔節の冒頭に示した〕醜の問題が解決する。というのも、快ときれいさは、美的経験や芸術作品の定義にも評価基準にもならないからである。ある記号が気持ちのよいものであるか悪いものであるかは、その記号の一般的な認知的効能を決定しないし、その特殊的な美的価値を決定することもない。『マクベス』やゴヤの《魔女の夜宴》は、『ピグマリオン』やボッティチェッリの《ヴィーナスの誕生》と同じく、〔その美的価値に関して〕いかなる言い訳も必要としない。

趣味の変遷は、不変の卓越性の確固とした基準を求める人々をしばしば悩ませてきた。しかし、この変遷もまた、いまや容易に理解できるだろう。最高の絵画でもそのうち一時的に飽きがくることがあるし、最高の音楽でもそのうち腹立たしくなってくることがある。一つの作品が、不快なもの、魅力的なもの、心地よいもの、退屈なものというかたちで順次変わっていくこともある。この変化は、知識の媒体と道具の移り変わりにほかならない。われわれは未開拓の部分に目を向ける。そして、ある記号に対する興味の頂点は、気づきが得られる時点――不明瞭なものから明白なものへと移行する途中のどこか――で生じることが多い。もちろん、価値が持続したり刷新されたりすることもある。新しい発見が利用可能な知識になるには、それがとっつきやすいかたちで保存される必要がある。とはいえ、強烈で重々しい記号が身近なものに変わったからといって、無価値になるわけではない。それは、新たな探求の基礎に組み込まれる〔という仕方で引き続き価値を持つ〕のである。また、当の記号システムが稠密である場合には、記号が完全に身近になることは決してないし、身近さの限度もない。それゆえ、いままでになかった見方によって、新たな意義ある微妙な差異が見いだされる可能性がつねにある。さらに、われわれがある記号から何を読みとり、それを通して何を学ぶかは、われわれがその記号に何を持ち込むかによっても変わる。われわれは、記号を通して世界を発見するだけでなく、積み重なっていく自身の経験を踏まえて、記号を漸進的に理解し、再評価していく。そういうわけで、美的価値の変遷と持続は、いずれも美的価値の認知的な性格からすればごく自然な帰結である。

同様の観点から、作品から離れた経験が〔その作品の〕美的価値に関与することを説明できる。マネやモネやセザンヌの作品がその後のわれわれの世界の見方に対して与えた影響は、それと直接に対面する経験と同様に、その作品の評価に関わる。絵を見たり音楽を聴いたりすることがいかにその後の別のところでの経験に形を与えるかということは、認知的なものとしての絵や音楽〔の価値〕にとって決定的に重要である。こうして、美的経験の孤立性という始末の悪いばかげた神話は廃棄できる。[9]

主題と変奏《ヴァリエーション》――音楽だけでなく、建築やその他の芸術にも広く見られるもの――の役割もまた、この観点から理解できるようになる。モチーフの確立と改変、パターンの抽象化と精緻化、変形の方式間の区別とそれらの相互関係づけといったことはすべて、構築的な調査の過程である。そして、そこで適用できる測定基準は、受動的な楽しさではなく、認知的な効能——たとえば、識別の繊細さ、統合の力強さ、認識と発見のつり合いがぴったりとれているかどうか——である。実際、知識を進展させる典型的な方法の一つは、ある主題の進歩的な変奏によるものである。現代の作曲家たちの間では、すべて見覚えのあるパターンに沿った主題や変奏はしばしば冷笑され、〔楽曲の展開が〕最大限に予測不可能であることが公然の目的になっている。しかし、C・I・ルイスが指摘したように[10]、完全な不規則性は想定不可能である。一つの楽曲においてあらゆる音の並びが一切繰り返されない場合ですら、そのこと自体が顕著な規則性を構成することになる。

とはいえ、そもそも美的価値は本書の主な関心ではない。また、このしばしばまぎらわしく「美」と呼ばれるものを定義する端緒を示すことは私の本意ではない。私の考えでは、卓越性の問題に不必要に集中してきたせいで、美学的な探究は窮屈で歪んだものになっている[11]。ある芸術作品が良いとか、あるいはさらにそれがどれだけ良いかを述べることは、結局のところたいして多くの情報を与えない。それは、その作品が心を揺さぶるかどうか、力強いかどうか、活気に満ちているかどうか、精巧にデザインされているどうかといったことを伝えるものではないし、ましてやその作品が持つ色や形や音の具体的な質がどのように顕著であるのかを伝えるものでもない。さらに、芸術作品は競走馬とはちがって、勝者を決めることが第一目的ではない。〔ある作品の〕具体的な特性についての判断は、たんに〔その作品の〕最終的な評価のための手段というわけではない。むしろ、しばしば美的価値の判断のほうがそうした特性を見つけるための手段になる。たとえば、私にはほとんど見分けのつかない二つのキクラデス小立像について、目利きの専門家が一方のほうがもう一方よりもかなり優れていると私に教えてくれたとしよう。このことは、私が両者の間に有意なちがいを探そうとすることを動機づけるだろうし、場合によってはそのちがいを見つける手助けにもなる。卓越性の査定は、対象の特徴を見抜くための副次的な補助の一つにすぎない。芸術作品の卓越性や人の善良さを判断することは、それらを理解するための最良の方法ではない。そして、美的価値の基準は美学の主要な目的ではない。それは、徳の基準が心理学の主要な目的でないのと同じである。

ようするに、美的経験を理解の一つのあり方としてとらえることは、美的価値の問題を解消すると同時に、その問題自体の価値を減じるという帰結にいたるのである。

7　芸術と理解

美的経験は、特定の記号的特性が優勢であるという点で区別される認知的経験であり、〔一般的な〕認知的効能の基準によって評価される。しかし、このように述べることは、きわめて明確な対比を見逃しているのではないか。つまり、芸術とはちがって、科学における最終的なテストは真理ではないのか。科学と芸術という二つの領域は、一方にとっては真理がすべてであり、他方にとっては真理がなんでもないという点で、根底から異なるのではないか——。

〔科学の本性についての〕流布している学説がどうあれ、科学において真理それ自体が問題になることはほとんどない。とくにその重要性にこだわらなければ、信頼に足る真理はいくらでも作り出すことができる。掛け算表にはきりがないし、経験的真理はたっぷりとある。一方、科学的仮説は、たとえそれがいかに真であっても無価値なことがある。たとえば、〔科学的な〕探究を行なううえで課せられる対象範囲や具体性についての最低限の要件を満たさない場合や、なんらかの手ごたえのある分析や総合をもたらさない場合や、意義ある問いを提起したりそれに答えたりしない場合である。〔科学であるためには〕真理だけでは十分ではない。それはせいぜいのところ必要条件である。とはいえ、これですら相当譲歩している。きわめて見事な科学的法則が完全に真であることはめったにない。実際のところは、幅広さや力強さや単純さが優先され、〔仮説とデータの間の〕こまごました食いちがいは無視される。[12] 政治家が自身の有権者を拒否するのと同じように、科学は自身のデータを——一定の節度の範囲内ではあるが——拒否するのである。

さらに真理は、科学的仮説を格付けするための諸々の競合する基準の一つというわけでもない。いかなる証拠の集まりに対しても、無数の代替仮説がそれに一致する。真理をもとにしてそれらのうちのどれかを選ぶことはできない。というのも、われわれはそれらの仮説の真理に直接たどり着くことはできないからである。むしろ、われわれは、それらの仮説を単純さや強さといった特徴の点で評価する。こうした基準は、真理を補完するものではない。それらは、われわれが抱く〔真理とは〕別の関心と両立する真理にもっとも近似的に到達する手段になるという期待のもとで適用される基準である。

とはいえ、それでも科学と芸術の間には基本的なちがいが残るのではないか。たしかに、真理は、諸々の科学的仮説の中からどれを選ぶかということにとって十分でも必要でもないし、一つの基準でもないかもしれない。しかし、そうだとしても、真理は科学においては関与的な考慮事項だが、芸術においてはそうではないのではないか――。このようにきわめて控えめな言い方でもまだ対比しすぎの感がある。突きつめれば、ある仮説の真理は適合 fit の問題である。これは、仮説が理論の本体に適合するかどうかという問題であり、また仮説や理論が手元にあるデータや今後出くわす事実に適合するかどうかという問題である。そして、フィリップ・フランクがよく念を押していたように、適合がうまくいくには、双方向的な調整――理論を事実に合わせることと事実を理論に合わせること――を安心感と目新しさという二重の目的のもとで行なう必要がある。しかし、そのような適合性、つまりわれわれの知識と世界になじみつつそれらを刷新するという点での適切さは、〔仮説や理論にとってだけでなく〕美的な記号にとっても同じように重要である。真理とその美的な対応物は、結局のところはいずれも適切さであって、異なる名前で呼ばれているだけである。たしかに、われわれは、仮説を真だと言う一方で、芸術作品を真だとは言わないかもしれない。しかし、それはたんに、われわれが「真」と「偽」という語を文の形式を持った記号に対してのみ使うというだけのことである。私が言いたいのは、この〔仮説と芸術作品の〕ちがいが取るに足らないものだということではない。私が言いたいのは、それは類のちがいではなく〔同じ類のうちの〕種のちがいであり、定式のちがいではなく適用領域のちがいだということ、そしてそのちがいは、科学的なものと美的なものの分離をしるしづけるものではないということである。

こうしたことのいずれも、芸術と科学の区別をなくす方向に向かうものではない。分離不可能な統一――諸科学間の統一であれ、諸芸術間の統一であれ、科学と芸術を合わせたものの統一であれ、人類の統一であれ――が宣言されると、逆にそのちがいに注意が向けられるのがつねである。ここで強調したいのは、この科学と芸術の共通性は通常考えられている以上に深いものであり、また両者の有意な種差は通常考えられているのとは別のものだということである。芸術と科学のちがいは、感情か事実か、直観か推論か、歓喜か熟慮か、総合か分析か、感覚か思索か、具体か抽象か、受動か能動か、間接か直接か、真か美かといったちがいではない。むしろ、記号が持つ諸特性のうちのどれが優勢であるかのちがいである。

以上の新しい考え方は、哲学の範囲を超えた含みを持つだろう。諸芸術に必要な適性・訓練と科学に必要な適性・訓練がいかに互いに対照的であり、場合によってはいかに互いに対立するかという話を耳にすることは非常に多い。美的な才能を見いだして育て上げる方法を考え出したりテストしたりする熱心で入念な取り組みは、つねに伝授されていく。しかし、こうした話や試みはいずれも、決定的な実験を設計したり実験結果を解釈したりするための十全な概念的枠組みがないかぎりは、たいしたものにはならないだろう。諸芸術と科学はいずれも、特定の点で互いに一致したり異なったりする諸々の記号システムを扱う――考案、適用、解釈、変形、操作する――ものである。おそらく、両者をそのように見れば、それぞれにとって関与的な技能がいかに互いに抑制し合ったり強化し合ったりするのかという問題に的を絞った心理学的研究に取りかかることができるようになる。そして、その結果は教育技術に変更を迫るかもしれない。たとえば、われわれの予備的な研究が示唆するところによると、科学に必要な過程の中には、同種の他の過程よりも芸術に必要な過程に似たものがある。とはいえ、ここでは先回りした結論を出すことは避けよう。確実かつ使用可能な成果は、大いに求められていると同時にきわめて遠いところにある。この領域では、誤った常套句と哀調を帯びた陳腐な言い回しがまかり通ってきたが、いまやそれらが地に足のついた実験と控えめな仮説に取って代わられる時が来ている。

〔記号システムの観点から考えることで〕心理学や教育にいずれどんな帰結がもたらされることになるにせよ、とにかくそれは本書が着手した理論的な探究の〔目的ではなく〕副産物と見なすべきものだろう。私の目的は、次の論点についての体系的な研究に向かって歩を進めることにあった。すなわち、記号とは何か、記号システムとは何か、そしてそれらはわれわれの知覚、行為、芸術、科学において――それゆえまた、われわれの世界の把握と創造において――いかに機能するのかということである。

原註

＊ C. G. Hempel, "Recent Problems of Induction", in *Mind and Cosmos*, Pittsburgh, University of Pittsburgh Press, 1966, p. 132.

（1）ある絵があることは、そこに描かれる何かが存在することを含意しない。同じように、諸符号を稠密に順序づける指定は、そのように指定される諸符号〔に属するしるし〕が実際に存在することを含意しない。

（2）そういうわけで、充満は、記号が一般的であることとも、図式が制限されていないこととも異なる。もっと言えば、充満は、記号が指示するものからも、図式における記号の個数からも完全に独立である。充満の反対は「希薄 attenuation」と呼ぶ。

（3）つまりこういうことである。〈測定器の針の位置や計量器の数字〉と〈測定・計量されるもの〉の記号関係は、指示である。それに対して、例示における記号関係は、指示とは反対の方向に――測定・計量されるものから針や数字に戻る方向に――向かう。混乱のもとは、絵が何を例示するかを見てとる過程と測定・計量の過程が同じ方向であるという点にある。

（4）〈ある対象は赤色を例示する〉と〈それはその色の名前「赤」を例示する〉は、互いに区別なく言える。それとちょうど同じように、〈ある演奏はある作品を例示する〉と〈その演奏はその作品を外延として持つ楽譜――つまりその作品を名指す楽譜――を例示する〉は、互いに区別なく言える。

（5）ただし、あくまで省略的に言えばである。ある作品がその事例すべてが例示するもの――それがなんであれ――を実際に例示すると言うことはできない。というのも、たとえすべての事例が当の作品を――またはその作品の事例であるという性質を――例示する場合でも、その作品自体はそうした性質を例示しないからである。

（6）もちろん、ここで問題にしているのは、文学作品によるたんなる例示ではなく、文学的な例示である。たとえば、ある種の絵画作品と同じく、ある種の詩は、売り物にならないという性質を例示することがある。しかし、この手の例示は、絵画的でも文学的でもない。

（7）逆に統語論的に稠密だが意味論的に分節化されているシステムはすべて、多数の空符号か、または同一の表示クラスを持つ多数の符号を持つように一見思えるだろう。しかし、統語論的かつ意味論的に稠密なシステムが、稠密であるにもかかわらず、その表示クラスをそのシステムから分離して考えたときに、その表示クラスが差別化され、ふつう全体的に非連続的に順序づけされているということがありうる。例を一つ考えよう。n分のmは、任意のアラビア数字の既約分数である。あるシステムのそれぞれの符号は、n分のmインチの長さの直線のしるしのクラスからなる（この図式では、しるしの長さのインチが有理数でないかぎりは、そのしるしは印字にならない）。この図式は統語論的に稠密である。さて、それぞれの符号は、その表示対象として一つの整数を持つとしよう。この整数は、各有理数に特定の仕方で整数を割り当てる順序づけにもとづいて、当のn分のmに関係づけられたものである。この場合、この整数の集合は――どのように順序づけられるかにかかわらず――全体的に差別化されている。しかし、それでも、この統語論的に稠密なシステムの符号のそれぞれはそれ自身の表示クラスを持ち、かつ、そのシステムは意味論的に稠密である。この意味論的な稠密性は、〔整数自体が持つ特徴ではなく、〕このシステムにおいて整数がそれを表示する符号にどのように関係づけられているかの結果である。

（8）*SA*, pp. 130–132を参照。

（9）音楽は、音楽以外の音の知覚に形を与えることがあるだけでなく、目に見えるもののリズムやパターンの知覚に形を与えることもある。構造的な性質がそのように〔感覚様相間で〕横断的に転移することは、私にとっては学習の基本的かつ重要な側面であって、たんに作曲家やダンサーや画家による新手の実験的な表現手法の問題に留まるものではない。

（10）C. I. Lewis, *Mind and the World Order*, New York, Charles Scribner's Sons, 1929, p. 385.

（11）以下と比較せよ。Nelson Goodman, "Merit as Means", in *Art and Philosophy*, ed. S. Hook, New York, New York University Press, 1966, pp. 56–57.

（12）以下を参照。Nelson Goodman, "Science and Simplicity", in *Philosophy of Science Today*, ed. S. Morgenbesser, New York, Basic Books, Inc., 1967, pp. 68–78.

訳註

＊1　ここでの「画像 image」は、人間を再現する画表面上の要素を指す。それは、再現される人間でも当の画表面全体でもない。「絵 picture」も同様の使われ方をしている。この箇所では、伝統的な再現的システムによって同じ縮尺と距離で背がより低い人間を描こうとすれば、それを表わす画表面上の要素もまた必然的に丈が短くなるということが述べられている。

＊2　「談話的 discursive／現示的 presentational」の対概念は、スザンヌ・ランガーによるもの。

＊3　以下「(character-)constitutive」は便宜上「(符号）構成的」と訳すが、意味は〈符号の同一性にとって本質的〉ということである。また、これにあわせて「contingent」も「偶有的」から「付随的」に訳し替える。第三章訳註11も参照。もちろん、この意味での「本質」はシステムに相対的なものであって、絶対的でも普遍的でもない。直後の「関与的 relevant」もおおよそ同じ意味である。

＊4　ここでの「自然さ naturalism」は「写実性 realism」と同義。

＊5　「準拠クラス」が準拠物のクラスを指すのと同じく、「表示クラス reference-class」は表示対象のクラスを指す。
＊6　この「無制限の unlimited」は、符号の個数に限界がないことを指す。
＊7　非常にわかりづらいので補足しておく。先に述べられたように、絵画的例示における絵は、アナログな計器が指示する対象――たとえば温度を持つ事態――に対応するものとして考えられている。絵が例示するものを見てとることは、絵が表示かつ所有するラベルを見てとることであり、その当のラベルを絵に適用することである。それゆえ、アナログな計器をその指示対象に適用することに相当する。一方、絵が例示するものを述べることは、なんらかの言語的なラベルを絵に適用することである。しかし、当の絵が実際に例示しているラベルとこの記述における言語的なラベルが一致しているかどうかはつねに確定できない。
＊8　他の語の外延を自身の外延の部分として含む語のこと。つまり、より一般的・包括的な語。
＊9　原文は「expressed」のみだが、文脈上「exemplified or expressed」として読む。
＊10　「indicator-word」は第四章での時計の文字盤と針の例を想定していると思われる。
＊11　「催眠力 dormitive virtue」は、なんの説明力もない概念によって事柄を説明しようとすることを揶揄する定型句。モリエールの戯曲『病は気から』から。
＊12　燃焼と可燃性を説明するためにかつて想定されていた理論上の物質。酸素説の登場によって棄却された。
＊13　ここでの「述べること saying」と「見せること showing」の対比は、本章2に見られる。
＊14　「aesthetic value」と「aesthetics merit」はともに一貫して「美的価値」と訳しているが、後者をより中立的に訳せば「美的な良さ」になるだろう。「美的な卓越性 excellence」も同じ意味で使われている。
＊15　「in and for itself」は哲学用語では「即自かつ対自」になるが、この語が通常使われる哲学的な文脈とは異なるため、日常的な言葉づかいで訳す。

用語解説

アログラフィック　allographic　→オートグラフィック／アログラフィック

印字　inscription　符号の個別具体的な事例 instance のこと。あるしるしは、ある符号に属すことでその印字になる。たとえば紙にインクで記された文字通りの文字印字が典型だが、本書では「印字」はきわめて包括的な用語として使われており、視覚的なものも聴覚的なものも含まれる。ただし、発声による符号の事例をとくに「発話 utterance」と呼んで、文字通りの印字と対比させている箇所もある。

隠喩　metaphor　あるラベルの隠喩的な適用とは、そのラベルの文字通りの適用にもとづきつつも、そこから逸脱することである。このようにラベルが適用対象を変えることは「転移 transfer」と呼ばれる。転移は、個々のラベルというより、そのラベルを含む互いに置換可能なラベルセット（図式 schema）を単位として行なわれる。ラベルの隠喩的な適用は、文字通りの適用と同様に真偽を問える。それゆえ、ラベルの隠喩的な所有は実際的な所有である。

オートグラフィック／アログラフィック　autographic/allographic　諸芸術の分類の一つ。予備的な定義としては、オートグラフィックな芸術は複製が贋作になる芸術のことであり、アログラフィックな芸術は複製が贋作にならない芸術のことである。この区別は、当の作品の真正性 authenticity を保証するものがなんであるかのちがいとして説明される。オートグラフィックな芸術作品の真正性を保証するのはその制作の歴史であり、アログラフィックな芸術作品の真正性を保証するのはその綴りの同一性である。そして、綴りの同一性は、記譜法によって特定される。

記号　symbol　→表示

記号システム　symbol system　表示のための枠組み。統語論的側面である記号図式symbol scheme、意味論的側面である表示領域field of reference、および両者の関係づけcorrelationからなる。記号図式は諸々の符号（記号のクラス）から構成され、表示領域はそれぞれの符号に関係づけられた諸々の準拠クラス（表示対象のクラス）から構成される。再現、記述、記譜、図示といった記号作用のちがいは、その素材の特徴のちがいではなく、すべて記号システムのあり方のちがいとして説明される。

記述　description　→言語

記譜法　notation　広義には記譜的図式または記譜的システムのこと。狭義には記譜的システムのこと。記譜的システムは、統語論的な差別化、統語論的な互いに素、意味論的な差別化、意味論的な互いに素、非多義性という五つの要件を満たす記号システムである。記譜的図式は、このうちの統語論的な要件を満たす記号図式である。標準的な音楽記譜法やダンスのラバン式記譜法は、これらの要件をおおよそすべて満たす。また自然言語は、ふつう記譜的図式の要件を満たす。記譜的システムにおける符号は「譜score」と呼ばれる。

言語　language　広義には記号システム一般のこと。狭義には言語的システム（典型的には自然言語）のこと。言語的システムは、記譜的システムの統語論的な要件を満たすが意味論的な要件を必ずしも満たさない記号システムである。記譜的システムの意味論的な要件を満たさない言語的システムは、とくに「談話的言語discursive language」と呼ばれる。記譜的システムにおける符号は「書script」、書による指示は「記述」と呼ばれる。言語的システムにおける符号は「書script」、書による指示は「記述」と呼ばれる。

再現　representation　再現的システム（典型的には絵や写真や彫刻）における指示。「絵画的再現 pictorial representation」、「描写 depiction」とも言い換えられる。再現的システムは、統語論的に稠密かつ意味論的に稠密かつ相対的に充満している記号システムとして特徴づけられる。再現において、記号が対象に類似している必要はない。

一方、絵はそれが何を指示するかとは無関係に特定の種類に分類される。日常的な用法では、「xを再現する」や「xの絵である」は、〈再現システムにおいてxを指示する〉という意味でも使われるし、〈x-絵という種類に属す〉という意味でも使われる。何かを別の何かとして描く絵（トシテ再現 representation-as）や何も指示していない何かの絵（たとえば虚構的対象の絵）は、この観点から説明される。

差別化　differentiation　正確には「有限差別化 finite differentiation」だが、しばしば略される。「分節化」と同義。ある記号システムが統語論的に差別化されているとは、任意のしるしがそのシステムの諸々の符号のどれに属すかが原理的に確定できるということである。同じく意味論的に差別化されているとは、任意の対象がそのシステムの諸々の準拠クラスのどれに属すかが原理的に確定できるということである。統語論的かつ意味論的に差別化されているシステムは「デジタル」と呼ばれる。差別化と稠密性は対立する。統語論的な差別化と意味論的な差別化は、それぞれ記譜的システムの要件の一つである。

指示　denotation　ラベルによる対象の表示。「指示する denote」はしばしば「適用される apply to」と言い換えられる。指示される個別的な対象は「指示対象 denotatum」と呼ばれ、指示対象のクラスは「外延 extension」と呼ばれる。再現や記述は指示の下位分類である。

充満　repleteness　ある記号システムが（統語論的に）相対的に充満しているとは、そのシステムにおいて、しるしが持つ相対的に多くの側面が符号構成的である——符号の同一性にとって関与的である——ということである。たとえば、カラー図版において色は関与的だが、白黒図版においては（たとえ色がついていたとしても）色は関与的ではない。この場合、カラー図版のほうが相対的に充満している。再現的システムと図表的システムのちがいは、充満の程度のちがいである。充満の反対は「希薄 attenuation」と呼ばれる。

準拠 compliance 指示の主客を逆にした言い換え。「AはBを指示する」は「BはAに準拠する comply with」と同値である。この言い換えは、楽譜と演奏の指示関係を直観的に理解しやすくするために導入されている。準拠物 compliant は準拠するもの、つまり指示対象のこと。準拠クラス compliance-class は準拠物のクラス、つまり外延のこと。

所有 possession 常識的にはある対象がある性質を持つことだが、グッドマンはこれをラベルによる指示として理解する。つまり、「Aは赤い」は「「赤い」というラベルがAに適用される」と言い換えられる。結果として、所有は指示を逆からとらえたものになる。所有は例示の必要条件である。

しるし mark 明確な定義はないが、特定の符号の事例であるかどうかにかかわらず、知覚または測定可能ななんらかの単位を一律に指すものだと思われる（たとえば紙の上の特定のかたちのインクのしみ、特定のかたちをした一連の音声など）。しるしは、記号システムの符号に属することで印字になる。

図表 diagram 図表的システムにおける記号（たとえば、水銀温度計や心電図）。図表的システムは、統語論的に稠密かつ意味論的に稠密だが相対的に充満していない記号システムとして特徴づけられる。図表的システムと再現的システムは、まとめて「図形的 graphic」と呼ばれる。

互いに素 disjointness ある記号システムが統語論的に互いに素であるとは、あるひとつのしるしがそのシステムの二つ以上の符号に同時に属さないということである。同じく意味論的に互いに素であるとは、あるひとつの対象がそのシステムの二つ以上の準拠クラスに同時に属さないということである。統語論的な互いに素と意味論的な互いに素は、それぞれ記譜的システムの要件の一つである。

多義性　ambiguity　一つの符号に対して複数の準拠クラスが割り当てられていること。非多義性は、記譜的システムの要件の一つである。一方、一つの準拠クラスに対して複数の符号が割り当てられていることは「冗長性 redundancy」と呼ばれる。冗長であるかないかは、記譜的システムにとってそれほど重大ではない。

稠密性　density　ある記号システムが統語論的に稠密であるとは、そのシステムの任意の二つの符号の間につねに第三の符号があるということ。同じく意味論的に稠密であるとは、そのシステムの任意の二つの準拠クラスの間につねに第三の準拠クラスがあるということ。統語論的かつ意味論的に稠密なシステムは「アナログ」と呼ばれる。稠密性と差別化は対立する。統語論的な稠密性と意味論的な稠密性は、それぞれ再現的システムや図表的システムの特徴の一つである。

表現　expression　一般的には、芸術作品や身振りや顔の表情などがなんらかの性質や感情（たとえば悲しみ）を表わすこと。グッドマンによれば、表現とは隠喩的な例示である。つまり、あるものがある性質を表現するとは、それがその性質を隠喩的に所有し、かつそれを表示することである。あるものがある性質を隠喩的に所有するとは、それがその性質に対応するラベルによって隠喩的に指示されることである。

表示　reference　何かが何かを表わすこと。表示するものは「記号 symbol」と呼ばれる。本書には表示の明確な定義はないが、「表示する refer to」はしばしば「記号化する symbolize」や「表わす／代理する stand for」と言い換えられる。指示、例示、再現、記述、表現などはすべて表示の下位分類である。

訳語の選択について注記しておく。分析哲学の文脈では「reference」は「指示」が定訳である。この標準的な意味での「reference」は、本書におけるラベルが対象を指す働きという意味での「denotation」とほぼ同義である。一方、本書における「reference」は記号作用symbolization一般を広く指す。それゆえ、「denotation」に「指示」をあて、「reference」に「表示」をあてた。「denotation」が「表示」と訳される場合がときおりあることを考えれば、この訳語選択がよけいに混乱を招くおそれもあるが、ここでは言葉づかいの自然さと内容の理解のしやすさを優先した。

符号　character　ある記号システムにおいて特定の記号として働く諸事物のクラス。記号図式の構成要素。諸々のしるしは、当のシステムのうちで符号として分類されることで記号として働く。符号として分類されたしるしは「印字」と呼ばれる。それぞれの符号は、そのシステムの中で特定の表示クラス（表示対象の集まり）と関係づけられる。符号は他の符号と結合することで、より大きく複雑な符号を構成することもある。それゆえ、たとえば楽譜上の一つの音符を一つの符号として見ることもできるし、当の楽譜の全体を一つの符号として見ることもできる。

分節化　articulation　→差別化

ラベル　label　指示を行なう記号。複数の事物に同じラベルが割り当てられることは、分類の働きを持つ。典型的なラベルは名前や述語だが、ラベルは言語的なものにかぎられるわけではない。絵や身振りもまたラベルとして機能する。グッドマンの所有の理解によれば、性質はラベルに還元される。

例示　exemplification　何かがあるラベル（性質）を所有し、かつそのラベル（性質）を表示すること。例示するものは「サンプルsample」と呼ばれる。表現は例示の下位分類である。

（作成　松永伸司／作成協力　岩切啓人）

概要

序論で述べられているように、本書には大きく二つの道筋があり、それらが最終的に合流する。第一の道筋では、記号作用＝表示の種類を区別するための理論が提示される。ここでは、表示の下位分類としての指示と例示がそれぞれ定式化されたうえで、再現が指示の観点から、表現が例示の観点から説明される（第一章と第二章）。第二の道筋では、記号システムの種類を区別するための理論が提示される。ここでは、記譜性の諸要件が定義されたうえで、どの要件を満たすか／満たさないかの組み合わせによって、多様な記号システムが特徴づけられる（主に第四章と第五章）。最後に、この二つの理論をもとにして、さまざまな記号システムの中で指示と例示がそれぞれどのように働くかが分析される（主に第五章と第六章前半）。以上の大まかな流れから相対的に独立したかたちで、予備的または発展的な議論がところどころにある。贋作可能性の議論（第三章）、美的なものの特徴づけ（第六章後半）などである。

いずれの議論も主に諸芸術を実例と被説明項にして論じられるが、必ずしも諸芸術にかぎった話ではなく、記号理論としてきわめて一般的な射程を持っている。以下、各章の内容に沿って要点をそれぞれ簡単に紹介しよう。

再現と類似

第一章では、絵が何かを描くとはどういうことか、つまり再現の本性とは何かという問題が中心的に論じられる。要点は以下の二点である。第一に、再現は指示の一種である。言語的なラベル（名前や述語）による指示とまったく同じように、絵は対象を個別的に指し示したり、それに性質を帰属したり、諸対象を分類したりする。第二に、再現は類似によって特徴づけられるものではない。絵はそれが描く対象に似た記号だという考えは非常によくある。しかし、この類似説には根本的な難点がある。絵と対象の類似が、どのような状況化におけるどのような点での類似であるかが特定できないのである。とはいえ、再現をその他の指示と区別している特徴は、対象との類似でないとすればなんなのか。これに答えるには、さまざまな記号システムを特徴づけるための理論が必要になる。

再現と類似の関係と並んで、絵の写実性と類似の関係についても論じられる。写実性もまた、常識的な理解に反して、類似の問題ではない。さらに、写実性は情報量や正確さの問題でもない。補色に変換した絵や逆遠近法で描いた絵のように、まったく同じ情報を伝えるにもかかわらず写実的と見なされない絵はいくらでもあるからである。写実性は、たんに当の絵における事物のとらえ方にわれわれが慣れているという以上のことではない。

指示と分類

あるものが何かに分類されることもまた指示の観点から定式化される。すでに見たように、再現は指示の一種として理解できる。一方で「xを再現する」や「xの絵である」といった言い回しには、それとは別の用法もある。典型的なのはフィクションの絵である。ユニコーンの絵もピクウィックの絵も、ユニコーンやピクウィックが存在しないという意味で何ものも指示していない。つまり、両者は指示としては同じである。しかし、両者はなんらかの点でたしかに異なる。それゆえ、「ユニコーンを再現する」という言い方は、絵が指示するものとは別の観点から説明する必要がある。

ユニコーンの絵とピクウィックの絵は、端的に絵の分類として異なる。机と椅子が区別されるように、ユニコーンの絵とピクウィックの絵は、それらが何を指示しているかとは独立に、種類として区別されるのである。この分類は、「ユニコーンの絵」や「ピクウィックの絵」といった言語的なラベルが当の絵に適用されるかどうか、つまり当の絵がそうしたラベルによって指示されるかどうかの問題である。この考え方は、あるものを別の何かとして描く絵についても言える。たとえば、チャーチルを子どもとして描く絵は、チャーチルを指示すると同時に、（分類的な用法での）「子どもの絵」というラベルによって指示される絵である。このように、xの絵は、xを特定の方式で指示するものの場合もあれば、「xの絵」という分類的なラベルによって指示されるものの場合もある。

表現と例示

第二章では、一貫して表現の本性が論じられる。絵や音楽は悲しさや陽気さを表現することがある。このような意味での表現は、どのような事態として理解できるのか。まず、よくある情動説が否定される。表現されるものは、作り手や受け手の情動の結果や原因ではない。悲しい表現が成立するのに、悲しい気持ちで作る必要も受け手が悲しくなる必要も一切ないのである。むしろ、表現は性質の所有に近い。「ある絵は悲しさを表現する」は「その絵は悲しい」や「その絵は悲しさという性質を持つ」と言い換えられる。これは「その絵は灰色である」とか「その絵は灰色という性質を持つ」と言うのととくに変わらない。

しかし、表現は通常の所有と二つの点で異なる。第一に、表現における所有は文字通りの所有ではない。絵が感情を持つものではない以上、「その絵は悲しい」は文字通りの意味でその絵が悲しいことを意味しているわけではない。それが意味するのは、あくまで隠喩的な所有である。第二に、表現は、たんなる所有ではなく、明らかにある種の記号作用である。そして、そこで表示されるのは、当の所有されている性質——たとえば悲しさ——である。あるものがある性質を持つと同時にそれを表示することは、一般に「例示」と呼ばれる。たとえば、生地見本帳の生地の小切れは、特定の色や模様や手触りを持つと同時に、それらを表示している。つまり、小切れはそうした性質のサンプルになっている。そういうわけで、表現は隠喩的な例示として特徴づけられる。

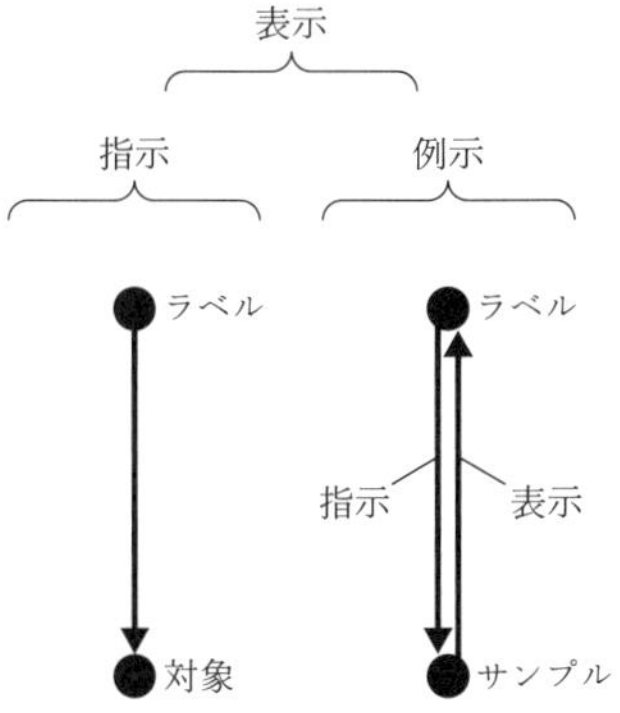

図1　指示と例示

例示は所有かつ表示である。所有は性質を持つことだが、これは分類と同様にラベルによる指示として理解できる。たとえば、赤色性を持つことは、「赤」というラベル——正確には「赤」と共外延的ななんらかのラベル——によって指示されることである。一方、赤いサンプルが赤色性を例示することは、それが「赤」というラベルを表示することである。この表示は、ラベルからサンプルへの表示——つまり指示——とは逆の方向に向かう。それゆえ、例示は互いに反対の方向を持つ二つの表示から構成される（図1）。

隠喩

悲しさを表現する絵は、悲しさを隠喩的に所有する。所有は指示によって説明できる。それゆえ、隠喩的な所有は隠喩的な指示によって説明できる。しかし隠喩とは何か。

隠喩にはいくつかの特徴がある。第一に、隠喩はたんなる虚偽ではない。それは文字通りの指示ではないが、それでもたしかに実際に真になりうる。「高い音」は「振動数が多い音」とまったく同じ意味で事実を指示している。第二に、隠喩はたんなる多義的な用法ではない。隠喩は、文字通りの用法にもとづきつつもそこから逸脱した用法であり、文字通りの用法との間にある種の緊張関係——抵抗と魅力を伴うもの——を持っている。隠喩は、文字通りには偽だが、それでもなんらかの説得力や面白さを持つ新しい用法なのである。

隠喩は、ふつう言語的な慣習の問題である。それゆえ、表現もまた再現と同様に慣習の問題になる。とはいえ、表現は再現よりも制約がある。ほとんど任意のものは、ほとんど任意のものを再現できる。それに比べて、表現するものと表現されるものの結びつきは、はるかに恣意的ではない。これは隠喩的な所有の観点から説明できる。つまり、あるものが表現できるのは、それが所有し、かつもともとは所有していなかったものにかぎられる。

贋作可能性

第三章における贋作可能性の議論は、以降の章の予備的な考察として位置づけられるが、全体の流れからすれば相対的に独立している。複製が贋作になる芸術とそうでない芸術とがある。前者は「オートグラフィック」、後者は「アログラフィック」と呼ばれる。典型的には、絵画や版画はオートグラフィックであり、音楽や文学はアログラフィックである。ある絵画作品とそっくりなものを作れば贋作になるが、ある音楽作品の演奏とそっくりな演奏をしても贋作にはならない。それらの演奏はいずれも等しく当の作品の本物の事例になる。このちがいはどこから来るのか。

オートグラフィック／アログラフィックの区別は、制作過程が一段階か多段階か、作品の事例が単一か複数かといった区別とは一致しない。むしろそのちがいは、作品の真正性が綴りによって決まるかどうかという点にある。音楽や文学には明確な記譜法（楽譜記号やアルファベット）があり、それによって当の作品の本質的性質が定められる。それゆえ、正確な綴りを持つかどうかを見るだけで、作品の本物の事例かどうかが判断できる。一方、絵画や版画にはそうした記譜法がない。それゆえ、いかなる性質についても当の作品にとって本質的でないとは言えない。結果として、本物の作品を見分ける手立ては、それが特定の制作の歴史を持っているかどうかという点にかぎられることになる。そして、そうした制作の歴史を偽るのが贋作にほかならない。

記号システムの構成要素

第四章では、さまざまな種類の記号システムを特徴づけるための理論が提示される。それに先立って、記号システムを一般的に記述するための諸概念が導入される（図2）。

記号システムは、諸事物を諸記号とそれに対応づけられた諸対象に分類する枠組みである。それによって表示という働きが生まれる。記号の種類は「符号」と呼ばれ、符号に属する個々のしるしは「印字」と呼ばれる。表示対象の種類は「準拠クラス」と呼ばれ、準拠クラスに属する個々の対象は「準拠

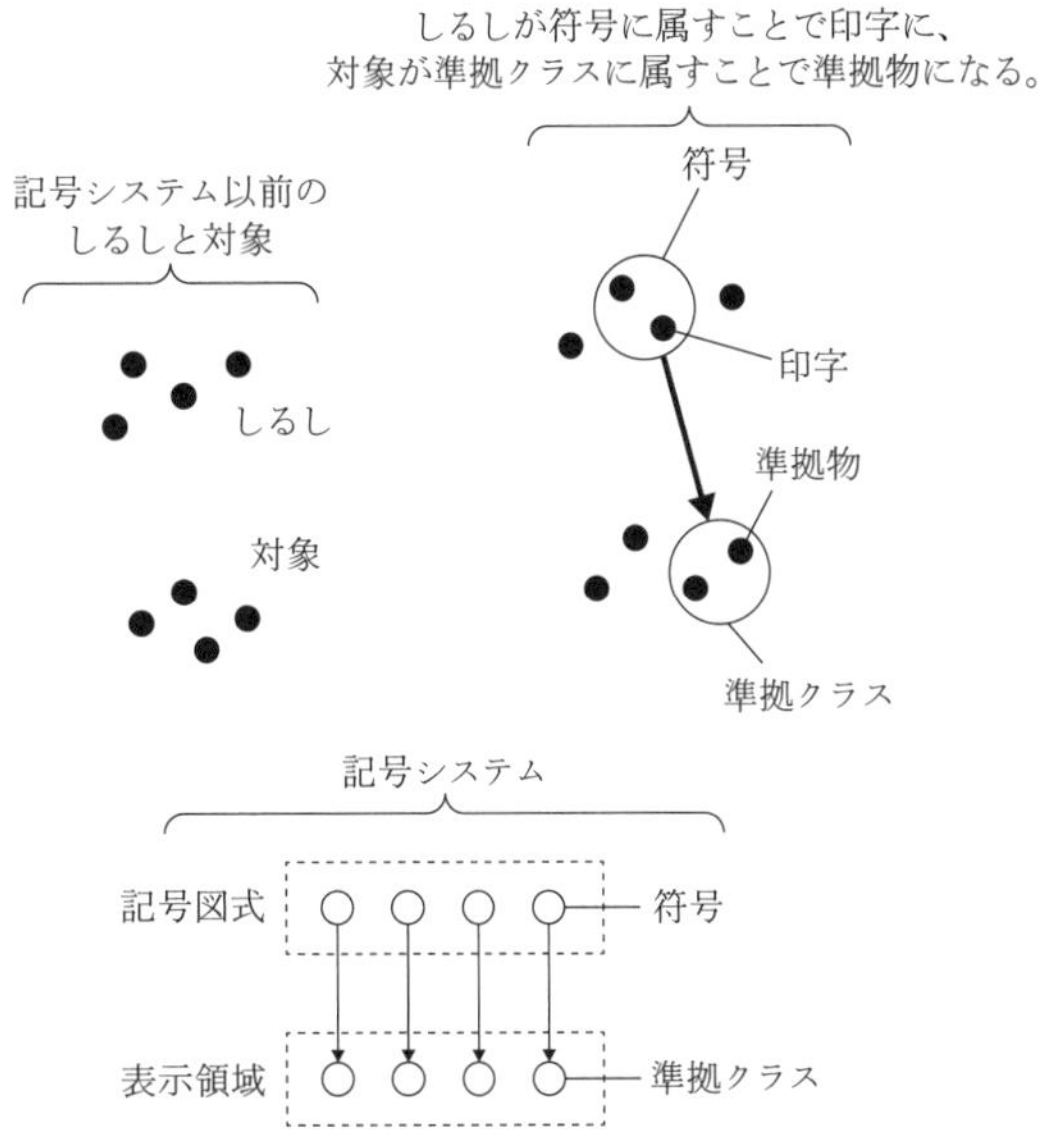

図2　記号システムの構成要素

物」と呼ばれる。たとえば、紙の上にインクで記された特定の形状のしるしは符号「apple」に属すことで印字になり、リンゴという準拠クラスに属する特定の事物——たとえばあのテーブルの上のリンゴ——を指す。符号には、それ以上分解不可能な原子的符号だけでなく、複数の符号の組み合わせからなる複合的符号もある。たとえば、「a」や「p」は原子的符号だが「apple」や「pen」は複合的符号である。

一つの記号システムにおける符号の集まりは「記号図式」と呼ばれ、準拠クラスの集まりは「表示領域」と呼ばれる。記号図式は記号システムの統語論的な側面であり、表示領域は意味論的な側面である。

記譜性の要件

はじめに、楽譜に代表されるような記譜的システムの特徴が分析される。記譜的システムの主要な機能は、事例(たとえば演奏)間の類的な同一性を維持することにある。そのためには、楽譜から演奏が確定するだけでなく、演奏から楽譜が確定する必要もある。このような記号システムが満たすべき要件は何か。

まず、記譜的システムは統語論的に互いに素でなければならない。つまり、ある一つのしるしが異なる複数の符号に属してはならない。次に、統語論的に差別化されていなければならない。つまり、しるしがどの符号に属すかが原理的に確定可能でなければならない。これは言い換えれば、当の記号図式に用意されている符号が無限に細かく分かれていない——稠密でない——ということである。以上の二つが記譜性の統語論的要件である。

記譜性の意味論的要件は三つある。まず、記譜的システムは意味論的に互いに素でなければならない。つまり、ある一つの対象が異なる複数の準拠クラスに属してはならない。次に、意味論的に差別化されていなければならない。つまり、当の表示領域に用意されている準拠クラスが無限に細かく分かれていてはならない。そして、多義的であってはならない。つまり、一つの符号に対して複数の準拠クラスが割り当てられていてはならない。以上の五つが記譜性の要件である。

諸芸術とさまざまな記号システム

第五章と第六章の前半では、以上の枠組みを使って、諸芸術の記号システムがそれぞれ具体的に特徴づけられ、互いに対比される。非記譜的な記号システムは、記譜性の要件を部分的または全面的に満たさない（表）。

伝統的な音楽記譜法を使う音楽は、基本的に記譜性の要件をすべて満たす。ダンスの記譜法は十分に定着しているわけではないが、それでも十分に記譜的なシステムとして考えられる。一方、文学のような談話的言語は、記譜性の統語論的要件を満たすが、ふつう意味論的要件を満たさない。それは意味論的に稠密であり、意味論的に互いに素ではなく、そして多義的である。演劇の戯曲は両者の組み合わせからなる。せりふの部分は楽譜と同じく記譜的だが、ト書きの部分は文学作品と同じく談話的言語である。建築でもまた複数の記号システムが使われる。建物の完成予想図は再現であり、仕様書は基本的に談話的言語であり、設計図はデジタルな——統語論的かつ意味論的に差別化されている——記号システムである。

絵画やスケッチといった再現は、差別化の要件を統語論的にも意味論的にも満たさない。つまり、それは統語論的かつ意味論的に稠密である。心電図や水銀温度計といったアナログな計器もまた、統語論的・意味論的に稠密である。再現的システムとこうしたアナログな図表的システムのちがいは、相対的に多くの特徴が符号の構成に関わるかどうか、つまり相対的に充満しているかどうかにある。再現は、たんに形状だけでなく色や質感が符号の同一性に関わるという点で、図表に比べてはるかに充満している。

	統語論的特徴			意味論的特徴		
	統語論的差別化	統語論的互いに素	相対的充満	意味論的差別化	意味論的互いに素	非多義性
記譜的システム	○	○	／	○	○	○
談話的言語	○	○	／	×	×	×
図　表	×	／	×	×	／	／
再　現	×	／	○	×	／	／

記号システムの特徴

美的なものと美的価値

第六章の後半では、これまでの枠組みを使って、美的なものとは何かという問題が論じられる。まず、無関心性、快、満足、情動といった美的なものに対する伝統的な特徴づけがすべて否定される。それらは美的な領域の外でも見られる特徴であったり、芸術が顕著に持つ特徴ではなかったりする。あるいはその難点を避けようとすれば、論点先取に陥ることになる。こうした誤った考えを生んでいるのは、認知と情動を対置させる見方にほかならない。この見方を放棄すれば、美的なものを認知的な観点から特徴づける道がひらける。美的なものの徴候は、その独特の記号作用のあり方にある。つまり、美的なものは、統語論的に稠密であり、意味論的に稠密であり、相対的に充満しており、例示的である傾向を持つものである。

美的価値もまた認知的な観点から説明される。美的価値を実践的価値に還元する説、自己目的的な価値として考える説、人間の社会性に還元する説は、いずれも部分的な真理しか言い当てていない。むしろ、それらの価値はすべて認知的価値に還元できる。美的価値は認知的価値に包摂されるのである。認知的価値一般から区別される美的価値といったものはない。たんに美的なもの——四つの徴候によって特徴づけられるもの——の認知的価値が「美的価値」と呼ばれるにすぎない。

（作成　松永伸司）

訳者あとがき

グッドマン自身があるインタヴューで述べていることだが、本書は「美」という言葉をタブーとする「美学」あるいは「芸術哲学」の書である。そして、すべての人間の広い意味での知的活動は、徹底して、本書の序論でも述べられているように、記号の機能という見地から考察される。

そしてこの美なき美学は、まず第一章で「再現」は類似性によるのではないことを宣言する。長らく、模倣を意味する「ミメーシス」という概念に支配されてきた西洋の芸術観に「訣別の辞」――本書の書評でのイェンス・キューレンカンプフの言葉――を贈る。

このことは同時に、このミメーシス概念を支えてきたプラトン哲学との訣別をも意味している。

さらに、芸術における「表現」は、人間の感情表現とは無関係であると宣告する。表現は、記号と記号との関係の仕方、「隠喩的例示」であるとされる。この点から言うと、本書は、人間存在は括弧に括り、記号だけでどこまでものごとを考えていけるかという、よく言えば「大胆にして、豪胆な」、悪く言えば「あまりに冒険的で、危険な」実験の報告書である。

以上のことは、本書の記号体系全体の仕組みに明示されている。

記号作用／機能全体は、reference と呼ばれる。この指し・示す作用を果たす記号は、一般に「ラベル」と呼ばれ、それは、ものを「指す」系列とものを「示す」系列の二系列に分かれる。この「指す」系列に、ラベルが稠密でないかそうであるかによって、狭義の「指すこと」と先ほどの「再現」が入り、「再現」はものを指す機能を果たしさえすれば十分に機能するものとされる。「示す」系列には、ものが記号の働きをする「例示」とそれが隠喩的に機能する、先ほどの「表現」が入る。絵の「灰色」が悲しいのは、灰色という性質／ラベルが隠喩的に「悲しい」というラベルと関係し合うからであって、描き手や見る人の、つまり人間の側の感情状態とは全く無関係とされる。

その際、記号論理学ではフレーゲにその端を発し、言語学ではソシュールにその端を発する、意味を三項関係で考えていく基本図式は捨てられている。「指す」場合にしろ、「示す」場合にしろ、いずれも「指す・指される」、「示す・示される」という二項関係で考えられ、いわゆる「意味」あるいは「意味作用」は、「指す／示す」記号とそれによって指される／示されるものとの対応関係に吸収される。このことは、ノーテーションの体系での「意味論」の定義で明示される。

本書の特徴は以上のことに留まらない。第六章第一節で、浮世絵と心電図とが、何のこだわりもなく、純粋に記号の働き方に基づいて比較される。このことは、本書が、芸術と科学とを截然と区別する常識に抗い、それらが密接に関連しあう活動であるという主張を示唆しているが、事実、その後の議論で、そのことが明確になる。知・情の二分こそ、芸術の機能を誤解させている元凶なのであり、芸術と科学は、同じく、「知る」というより、より正確にグッドマンに即して言えば「わかる」活動に従事し、世界／ヴァージョンを新たに制作していくものなのである。

このことは、本書が、従来の美学――美学の aesthetics という語は、感性を示すギリシャ語に由来する――へ、またもや「訣別の辞」を贈ることになっている。

さて、この芸術と科学を平等に見る平等主義は、絶対的平等主義、柄谷行人の言う「イソノミア」とも言えるものであり——類似の指摘は、彼に関する複数の研究書で指摘されている——、芸術と科学の間だけではなく、諸芸術の比較にも貫徹されており、それらは、アリストテレス以来、暗黙のうちに前提されていた諸感覚のヒエラルキーを顧慮することなく、全く平等に、記号の機能の見地から比較されることを意味する。

そしてそのことを可能にしているのが、本書第四章で詳述される「ノーテーション」である。このノーテーションの構成の理論的構築に関しては、次の三つの点を指摘しておくべきだろう。

第一に、彼の理論が、分析美学を含む分析哲学が持つ抜きがたい二次性、つまり、ことがらそのものを議論するのではなく、その議論についてその妥当性を議論する、議論の議論というメタ理論的性格を抜け出している点。これは、従来の分析哲学の主たる関心が科学に偏していたことを是正し、先述の芸術と科学を平等に論じる姿勢と密接に関わっている。ノーテーションという測定の物差しがあるからこそ、すべての記号活動が、偏りなく比較できるようになるからだ。

第二に、彼の唯名論の「構成主義」的側面、つまりそれが単なる相対主義の立場の表明であるだけではなく、具体的にある理論を構築することによって、各々の存在は、存在理由を持ちつつ、しかし相対的にしか存在しないという、存在の相対性を明示している点。

そして第三に、あるインタヴューでグッドマン自身が明言していることだが、それが、徹底して、日常の言語で構築されている点。

彼の哲学は、一応は唯名論の立場を取っているとはいえ、実を言えば、その立場は複雑で、実在論か観念論かの二者択一を放棄した「脱‐実在論」の立場に立っているとした方が、より正確である。彼が、どちらにも立たず、それぞれの立場に立てば何が言え、そして何が言うことが難しくなるかを明らかにしていくべきだと考えているからである。

最後に、本書は、純粋に論理的な、分析哲学の申し子であるかの印象を与えるが、しかし、実は、グッドマン自身の後の言葉から、それは誤解であることが明らかになる。本書を伊訳したフランコ・ブリオスキは早くからそのことを指摘していたのであるが、グッドマンの美学はプラグマティックなものであり、その全体的姿を本書のみで判断してはならず、『世界制作の方法』そして『ことと心の諸問題』を合わせた上で考察されるべきである。このことは強調しておくべきことだろう。

翻訳の訳文に関しては、次の二点を述べておきたい。まず、訳文は、私が訳したものを松永伸司氏が見直し、それをさらに私が目を通してあるので、誤訳の危険は可能な限り抑えられるとともに、多少は読みやすくなったのではないだろうか。また、岩切啓人氏にも訳文のチェックと用語解説の作成にご協力いただいた。

次にキーワードの訳語は、慶應義塾大学出版会編集部が、先行するグッドマンの翻訳の訳語を勘案して適切と判断したものとなっている。

いずれにしろ、グッドマンの主著の一つであり、美学の世界にショックを与えた本書が、日本語で読めるようになることは、慶應義塾大学出版会の村上文さんのおかげであり、ここに感謝の念を表しておく。

戸澤義夫

芸術の言語

2017年2月28日　初版第1刷発行
2024年7月12日　初版第5刷発行

著　者――――ネルソン・グッドマン
訳　者――――戸澤義夫・松永伸司
発行者――――大野友寛
発行所――――慶應義塾大学出版会株式会社
〒108-8346　東京都港区三田2-19-30
TEL〔編集部〕03-3451-0931
〔営業部〕03-3451-3584〈ご注文〉
〔　〃　〕03-3451-6926
FAX〔営業部〕03-3451-3122
振替　00190-8-155497
https://www.keio-up.co.jp/
装　丁――――服部一成
印刷・製本――中央精版印刷株式会社
カバー印刷――株式会社太平印刷社

Printed in Japan ISBN978-4-7664-2224-5

著者

ネルソン・グッドマン　Nelson Goodman

1906 〜 1998 年。アメリカの哲学者。美学、論理学、認識論、科学哲学において多大な影響を及ぼした。画廊を経営するかたわら、ハーヴァード大学で博士号を取得。ハーヴァード大学哲学名誉教授。タフツ大学、ペンシルヴェニア大学、ブランダイス大学などでも教鞭をとる。ハーヴァード大学では、哲学、認知科学、芸術、教育を融合させることを目的とした研究機関「プロジェクト・ゼロ」を設立。おもな著書に、『事実・虚構・予言（*Fact, Fiction, and Forecast*）』（雨宮民雄訳、勁草書房、1987 年）、『記号主義——哲学の新たな構想（*Reconceptions in Philosophy and Other Arts and Sciences*）』（エルギンとの共著、菅野盾樹訳、みすず書房、2001 年）、『世界制作の方法（*Ways of Worldmaking*）』（菅野盾樹訳、ちくま学芸文庫、2008 年）など。

訳者

戸澤義夫　とざわ　よしお

群馬県立女子大学名誉教授。東京大学文学部美学芸術学科卒業。東京大学大学院人文科学研究科美学芸術学科修士課程修了。同大学院博士課程中退。著書に『講座美学 3　美学の方法』（共著、東京大学出版会、1984 年）、「自然とテクノロジー」（共著『芸術文化のエコロジー』勁草書房、2005 年）、『アート・スタンダード検定公式テキストブック』（監修、玉川大学出版部、2011 年）。

松永伸司　まつなが　しんじ

東京藝術大学美術学部教育研究助手。2015 年東京藝術大学大学院美術研究科美術専攻芸術学（美学）専門領域博士後期課程修了。博士（美術）。博士論文「ビデオゲームにおける意味作用」。訳書にイェスパー・ユール『ハーフリアル——虚実のあいだのビデオゲーム』（ニューゲームズオーダー、2016 年）。2015 年より立命館大学衣笠総合研究機構客員研究員。

事項索引

ア行

アナログ 対 デジタル　analog vs. digital　182–186
アログラフィックな芸術　allographic arts　134–143, 226, 229
一段階芸術と二段階芸術　one–stage and two–stage arts　135–136, 140
意味　meaning　→同義性
印字　inscriptions
　しるしと——　marks and　155
　発話と——　utterances and　155, 237–238, 275–276
　→符号
隠喩　metaphor
　——対 多義性　vs. ambiguity　84
　——対 投射　vs. projection　82–83
　——的指示　metaphorical denotation　65, 88–98
　——の偽　falsity of　64, 83–84
　——の諸方式　modes of　94–99
　——の真理　truth of　64, 84
　図式の転移としての——　as transfer of schema　85–98
　表現における——　in expression　64–65, 99–102, 104–109
映画　film　61, 107, 229, 241
エッチング　etching　135–136, 139, 225–226, 228–229
遠近法　perspective
　——の慣習性　conventionality of　7, 16–17
　幾何学的光学と——　geometrical optics and　7, 14–20
　逆——　reverse　16, 47
演劇　drama　141, 143, 240, 245–246, 273, 281–282
オト英語　sound–English　167–169, 199
オートグラフィックな芸術　autographic arts　133–141, 226
音楽　music
　アログラフィックな芸術としての——　as allographic art　134ff.
　——記譜法　musical notation　204–205, 210–216, 210–213, 219–224, 235–236
　——における指示　denotation in　268
　——における真正性　authenticity in　134–136, 139–141
　——における表現と例示　expression and exemplification in　74–76

カ行

快　pleasure　134, 278–279, 293, 296
　「対象化された」——　‘objectified’　278
外延　extension　83–87, 96, 153, 167–170
　一次的——と二次的——　primary and secondary　253
絵画　paintmg
　オートグラフィックな芸術としての——　as autographic art　135–138
　——における贋作　forgery in　134, 137–138
　——の真正性　authenticity of　134ff.
　記譜法と——　notation and　142–143, 224–229

絵画的性質　pictorial properties　42–43, 100–101, 135
カタルシス　catharsis　60, 286
贋作　forgeries　121–122, 126–143
慣習性　conventionality　50, 266–267
感情　feelings
　——の認知的機能　cognitive function of　283–288
　——の美的役割　aesthetic role of　60, 280–283
　——の表現　expression of　57–62, 101–103
擬音語　onomatopoeia　95, 111
記号　symbol　1–2, 7, 43–44, 262, 264, 272, 303
記号作用／記号化　symbolization　44, 63–67, 292ff.
　→表示
記号システム　symbol system　51, 166, 178–179
記号図式　symbol scheme　155, 162–166, 183
記述　description
　——対 再現　vs. representation　32, 41–43, 266–267
　記譜法と——　notation and　174–175, 184, 262
帰納　induction　187–192
記譜法　notation
　記譜的システム　notational system　154, 172–179
　記譜的図式　notational scheme　154–163
　——の意味論的要件　semantic requirements for　171–176
　——の統語論的要件　syntactic requirements for　154–163
　作品の同一性にとっての——の役割　role of, in work–preservation　138, 142–143
共外延性　coextensiveness　69–70, 77–79, 98, 110, 234–236
偶有的性質／付随的性質　contingent properties　137–139, 142, 266
芸術と科学　art and science　277–302
計数器　counting instruments　180–182
言語　languages　→言語的システム
言語的システム　linguistic systems　200
　——対 非言語的システム　vs. nonlinguistic　42–43
建築　architecture
　——作品　work of　248–250
　——における表現と例示　expression and exemplification in　104–105
　——の設計図　plans in　247–250
コンピュータ　computers　182–192

サ行

再現　representation
　記述と——　description and　9–10, 31, 41–44, 261–264, 266–267
　——のコピー説　copy theory of　9–14, 20–22, 26, 36, 58
　——の定義　definition of　43–44, 261, 269
　指示と——　denotation and　9, 22–33
　図表と——　diagrams and　264–267
　稠密性と——　density and　262–264
　類似と——　resemblance and　7–9, 40–41

先立つ慣例　precedent practice
88, 142, 227, 229
先立つ分類　antecedent classification
→先立つ慣例
差別化　differentiation
意味論的な——の定義　semantic, definition of　174–175, 270
言語における——　in languages
262
統語論的な——の定義　syntactic, definition of　159–160
非連続性と——　discontinuity and
160, 176
サンプル　samples　口絵，
55, 269, 271
詩　poem　237, 238–239
指示　denotation
隠喩的——　metaphorical　88–89
記述における——　in description
24–33, 70
空——　null denotation　23–27
再現における——　in representation
9, 22–33, 42–44, 263–264
——の方向　direction of　65, 71–72
表示と——　reference and　77–78
フィクションの——　fictive
22–28
例示と——　exemplification and
65, 70–77, 105–107
自然主義　naturalism　→写実性
写実性　realism
——対 忠実さ　vs. fidelity or correctness　39–40, 43
——の基準としての情報量
information, as test of　37–38
——のコピー説　copy theory of
36–40
——の相対性　relativity of　38–40
——の定義　definition of　40, 269–270
正確さ 対 ——　vs. realism,　36, 38, 40
——の基準としての欺瞞　deception, as test of realism　36–37, 40–41
類似としての——　as resemblance
40
習慣　habituation
隠喩と——　metaphor and
81, 84, 88
写実性と——　realism and　17, 35, 38–42, 267
投射と——　projection and　190
表現と——　expression and
61–62, 103
充満　repleteness
再現と——　representation and
270–271
——の定義　definition of　266
稠密性と——　density and
265–266
美的なものの徴候としての——　as symptom　289
述語　predicates　→ラベル
趣味　taste　296–297
準拠　compliance
指示と——　denotation and
166–171
表示と——　reference and
269–270
準拠クラス　compliance-class　167, 170–176, 179, 183–186, 208–209, 212–214, 219, 224–235, 237–238, 240
上演　performances
準拠物としての——　as complaints

139–140, 153–154, 207
——の贋作　forgeries of　134, 140
——の正確さ　correctness of　216–217, 220–221
例示としての——　as exemplifying　272–274
小説　novel　237, 240
冗長性　redundancy　173–175, 185, 208
情動　emotions　→感情
所有　possession
実際の——　actual　63–65, 81–83
——と例示　relation of, to exemplification　66–68
文字通りの——　literal possession　63–64, 81–83, 90, 91–94, 97–98
しるし　marks　155ff.
アログラフィックな芸術における——　in allographic arts　133–143
オートグラフィックな芸術における——　in autographic arts　133–141
真正性　authenticity
——の美的な重要性　aesthetic importance of　121–132
真なるコピー　true copy　137–141, 155–156, 157, 160–161
真理　truth
隠喩的な——と文字通りの——　metaphorical and literal　81–84, 89–93
科学における——と芸術における——　in science and art　299–302
書　scripts　229–231
図形的記号　graphic symbols　192–193, 195, 265–266
スケッチ　sketches　223–224, 229–231
図式　schemata
——の定義　definition of　86
——の転移　transfer of　85–88, 100
図表　diagrams
絵と——　pictures and　71, 264–267
デジタルな——とアナログな——　digital and analog　192–195
モデルと——　models and　193–195
制作の歴史　history of production　143, 228–229, 242
相対性　relativity
再現の——　of representation　39, 43, 61, 267
視覚の——　of vision　10–13, 17, 36, 125–132
写実性の——　of realism　38–40
表現の——　of expression　60–63
測定　gauging, measuring　180–182, 185, 265–268, 270–272

タ行

タイプ／トークン　type-token　196
互いに素　disjointness
意味論的な——　semantic　172–175
統語論的な——　syntactic　156–157
離散性と——　discreteness and　174–175, 198
多義性　ambiguity　83–84, 161, 170–171, 185
単一的芸術　singular arts　136
ダンス　dance

——における例示　exemplification in　77, 105
——の記譜法　notation for　142–143, 241–247
談話的言語　discursive languages　175, 184, 193, 200, 209, 214, 231–233, 237, 239, 245, 247, 262–265
地図　maps　192, 195, 265
忠実さ　fidelity　38–40
稠密性　density
意味論的——　semantic　175–176
差別化と——　differentiation and　159–160, 176, 183, 185
統語論的——　syntactic　159–160
美的なものの徴候としての——　as symptom　288–290
彫刻　sculpture　21–22, 141
直示　ostension and　110
直喩　simile　90
綴りの同一性　sameness of spelling　137–140, 144, 147, 155–156
定義　definitions
実在的——と名目的——　real and nominal　228–229, 234, 242
日常的実践と——　ordinary practice and　249
譜と——　scores and　152–154, 209, 228
提喩　synecdoche　95
テキスト　texts　135–139, 237, 239–241
デジタル　digital schemes and systems
→アナログ 対 デジタル
電子音楽　electronic music　220, 268
同義性　synonymy
——対 共外延性　vs. coextensiveness　235
——の基準　criterion for　235, 254
投射　projection　82, 231–233
トシテ記述　description–as　28–33, 78–79, 106
トシテ再現　representation–as　28–32
——対 再現　vs. representation　29–32
——の定義　definition of　29–30
例示と——　exemplification and　78–80, 106

ナ行

認知　cognition　191–192
コミュニケーションと——　communication　294–295
情動と——　emotion and　284–288
美的なものと——　the aesthetic and　34–35, 41, 276–277, 295–296

ハ行

発話　utterances　155ff., 237, 240, 275–276
版画　print making　135–136, 139, 140–141
パントマイム　mime　76–77
美的価値　aesthetic merit　130, 140–141, 292–299
美的なもの　aesthetic, the
快と——　pleasure and　277–278, 292, 296
実用性と——　practicality and　277, 293–295
真理と——　truth and　299–301
——の情動的側面　emotive aspect of　60, 280–288

——の徴候　symptoms of
288–292
——の認知的役割　cognitive role of
34–35, 41, 284–288, 295
満足と——　satisfaction and
278–280, 292–293
皮肉　irony　96, 100
比喩的／隠喩的所有　figurative / metaphorical possession　63–64, 76–83, 89, 91–94, 97–98
表現　expression
再現と——　representation and
57–65, 269–270, 272
所有と——　possession and
63–65, 99–100
——における隠喩　metaphor in
100–102, 107
——の因果説　causal theories of
59–61
——の相対性　relativity of
61–62, 102–103
——の定義　definition of
108–109
例示としての——　as exemplification
65, 99–109, 272
表示　reference　44, 57–58, 64–66, 71–80
自己——　self-reference　73–75
——の連鎖　chains of　77–78
描写　depiction　→再現
非連続性　discontinuity　159–160, 176, 184, 197
譜　scores
音楽における——　in music
217ff.
建築における——　in architecture
248
書と——　scripts and　229–230
スケッチと——　sketches and
223–225
ダンスにおける——　in dance
241ff.
符号としての——　as characters
207
——の具体性　specificity of　221, 225
——の理論的機能　theoretic function of　151–154
フィクション　fiction
——の再現　fictive representation
22–24, 26–27, 79
——の指示　fictive denotation
22–28, 79
——の例示　fictive exemplification
79–80
複数的芸術　multiple arts　136, 140
符号　characters
空——　vacant　168
原子的——　atomic　165, 177, 182, 212, 264
合成的——　composite　172
素——　prime　169
複合的——　compound　165, 186, 234–235, 253, 255
——の同値性　equivalence of
155–156, 161, 170–171
符号均等性　character-indifference
156–161, 203
プラトン主義　platonism　68, 110
文学　literary arts
——作品の同一性　work-identity in
137–138
——における表現と例示　expression and exemplification in　74, 105–106, 273–274
——における翻訳　translation in

74, 239
——の美的性質　aesthetic properties of　239
文彩　figures of speech　81, 94–95
分析性　analyticity　235–236
分節化　articulation　→差別化
分類　classification　28–34, 41–42, 81–84, 233–234
補完　supplementation　187–192
本質的性質／構成的性質　constitutive properties　138–139, 140–143, 265–266
翻訳　translation　21, 74, 187–192

マ行

身振り　gestures　71, 74–77
無垢な目　innocent eye　11
モデル　models
指示する——　denoting　195, 264–265
例示する——　exemplifying　194–195
モノ英語　object-English　167–168
模倣　imitation　→再現のコピー説

ヤ行

唯名論　nominalism　3, 68–70, 85–87, 101, 200
有限差別化　finite differentiation　→差別化

ラ行

ラバン式記譜法　Labanotation　149–150, 243–246, 254–255
ラベル　labels
互いに置換可能な——セット　sets of alternative　33–35, 85–87
非言語的な——　nonverbal　31–32, 71–72, 74–75, 98
——の例示　exemplification of　67–70, 74, 88–89
領野　realm　85–87, 89, 94–98
類似　resemblance
再現と——　representation and　7–9, 40–41
分類と——　classification and　52, 91, 253
——の客観性　objectivity of　51
レプリカと——　replicas and　161–162
例示　exemplification
指示と——　denotation and　64–65, 69–73, 74–77, 105–107
所有と——　possession and　65–67
非言語的ラベルの——　of nonverbal labels　74–77
美的なものの徴候としての——　as symptom　289–290
——に対する制約　constraints on　71, 73, 103
——の定義　definition of　65
レプリカ（複製物）　replica　49, 155, 161

人名索引

ア行

アイヴズ，チャールズ　Ives, Charles　107
アインシュタイン，アルベルト　Einstein, Albert　282
アームソン，J. O.　Urmson, J. O.　49
アルンハイム，ルドルフ　Arnheim, Rudolf　47
イェイツ，ピーター　Yates, Peter　252
イマージョン，ジョゼフ　Immersion, Joseph　148
インガム，E.　Ingham, E.　112
インガム，P. B.　Ingham, P. B.　112
ヴェナブル，ルーシー　Venable, Lucy　i
ヴェーベルン，アントン　Webern, Anton　282
ウスペンスキー，レオニード　Ouspensky, Leonid　47
ウルフ，ヴァージニア　Woolf, Virginia　44
オーリンスミス，W.　Allinsmith, W.　112

カ行

カイザー，S. ジェイ　Keyser, S. Jay　i
カザルス，パブロ　Casals, Pablo　226
葛飾北斎　Katsushika Hokusai　265
カッシーラー，エルンスト　Cassirer, Ernst　iii, 90, 114
カラーズ，ポール，A.　Kolers, Paul A.　i, 111
カルコシュカ，エアハルト　Karkoschka, Erhardt　221–222
カルナップ，ルドルフ　Carnap, Rudolf　197
カント，イマヌエル　Kant, Immanuel　11
カンディンスキー，ワシリー　Kandinsky, Wassily　57, 106, 109, 115
ギーチ，P. T.　Geach, P. T.　48
ギブソン，ジェイムズ・J.　Gibson, James J.　14, 18, 46–47
キャンベル，ドナルド　Campbell, Donald　45, 145
グライス，H. P.　Grice, H. P.　49
クルー，J.　Cleugh, J.　145
クレー，パウル　Klee, Paul　6
グレイ，トーマス　Gray, Thomas　135, 137
グレゴリー，R. L.　Gregory, R. L.　45
クワイン，W. V.　Quine, W. V.　48
ケージ，ジョン　Cage, John　213–223
コアマンズ，P. B.　Coremans, P. B.　145
ゴッホ，フィンセント・ファン　Gogh, Vincent van　25
ゴヤ，フランシスコ　Goya, Francisco　296
コーンスウィート，J. C.　Cornsweet, J. C.　46
コーンスウィート，T.　Cornsweet, T.　46
コンスタブル，ジョン　Constable, John　8, 50
ゴンブリッチ，エルンスト

Gombrich, Ernst 11, 13–14, 34, 45–47, 114

サ行

サーリネン，アリーン・B. Saarinen, Aline B. 121
シェパード，リチャード Sheppard, Richard 115
ジェフレス，ロイド・A. Jeffress, Lloyd A. 200
ジャック＝ダルクローズ，E. Jaques-Dalcroze, E. 75, 112
シャピロ，ハロルド Shapero, Harold i
シャピロ，マイヤー Schapiro, Meyer i
シュラー，セップ Schüller, Sepp 145
シュワルツ，ロバート Schwartz, Robert ii
ジョイス，ジェイムズ Joyce, James 106
ジョージ，R. A. George, R. A. 250–251
ジョゼッフィ，D. Gioseffi, D. 46
ショパン，フレデリック Chopin, Frederic 217
ジョンストン，ルース・M. Johnston, Ruth M. 120
スタージス，キャサリン Sturgis, Katharine i
ストループ，J. R. Stroop, J. R. 57, 111
スーラージュ，ピエール Soulages, Pierre 107
セガール，マーシャル・H. Segall, Marshall H. 45, 145
セザンヌ，ポール Cézanne, Paul 297
セッションズ，ロジャー Sessions, Roger 151, 196, 252

タ行

ターベイン，C. M. Turbayne, C. M. 50, 113
チューリング，A. Turing, A. M. 201
ディアスタイン，H. Dearstyne, H. 109
テイラー，J. G. Taylor, J. G. 47
ティングル，イマヌエル Tingle, Immanuel 146, 148
デカルト，ルネ Descartes, René 50
デューラー，アルブレヒト Dürer, Albrecht 107
ド・モルガン，オーガスタス De Morgan, Augustus 48
ドビュッシー，クロード Debussy, Claude 107
ドーミエ，オノレ Daumier, Honoré 100
トムソン卿，ジョージ Thomson, Sir George 207
ドリス，ハンフリー Humphrey, Doris 110

ナ行

ニュートン，アイザック Newton, Isaac 282
ノイマン，ジョン・フォン Neumann, John von 200

ハ行

ハクスリー，オルダス Huxley, Aldous 103
バークリー，ジョージ Berkeley,

George 47
パーシー，アーサー Parsey, Arthur 48
パース，チャールズ・S. Peirce, Charles S. iii, 196
ハースコヴィッツ，メルヴィル・J. Herskovits, Melville J. 45, 47, 145
バースタイン，シム Burstein, Symme 260
ハッチンソン（ゲスト），アン Hutchinson (Guest) , Ann i
ハット，C. Hutt, C. 145
バッハ，J. S. Bach, J. S. 107, 226
ハーツホーン，C. Hartshorne. C. 196
ハーディ，A. Hardy, A. 145
バードウィステル，レイ・L. Birdwhistell, Ray L. 112
パノフスキー，エルヴィン Panofsky, Erwin 47
バーフィールド，オーウェン Barfield, Owen 114
パリッシュ，カール Parrish, Carl 251
ハーン，アイナ Hahn, Ina i
ピアジェ，ジャン Piaget, Jean 112
ピアティゴルスキー，グレゴール Piatigorsky, Gregor 226
ピエロ・デッラ・フランチェスカ Piero della Francesca 291
ピカソ，パブロ Picasso, Pablo 35
ピーテル，ラストマン Lastman, Pieter 148
ヒルデブランド，ミルトン Hildebrand, Milton 255
ピレンヌ，M. H. Pirenne, M. H. 145
ファイゲンバウム，E. A. Feigenbaum, E. A. 201
フェラー，R. L. Feller, R. L. 120
フェルドマン，J. Feldman, J. 201
フェルメール，ヨハネス Vermeer, Johannes 121, 132–133, 146–147,
フォスター，リン Foster, Lynn ii
フック，S. Hook, S. 305
ブラウン，ウィリアム・P. Brown, William P. 45
ブラック，マックス Black, Max 113–114, 255
フランク，フィリップ Frank, Philipp 301
プリチャード，R. M. Pritchard, R. M. 46
ブルーナー，ジェローム・S. Bruner, Jerome S. 45, 112
ヘイネン，マーシャ Hanen, Marsha ii
ヘッブ，D. O. Hebb, D. O. 46
ベートーヴェン，ルートヴィヒ・ヴァン Beethoven, Ludwig van 217
ベネッシュ，ジョーン Benesh, Joan 255
ベネッシュ，ルドルフ Benesh, Rudolf 255
ヘルド，リチャード Held, Richard 112
ヘルマン，ジェフリー Hellman, Geoffrey ii
ヘロン，W. Heron, W. 46
ヘンペル，C. G. Hempel, C. G. 261
ホックバーグ，J. E. Hochberg, J. E. 47
ボッティチェッリ，サンドロ

Botticelli, Sandro　296
ホッブズ，ホイト　Hobbs, Hoyt　ii
ホーホ，ピーテル・デ　Hoogh, Pieter de　145
ボルツマン，ルートヴィヒ　Boltzmann, Ludwig　202
ホールデン，E. S.　Haldane, E. S.　50
ホルバイン，ハンス　Holbein, Hans　147
ポロック，ジャクソン　Pollock, Jackson　107
ホワイト，ジョン　White, John　48
ホワイト，バートン・L.　White, Burton L.　112

マ行

マクスウェル，クラーク　Maxwell, Clerk　202
マゴーリス，ジョゼフ　Margolis, Joseph　252
マネ，エドゥアール　Manet, Edouard　297
マリオット，F. H. C.　Marriott, F. H. C.　145
マンハイム，ラルフ　Manheim, Ralph　114
ミンスキー，マーヴィン　Minsky, Marvin　201
メイン，J.　Mayne, J.　50
メキール，ジョイス　Mekeel, Joyce　i
メーヘレン，ハン・ファン　Meegeren, Han van　121, 128, 132, 145–147
メンデルゾーン，エーリヒ　Mendelsohn, Erich　115
モーゲンベッサー，S.　Morgenbesser, S.　305
モネ，クロード　Monet, Claude　297
モリス，チャールズ　Morris, Charles　iii
モンドリアン，ピエト　Mondrian, Piet　282

ラ・ワ行

ライル，ギルバート　Ryle, Gilbert　45, 113
ラードナー，リング　Lardner, Ring　67
ラトリフ，F.　Ratliff, F.　46
ラバン，ルドルフ　Laban, Rudolf　243, 246, 254
ランガー，S. K.　Langer, S. K.　114
ラング，P. H.　Lang, P. H.　196
ラングフェルド，H. S.　Langfeld, H. S.　112
リチャーズ，I. A.　Richards, I. A.　113
リッグス，L. A.　Riggs, L. A.　46
リップス，テオドール　Lipps, Theodor　111
リベイ，H.　Rebay, H.　109
リュッツェルベルガー，ハンス　Lützelberger, Hans　147
ルイス，C. I.　Lewis, C. I.　298
ルーシュ，セオドア・C.　Ruch, Theodore C.　145
レスリー，C. R.　Leslie, C. R.　50
レンブラント・ファン・レイン　Rembrandt van Rijn　27, 122, 129–131, 134, 137–138, 148, 282
ロス，G. R. T.　Ross, G. R. T.　50
ロースキー，ウラジーミル　Lossky, Vladimir　47

ローゼンブリス，J. I.　Rosenblith, J. I.　112
ロック，アーヴィン　Rock, Irvin　47
ロックバーグ，ジョージ　Rochberg, George　i
ローレンス，F. C.　Lawrence, F. C.　254
ローワー，W. D.　Rohwer, W. D.　111
ワイス，P.　Weiss, P.　196